U0745138

本研究课题获得中国科学院自然科学史研究所

中外科技比较研究中心资助

技术转移与技术创新历史丛书 ● 张柏春 主编

中日近代钢铁技术史比较研究：1868—1933

History of the Iron and Steel Technology in Modern China and Japan (1868-1933): A Comparative Study

方一兵 著

山东教育出版社

编　委　会

主　编：张柏春

编　委：（按姓氏笔画排序）

王　斌　方一兵　尹晓冬　田　淼

孙　烈　李成智　李　雪　邹大海

张柏春　韩晋芳

总　序

　　近现代技术发端于西方,并向世界各地转移。接受西方技术的国家或地区逐步消化吸收外来的技术,并使之本土化,实现技术自立,进而可能形成自己的技术创新能力。技术转移与技术创新已成为决定综合国力的一个重要因素,对社会变革和文化转型也产生了巨大影响。

　　自16世纪以来,技术转移成为中国技术发展的一条主线,从模仿到技术创新的根本转变越来越成为国人的追求。16—18世纪欧洲枪炮、仪器与钟表等的制造技术就被传教士和商人转移到中国,并且在一定程度上实现了本土化。19世纪60年代以来,西方技术更大规模地向中国转移。中国人试图通过引进先进技术而实现"自强",甚至迎头赶上西方工业化国家。20世纪后半叶,中国继续大规模引进、消化吸收国外先进技术,较快地形成自己的技术能力。近十多年来,中国更是将提升技术创新能力、建设创新型国家当做一项国策。

　　技术转移与技术创新因历史阶段、社会文化的地区差异而呈现出不同的路径与模式。要认知技术转移与技术创新的本质和模式,就须开展大量的历史专题研究,特别是个案研究。自2002年以来,中国科学院自然科学史研究所组织团队开展了如下的技术转移与技术创新个案研究:

　　16—17世纪西方火器技术向中国的转移(尹晓冬负责);

　　晚清德国克虏伯技术向中国的转移(孙烈负责);

　　近代铁路技术向中国的转移——以胶济铁路为例(王斌负责);

　　晚清西方电报技术向中国的转移(李雪负责);

　　中日近代钢铁技术史比较研究:1868—1933(方一兵负责);

1

中国高等技术教育的苏化：以北京地区为中心（韩晋芳负责）；

制造一台大机器——20世纪50—60年代中国万吨水压机的创新之路（孙烈负责）；

中国航天科技创新（李成智负责）。

如今，该系列的个案研究告一段落，所取得的主要成果形成8部专著，结为《技术转移与技术创新历史丛书》。这套丛书在研究视角与方法、史料与学术观点等方面都有所突破。首先，与以往国内的技术成就史与引进史研究不同，作者们从技术转移或创新的视角，梳理基本史实，分析"进口—适应—技术自立"的"横向"跨国技术转移、"理论研究与教育—实用技术—产品"的"纵向"技术转移、"转移—消化吸收—创新"的转变，以发现中国技术转移与创新的模式和机制。其次，作者们发现了大量新史料或重新解读了已有史料，包括胶济铁路的德文档案、大北电报公司的档案、汉阳铁厂外籍工程师回忆录、克虏伯公司的档案、机械部关于水压机的档案、教育部关于院系调整的档案等，这为提出新的学术见解和进一步的理论研究奠定了坚实的基础。

《技术转移与技术创新历史丛书》也是国际合作研究的结果。比如，"16—17世纪西方火器技术向中国的转移"的研究是与德国马普学会科学史研究所合作完成的；"晚清德国克虏伯技术向中国的转移"与"近代铁路技术向中国的转移"的研究得到了德国柏林工业大学的支持；"中日近代钢铁技术史比较研究：1868—1933"获益于与日本同行的交流。

《技术转移与技术创新历史丛书》主要仰赖中国科学院规划战略局与基础局"中外科技发展比较研究"项目（GZ01—07—01）的支持，也部分地得到了中国机械工程学会和北京航空航天大学人文学院的支持。作者们正在以本丛书为基础，以更开阔的视野开展中外技术发展的比较研究，审视技术在不同的文化传统中的发生、发展、转移与创新，以认知科学技术的本质，求得历史借鉴与思想启发。

中国近现代技术史研究是一项长期的学术使命。这套丛书只是从技术转移与技术创新的角度做了非常初步的尝试。因研究积累和学识所限，故本丛书中难免有疏漏与不足，敬请广大读者和学界同仁不吝赐教。

张柏春

序

    呈现在读者面前的这本书,是方一兵博士在中国科学院自然科学史研究所做博士后期间所做出的研究成果。大约一年多前,应张柏春所长的邀请,我参加了方一兵博士后出站报告的答辩会;我还记得,当她开始汇报自己的研究及其收获时,她很快就摆脱了拘谨,进入到一种"我的世界我做主"的状态,演讲流畅自如,声音洪亮,抑扬顿挫,充满了自信;半个小时的演讲时间被她用得满满的,甚至还显得有些不够。我知道,她实在是很享受这一演讲过程,这是她作为一名研究者最大的幸运,也是她的长处或优势所在。

    2004—2008 年,方一兵在北京科技大学科学技术与文明研究中心攻读博士学位。作为该中心的负责人,我目睹了她完成博士课题研究的全过程。与她的同龄人相比,她最大的特点是对选定的研究方向穷追不舍,对学术研究有一种纯粹兴趣和执着追求。也正因此,她获得了美国纽约李氏基金的资助,有机会在读博士期间去英国剑桥李约瑟研究所深造一年。那一年的经历为她以后的学术成长打下了深深的烙印。

    方一兵的博士研究课题是"汉冶萍公司与近代中国钢铁技术移植"。汉冶萍公司是研究中国近代钢铁技术史或工业史绕不过去的一道坎,有关它的研究可谓汗牛充栋,要想在这样一个课题方向上做出有新意的研究成果,难度可想而知。而方一兵从"技术移植"这一新的角度打开了一个缺口,在这一阶段的研究中,她在史料挖掘上创获良多,揭示出中国第一代钢铁工程师的成长轨迹,对汉阳铁厂设备引进和建设进行深入研究,在技术经济分析上提出了不少新见解,并从技术引进与社会互动的角度探讨了中国近代钢铁技术的发展及其社会意义,指出洋务企业的技术移植活动对中国社会的近代化具有深远意义。鉴于她的博士论文多方面的创新性表现，2011年，作为北京科技大学《科学技术与文明研究丛书》(第一辑)中的一册，《汉冶萍公司与近代中国钢铁技术移植》由科学出版社正式出版，这是方一兵的第一本学术专著，也是其学术生涯迈出的扎扎实实的第一步。

我们眼前的这本书是方一兵的第二本学术专著，标志着她在中科院自然科学史研究所的学术平台上，作为一名科学技术史研究者迈出了坚实的第二步。把中国近代钢铁技术发展放到一个更宏大的世界背景下进行考察，这看上去似乎是其博士研究课题的自然延伸，不仅意味着其研究视野的扩展，更意味着其思索问题的深入。不过，在我看来，这是方一兵对自身已有研究格局的突破和超越。中、日同为东亚国家，在19世纪后半叶均面临着走向近代化的挑战，引进西方的技术和装备是两国不约而同的选择。选择一致，而结果殊异，这其间究竟是什么因素在起作用呢？方一兵在本书中，以近代钢铁技术为切入点，为我们展现了19世纪后半叶到20世纪30年代，中日两国在走向近代化的过程中所呈现出的不同轨迹和命运。她所关注的不仅是钢铁技术本身，更是其后的支撑体系，包括国家政策、技术教育、研发组织和学术团体等。正是这样一种超越技术本身的考察视角，使本书能够通过对一系列典型事件的对比研究，从宏观上揭示出导致中日两国在钢铁生产工业化和技术自立方面存在巨大差异的深层原因。我相信，这本书还只是一项阶段性的研究成果，书中提出的很多问题其实还有待更进一步的研究和阐释，中日近代技术和工业发展史的比较研究还远未全面展开，她未来的研究路途还很长。我也希望这本专著能够激发更多年轻的研究者，使中日近代技术和工业发展史的比较研究不仅走向深入，而且后继有人。

2009年，方一兵放弃了广西大学的"铁饭碗"，申请到中科院自然科学史所做博士后研究。她在做出这一决定时，并不知道两年后博士后出站时的情形会如何。不过，她显然对自己的研究能力充满信心，而且愿意为自己的研究兴趣去冒风险。她知道自己想做研究，而且知道怎样做才是好的研究，但更重要的是，她知道如何享受做研究的过程。在我看来，只有达到"享受研究"这样境界的人，才能做出真正有水平的研究成果。眼前的这本书充分展示了这一点，我相信读者们是不会失望的。

谨此为序。

梅建军

2013 年 9 月 26 日

目 录

Contents

引　言

19 世纪，随着贝塞麦炼钢和西门子—马丁炼钢等重要技术的发明和应用，以燃烧焦炭的高炉生产生铁作为基础的现代钢铁工业在英、美等国得到迅速发展，并由此带动了交通、机械等行业的迅猛发展，标志着钢铁时代的到来。与此同时，西方工业文明开始进入东亚国家的视野，在西方强大的武力冲击下，中日两国均感受到西方钢铁工业文明的巨大影响，从而开始了以技术转移为重要特征的近代化进程。

19 世纪下半叶，中国以兴建贵州青溪铁厂为起点，日本以幕末反射炉和官营釜石高炉的建设为开端，两国均开始了引进西方新式钢铁技术，建立本国新式钢铁工业的近代化进程。虽然起点几乎相同，但新式钢铁技术在近代中日两国的发展却有着非常不同的结局。

日本在釜石铁厂之后，于 19 世纪的最后几年开始计划和建设大型国有钢铁企业，在随之而来的 20 世纪前 20 年，八幡制铁所作为日本最重要的大型钢铁企业，在明治政府的直接建设和运营下，逐步实现了大规模西方钢铁技术的成功转移，以之为基础，日本民间钢铁产业也得以迅速发展，到 20 世纪 30 年代初，日本已经基本实现了钢材的自给，在产业发展的同时，日本钢铁技术也逐渐由技术转移转向自主研发，技术也在这一时期开始实现科学化。可以说，从 19 世纪后半叶到 20 世纪 30 年代，日本走过了一条相对成功的钢铁技术转移和本土化之路，这为二战之后日本钢铁技术和工业的再次迅速崛起打下了基础。

19 世纪后半叶，中国在自强运动中也开始进行现代钢铁工业的建设，青溪铁厂的技术转移很快以失败而告终，之后，张之洞于 1890 年开始建设近代中国最重要的钢铁企业——汉阳铁厂，中国近代最大规模的新式钢铁技术的引进和发展进程由此展开。在盛宣怀的竭力经营下，汉阳铁厂于1908年发展成为当时远东最大的钢铁联合企业——汉冶萍公司，移植到中国本土的西方钢铁技术开始在中国工程师的手中发挥作用。但这一黄金时期并未维持多久，1926年随着汉冶萍公司的主要高炉和其他设备的相继停工，中国钢铁产业走向了衰败，这一时期，政府和民间企业家的努力都未能实现中国近代钢铁产业的发展和振兴。可以说，西方钢铁技术在近代中国的转移离成功的本土化相距甚远。

"技术转移"同样作为中国和日本两国近代工业化进程的关键词，何以有着如此不同的表现和结局？不同的历史学者对此会有着不同的观点。笔者认为，通过详细考察、比较中日两国近代钢铁技术转移和发展史，可以为深入讨论中日两国技术和产业近代化的不同特征提供一个很好的案例，因此不失为研究东亚技术近代化史的一种相对有效的方法，这也是本书的初衷和目的。

实际上，要对中日近代钢铁技术史进行系统的比较研究并非易事，需要作者对这两个国家近代钢铁技术史均有较深的积累和了解，如果以此为标准的话，我是有所欠缺的。在进入本专题之前，我基本上属于一名中国近现代钢铁技术史研究者。2004年10月至2008年6月，我以"汉冶萍公司与中国近代钢铁技术移植"为题，展开了我的博士阶段研究工作，该研究成果得以于2011年1月出版[1]，作为国内第一部关于中国近代钢铁技术史的学术专著，虽然该书的成果为进一步进行中日比较研究提供了基础，但对于中国近代钢铁技术史来说，仍然留下了不少尚未涉及的空白。从内容来看，我之前的研究以汉冶萍公司为主要对象，对其他企业或事件虽有涉及但不够翔实，如汉冶萍之前的贵州青溪铁厂的技术引进和失败，同期的扬子机器公司、龙烟铁厂等，该研究还忽略了这一时期日本在东北地区开办的钢铁企业及其技术活动。如果要对近代早期中国钢铁技术发展的历史进行全面整理，上述史实是不可缺少的，这也是本书需要关注的。

本书在中国方面的内容除吸收了我此前关于汉冶萍与近代钢铁技术移植的部分研究成果外，从总体上则把视野扩展到汉冶萍之外的更完整的中国近代钢铁技术史，其中着重关注了汉阳铁厂之前的青溪铁厂的技术引进；民国时期国家几次兴办大型钢铁厂的计划及其失败；一战之后国内资本兴建的几家小型钢铁厂；以及日本在中国东北地区兴建的本溪湖煤铁公司和鞍山制铁所的技术状况等。除与钢铁工业相关的技术史外，本书还将技术支撑体系作为比较研究的内容之一，较为完整地考察了包括技术教育、技术研发组织在内的中国近代钢铁技术支撑体系的发展状况。上述研究均力图建立在对原始档案和同期文献的收集和整理的基础之上。

对于日本近代钢铁技术史方面，我此前涉及并不深。而日本学者在相关主题上积累了较多的研究成果，为我本专题研究的前期准备提供了非常有益的参考和线索。在本书研究过程中，我关注到的日本方面相关研究成果有如下几方面：

1. 日本钢铁技术史方面

日本本土的近代钢铁技术史研究可以说自成系统，从 20 世纪 50 年代至今，日本本土学者从多方面为世人讲述了一部日本从明治以来由技术引进者发展到钢铁技术强国的历史，风格大都体现了日本学者的严谨和民族自豪感。这一领域代表性的学者有三枝博音、饭田贤一、下川义雄以及大桥周治等。早在 1957 年，饭田贤一就与三枝博音合作，出版了《日本近代制铁技术发达史——八幡制铁所的建立过程》一书[2]，由于八幡制铁所构成了日本近代钢铁技术由引进到自立的发展史，因此该书实际上是一部"近代制铁技术发达史"，这也是一部被引用最多的日本钢铁技术史文献。70 年代后，饭田贤一相继出版和发表了一系列与日本钢铁技术史相关的成果，清晰地展现出其逐渐形成的关于日本钢铁技术史的"理论观点"。他认为，应该将日本钢铁技术史研究放在世界冶铁史的视野中展开："日本的钢铁技术从古代到现代的历史轨迹基本上与西方是同一模式。简而言之，其经历了从采矿技术到制造技术，再进一步到科学技术的一系列的发展历史。"[3]饭田贤一据此将日本钢铁技术史划分为三个时期（经验知识的技术时期、由传统技术向西方技术过渡时期、科学的技术时期），并且以 1915 年日本钢铁协会成立为标志，认为日本钢铁技术由此进入科学化技术时期。在解释日本近现代钢铁技术发展的成功时，饭田贤一强调的是日本长期积累下来的本土技术和文化传统对近代技术移植的积极作用，他认为，在传统 Tatara①（たたら）炼铁和土法高炉炼铁的历史积累中，日本人形成了关于铁的技术和文化观念，这是现代技术能够在日本得以扎根和发展的根源。并且认为，近代日本移植西方新式钢铁技术，由失败到成

---

① Tatara：Tatara 是日本古代传统炼铁炉的名称，古代日本人以木炭做燃料，使用 Tatara 炉将砂铁直接炼成钢.

功，是由盲目崇拜西方技术转向扎根日本实际批判性地接受海外技术的结果。

与饭田贤一相比，下川义雄对"日本钢铁技术史"的研究[4]更关注技术本身，他通过高炉炼铁、平炉炼钢、转炉和电炉制钢、连铸法、钢管制造等几大部分，分别讲述日本钢铁技术的发展过程，其研究更具技术"内史"的特征。

另有一些日本学者则特别关注幕末明治时期日本钢铁技术与知识的引进。如芹泽正雄的《洋式制铁的萌芽：兰书和反射炉》[5]和大桥周治的《幕末明治制铁史》[6]与《幕末明治制铁论》[7]。芹泽正雄描述了洋式技术萌芽时期两大活动，即对日本新式钢铁技术的开端具有重要意义的一部书籍《大炮铸造法》（Ulrich Huguenin 著）的传入和翻译和幕末时期各地反射炉的建设；大桥周治则从产业与技术、经济与社会两方面来讲述幕末明治时期的钢铁技术与近代化问题。这些成果为本书作者了解日本近代最早时期的钢铁技术转移的背景提供了很有价值的参考。

2. 日本钢铁工业史方面

日本早在 1929 年就开始对钢铁工业进行编史，1929 年，日本工学会出版了最早的钢铁工业史著作《明治工业史：火兵·钢铁篇》[8]。20 世纪80 年代，小岛精一主编了《日本钢铁史》[9-12]，按照明治、大正前半期和后半期，昭和第一、二期等六卷，系统记述了各时期日本钢铁业发展的史实，这些通史性著作为本书研究提供了较为系统的背景材料和线索。

此外，更多与钢铁工业史相关的专题性研究，也为本书的研究提供了思考的空间。日本作为一个贫矿国，其钢铁工业在政府的"大力干预"之下，能在近代几十年时间内迅速崛起，被认为是"日本奇迹"的特殊代表，西方经济史学者多以钢铁业的"日本奇迹"为对象，或试图寻求对其发展的经济学解释，或讨论所关注的问题。如一桥大学商业研究所米仓诚一郎[13]和埃尔鲍姆（Bernard Elbaum）[14]。日本本土学者则更关注近现代日本钢铁工业史中更为特殊或细分的问题，如原料供应与钢铁业的发展、生产结构的演变等等。代表性的有茨城大学人文学院奈仓文二教授对二战之前与日本钢铁业相关的政策、市场、生产以及原材料供应问题的考察[15]；立命馆大学工商管理学院长岛修的关于"战前日本钢铁业的结构分析"的研究[16]；近畿大学堀切善雄对 1912 年至 1928 年间日本钢铁生产业内部主要生产部门的生产技术形态及其发展情况的研究[17]。

3. 与日本钢铁技术相关的技术转移方面

20 世纪 70 年代以来，技术转移（Technology transfer）研究开始兴起，人们普遍认为，成功的技术转移可以使欠发达国家实现经济发展。日本近代以来的崛起，为人们提供了一个由技术转移到技术自立的经典成功案例，"日本的经验"一度受到关注。

1978 年，总部设在东京的联合国大学（UNU）在其"人类与社会发展"项目（Human and Social Development Program）下，设立了子项目"技术转移、变迁和发展：日本的经验"（Technology Transfer，Transformation and Development：The Japanese Experience），这是较早的以日本经验为对象的技术转移研究。该项目由林武教授负责，组织了包括饭田贤一、奈仓文二在内的日本学者在技术与都市、技术与农村、钢铁、交通、纺织、采矿、小型企业、金融机构、经济管理、技术政策、劳动力等方面展开研究，形成了数十篇研究报告，在此基础上，林武出版了专著 *The Japanese Experience in Technology*：*From Transfer to Self-reliance*（《日本技术的经验：从转移到自立》）[18]。林武总结了日本技术转移的经验，认为一个国家如果要通过技术转移实现技术自立，就必须找到一条适合自己的道路来整合技术的五个要素（5 Ms）① 并能培养本土的工程师。在 5 Ms 的基础上，他提出一个国家技术发展过程中的五个阶段②。在关于日本早期钢铁技术转移方面，他认为釜石铁厂初期的失败，反映了作为"技术科学家"的德国人比安奇（Bianchi）和作为工程师的大岛高任之间的差别。

从 20 世纪 80 年代起，国家间技术转移的研究逐步形成了一个共识，即技术在引进国必须能够"转变"成为与这个国家相适应的技术，技术转移才可能成功。而要实现这种转变，技术接受国需要有足够的"技术经验"（Technological Sophistication）以便能获得和提升其"技术能力"（Technological Capabilities）。而成功实现"技术能力"被认为是日本技术和工业发展的重要特征之一，因此，对日本技术转移的研究也大都会关注其如何实现技术能力的。代表性的研究如深作由纪子（Yukiko Fukasaku）

---

① 5 Ms：（1）Raw "materials" and resources (including energy)，（2）"machines" and equipment，（3）"manpower" (engineers and skilled workers)，（4）"management" (technology management and management technology)，（5）"markets" for technology and its products.

② 五阶段指：（1）获得操作技术；（2）维持新设备；（3）修改或调整外来技术和设备，在系统或操作层面；（4）设计和规划（原始的设计和创立一个系统）；（5）实现本国制造（技术自立）.

以三菱长崎船厂为案例所做的日本战前技术和工业发展的研究[19]。这些关于日本技术转移经验的研究成果也为本书的写作开拓了思路。

有意思的是，日本和西方学者虽然都重视和认可日本钢铁业创造的日本奇迹，但对于早期日本钢铁技术引进的成败得失，观点并不一致。比如在关于日本早期官营釜石铁厂的失败以及八幡制铁所最初面临的困难方面，日本学者的解释可以说有着较明显的"民族主义"倾向，饭田贤一、林武和米仓诚一郎都认为早期的失败是由于在技术转移的过程中，日本政府盲从于西方技术人员的设计而导致技术上的失败，尤其是在釜石铁厂的决策问题上，日本学者们普遍将官营釜石铁厂的失败归咎于明治政府选择了德国工程师而非本土工程师的方案，由此作为日本本土技术传统在技术转移中能够发挥更为有效作用的典型例证。但一些西方学者对此持截然不同的观点，如威特纳（David G. Wittner）和伯顿（W. Donald Burton），威特纳认为早期釜石铁厂高炉的停工并不是西方技术人员设计和技术上的失败，不存在日本政府对西方技术人员的盲从，高炉的停工完全是由于技术之外的原因造成的。因此，他认为釜石铁厂的技术转移与早期美国钢铁厂引进欧洲技术是类似的，整个过程中并不存在日本学者所强调的日本独特经验和奇迹[20]。伯顿详细地考察了造成明治政府最终放弃官营釜石铁厂的原因，认为明治政府之所以如此短视地放弃了釜石铁厂，是日本技术人员和工程师缺乏技术能力的表现[21]。

上述已有的日本钢铁技术史研究成果，一方面的确为本书提供了多方面的参考和线索，但另一方面，我始终认为本书关于日本方面的内容，也应该建立在独立客观地还原历史的基础上，所以在阅读文献时，我尽力避免已有文献有可能带给我的先入之见。因此，除上述前人研究成果外，我尽可能地去寻找和参考那些更接近描述历史的日本档案和文献，如日本国立档案馆所藏的有关档案、《日本矿业史料集》中收录的与釜石、矿冶业教育等相关的档案，更多史实则是依靠阅读那个时期的期刊和厂志等，如日本钢铁协会由1915年开始发行的会刊《铁与钢》（《鉄と鋼》）以及该协会发行的会史、八幡制铁所发行的厂志等等。

史实的研究只是本专题的基础，本书的主要目的是通过史实的梳理，来解读19世纪后半叶到20世纪30年代中日两国钢铁技术发展的不同轨迹和命运。在本书研究中，钢铁技术被理解为一个技术系统，这一系统主要包括两方面：一是钢铁工业所采用的技术；二是钢铁技术支撑体系，即由技术教育、研发组织和学术团体构成的体系。实际上，由于钢铁技术对于近代工业化而言的基础性，无论是中国还是日本，其近代钢铁技术史所涉及的内容均非常丰富，单独撰写任何一方的近代钢铁技术史都可以成为一部厚书。因此，本书在内容上不追求大而全，而是按时间段以及上述技术系统的内涵，分别选取了在中日近代钢铁技术发展史上具有典型性和可比性的事件或史实进行比较，它们分别构成了本书如下第一章到第五章的内容：

首先，19 世纪 70—90 年代，两国分别创办了近代第一家新式钢铁企业：中国青溪铁厂和日本官营釜石铁厂，从而真正开始了近代西方钢铁生产技术向中日两国的转移，有趣的是，这两家铁厂的运营均以停工而告终，而且两家铁厂引进的都是英国的设备和技术，那么这是否意味着中日两国在近代钢铁技术转移的起点上有某种程度的共性？如果放在两国技术发展的更长轨迹上来看，两家铁厂的技术转移对于两国钢铁技术史而言又意味着什么？这是本书第一章将详细讨论的内容。

其次，在 19 世纪 90 年代之后，中日两国相继开始建设本国近代史上最重要的钢铁企业：汉阳铁厂（汉冶萍公司）和官营八幡制铁所，与之相伴的是东亚近代史上最重要的大规模钢铁技术的引进，本书将在第二章和第三章中分两个时间段详细比较汉冶萍公司与八幡制铁所建设和运营中钢铁技术的转移和技术发展。第二章为 1911 年之前，这一时期两家企业的技术发展进程表现出两点突出的共性：一是在一开始都经历了完全依赖西方技术的大规模技术转移，二是在投产初期均遭遇了生产上的困难，为摆脱困境，两家企业都进行了技术的适应性改造，而这一时期两家企业的历史几乎构成了同期中日两国钢铁技术史的全部，因此第二章将详细叙述和比较汉阳铁厂和官营八幡制铁所的筹建和初次技术引进，以及两家企业首次改扩建过程，从而展现两国近代早期大型钢铁企业不同的技术发展轨迹。1911 年之后，在敏感的资源供需状况下，汉冶萍公司和八幡制铁所的关系日益密切，在畸形的企业和国家关系下，两家企业最终走向了不同的命运，其所承载的大型钢铁生产技术的发展也因此而走向了不同的发展轨迹，这构成了本书第三章的内容。

除了上述典型企业所体现的技术转移和技术发展进程，本书将在第四章中，对两国近代钢铁工业化过程及其所承载的技术发展史作宏观层面的比较。从历史上看，中日两国在一战带动下，都曾在 20 世纪 10 至 30 年代兴起了一次钢铁工业的创业高潮，但中国无论是民间钢铁企业还是国家兴办钢铁厂的计划都以衰败而落空，而日本人在中国殖民地兴办的钢铁企业则成为那一时期中国除汉冶萍公司之外最重要的钢铁生产和技术能力。而日本的民间钢铁工业历经了 20 年代之前的发展高潮、20 年代的调整以及 30 年代前后在国家政策支持下的维持和发展期，可以说基本实现了钢铁的工业化和技术自立。在第四章中，本书将着重从宏观上整体把握 1911 年至 1933 年两国钢铁工业化和技术发展的不同轨迹，并从时局、资源、态度和政策等方面对与中日两国近代钢铁工业化和技术发展的不同命运进行比较。

在第五章中，本书将进行两国钢铁技术教育与研发系统的比较研究。笔者认为，如果要解释中日两国近代钢铁技术的不同结局，除了钢铁工业化发展进程外，中日两国近代在钢铁技术教育和技术研发组织上的发展的差异将是一个重要的影响因素。这一章将首次利用大量史料来挖掘和整理中国近代钢铁技术教育和研发组织的史实，并将之与日本的相关历史进行比较，从而在宏观层面上来阐述两国近代钢铁技术支撑体系所呈现的不同特征，及其对两国钢铁技术近代化所发挥的不同作用。

在上述内容的基础上，本书将在第六章从技术史的宏观和微观角度来综合讨论中日近代钢铁技术发展史何以走向如此不同的命运。

第一章　西式钢铁技术开始向东亚的转移
——日本官营釜石铁厂与中国青溪铁厂

　　近代西方钢铁技术向东亚地区的转移，开始于 19 世纪下半叶。1874 年日本官营釜石铁厂（以下简称"釜石铁厂"）①和 1885 年中国青溪铁厂（以下简称"青溪铁厂"）的建设可以视作这一技术转移进程的重要开端。

　　如果从长时段发展轨迹来看，中日两国钢铁技术发展状况和命运随着时间的推移而呈现出越来越大的差异。但在这一进程的初始时期，作为两国钢铁技术近代化进程的开端的釜石铁厂与青溪铁厂，表面上却有诸多共同点：两者分别是日本和中国近代第一家新式钢铁厂，都是在引进西方钢铁技术的基础上建成的。更为巧合的是，两家企业引进的都是英国的设备和技术，而且均以高炉停工而告终。但表面上相似的开端并未导致相似的结果。那么，两国在其钢铁技术转移和发展的起点上，究竟呈现出怎样的特征？这些特征对其后中日两国钢铁技术的长时期发展产生了怎样的影响？本章旨在通过釜石铁厂和青溪铁厂技术转移过程的研究和比较，了解近代西方钢铁技术如何开始向东亚进行传播的。

---

① 釜石铁厂在 1885 年之后由商人田中长卫兵买下，由官营转为私营。本章所述的釜石铁厂是指官营釜石铁厂阶段.

第一节　19世纪中期的技术概况

一、釜石铁厂之前的日本钢铁技术状况

日本人至少在古坟时代或更早已经进行炼铁[22]。大约最迟从七八世纪开始，铁砂成为日本传统冶铁业的主要原料，15世纪之后，随着铁矿冲洗法、Tatara炼铁炉和平衡风箱的发明和使用，以铁砂为原料的Tatara法炉炼铁成为西方技术传入之前日本最主要的冶铁方式。但在釜石市所在的岩手县东北地区，由于蕴藏有含铁量达60%的磁铁矿，长期存在以铁矿石为原料的土法高炉炼铁技术，被认为是近代西方高炉技术得以在该地区引进和发展的技术基础。实际上，在釜石铁厂之前，类似于西式的炼铁小高炉于1857年已在釜石建成出铁，由被称为"日本近代钢铁之父"的"兰学"① 家大岛高任（1826—1901）② 建造。

釜石建造这种小高炉的动因源自19世纪40年代开始的日本各藩为加强沿海防御而兴起利用反射炉炼铁、铸炮热潮。反射炉是一种依靠炉壁反射火焰而熔炼置于隔离炉膛内的金属的装置，在17、18世纪的欧洲被用于熔化生铁铸造大炮。1850年佐贺藩为了铸造西式大炮，兴建了日本第一座反射炉，此后各藩纷纷效仿，至1868年，日本已建成或在建的反射炉共11座，还有3座正在筹建[23]。

1854年，大岛高任被邀请到水户藩进行反射炉的建造，建成之后的反射炉使用Tatara法炉炼成的生铁为原料。但是，这种生铁碳化不均熔点偏高而导致其不能完全熔化，大岛高任因而萌生在釜石开采铁矿并建造西式

---

① 兰学：字面意思为荷兰学术，指日本江户时代，经荷兰人传入日本的学术、文化、技术的总称。兰学让日本人在江户幕府锁国政策时期得以了解西方的科学技术与医学.

② 大岛高任，1826年生于南部藩盛冈，1846年在长崎学习荷兰医学，并翻译了《国立铁质大炮铸造所的铸炮法》，由此转向武器制造。1846年到大阪教授军事和造炮技术，1854年被邀请到水户藩进行反射炉的建造，1856年回到南部藩开发釜石铁矿，建设西式小高炉。明治维新之后，被聘为工业部技师。1874年奉命负责釜石铁厂的建设工作，1876年调任小坂铜矿和佐渡银矿的总管。1890年任日本矿冶协会的主席，直至去世.

炼铁小高炉的想法。1854 年，他在给水户藩官员佐久间贞介的信件中写道：

> "只有当这样的生铁（指西式小高炉生产的生铁）和炉子都具备时，才可能得到有用的钢铁，缺一不可。我从不相信使用另一种铁可以造出加能（农）炮。"[24]

1856 年，大岛高任得到了南部藩当地富商与采矿师傅的支持与合作，开始开发釜石铁矿，并在矿山中心地区大桥建设第一座小高炉，1857 年 12 月 1 日大桥小高炉实现连续出铁①。此后，西式小高炉冶铁在釜石地区得到迅速扩展（表 1-1），到 1868 年已经建立了约 10 座小高炉，年产铁量约 3 000 吨[24]。

表 1-1　大岛高任建造的釜石小高炉一览②

地点	高炉数（座）	建设年代	年产量（吨）
大桥（Ohashi）	5	1857 年 3 月至 1872 年 2 月	约 656
桥野（Hashino）	3	1858 年	约 936
佐比内 Sahinai	2	1859 年	约 375
栗林（Kuribayashi）	2	1868 年	约 375
砂子渡（Sunagowatari）	1	1865 年	不明

据考证，从技术来源上看，大岛高任是在参考 3 部最早传入日本的与铁冶金有关的兰书的基础上建造釜石高炉的，即由荷兰军官胡根宁（Ulrich Huguenin，1755—1834）撰写的《国立铁质大炮铸造所的铸炮法》③；荷兰人阿道夫（Ypey Adoplhus）撰写的《实用化学手册》④ 和韦兰德

---

① 近代制铁发祥地 "釜石". http://www. mtlo. co. jp/ch/valueone/metal/kamaishi/kamaishi. html.
② 资料来源:大桥周治. 幕末明治製鉄史. 東京: アグネ株式会社, 1975. 184.
③ 《国立铁质大炮铸造所的铸炮法》，荷兰书名为："Het Gietwezen in's Rijks Ijzer—Geschutgicterij'te Luik"，1826；日文译名为：《西洋鉄熕鋳造篇》.
④ 《实用化学手册》，荷兰书名为："Bladwizer der Voornaamste zaken, Voorkomende in het Systematisch Handboek der Beschovwende en Werkdaadige Scheikunde"，1812；日文译名为：《实用選鉱学ハンドブック》.

（P. Weiland）撰写的《技术辞典》①[6] 188—189，[2] 19—20。其中，《国立铁质大炮铸造所的铸炮法》被认为是日本最早的与钢铁有关的译书，大岛高任早年在长崎学习兰学时翻译了这本书。他建造的高炉形制直接仿造了该书中的高炉（图 1-1）。

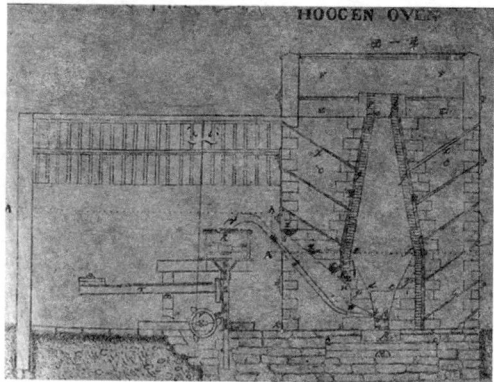

（1）釜石桥野 2 号小高炉示意图　　（2）《国立铁质大炮铸造所的铸炮法》中的高炉图

图 1-1　釜石桥野 2 号小高炉示意图与《国立铁质大炮铸造所的铸炮法》中的高炉图②

　　技术上，这些小高炉利用了当地优质的铁矿石，以木炭为燃料，高炉风箱的动力源利用了流过北上山地的河流上的一座座水车。小高炉日产量为 1 吨左右，炉高约 6—7 米，炉腹直径约 2—3 米[4] 65。可见，在釜石铁厂建立之前，釜石当地出现了以本土兰学家为技术领袖的与早期西式炼铁小高炉类似的技术，但这种小高炉与 19 世纪后期西方的焦炭炼铁高炉相比在规模和冶炼效率上有明显差距。

二、青溪铁厂之前的中国冶铁技术状况

　　从钢铁冶炼技术和设备来看，在青溪铁厂建立之前，贵州乃至整个中国没有任何建设近代西式炼铁炉和炼钢炉的实践经验。与日本有所不同的是，土法小高炉炼铁技术在中国已发展了上千年，一直是中国最主要的炼铁技术之一。19 世纪的中国土法炼铁主要有两种方法：一是坩埚法炼铁，

---

① 《技术辞典》，荷兰书名为："Kunstwoordenboek"，1846；日文译名为：《技術辞書》。
② 图片来源：青木國夫等编.《江户科学古典丛书 7：泰西七金訳说（抄）·鉄煩鋳鑑図·橋野高炉絵卷》. 東京：恒和出版. 1983.

以无烟煤为燃料，山西的炼铁业即采用此法；二是土法小高炉炼铁，大都以木炭或焦炭为燃料，该方法历史悠久，到清末一些省份，如四川、贵州、湖南、河南等仍普遍用此法炼铁。土法小高炉炼铁，简而言之，就是以小炼铁炉炼之，以人力或水力操纵风箱运动，生铁与渣滓同出一口。明清到近代，中国不同地区的土法小高炉炉型和大小差异很大，炉型上曾有高炉和甑炉（图1-2）之分。

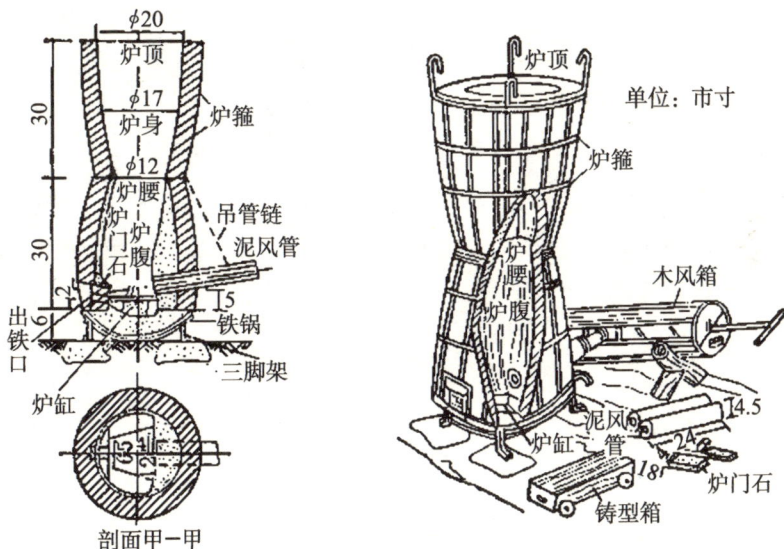

图1-2　甑炉①

青溪铁厂所在地贵州的铁矿开发，约始于战国秦汉[25]，据1923年丁格兰（F. R. Tegengren）在《中国铁矿志》中称，贵州铁矿开采和冶炼主要产地有西部的水城观音山、威宁、平越诸县，以及东部的都匀、镇远等地，而当地土法炼铁采用以木炭为燃料的土法小高炉冶炼。镇远铜仁的土法炼铁炉型与湖南的甑炉相似。

　　铜仁龙溪口为铁业中心，所出之铁锅供提炼水银之用……制炉材料以粘土和猪鬃为之，外围竹架，炉高十尺宽五尺。熔铁与矿渣由同一孔出，特殊之点在炉不固着，而以一横柱悬之，故能随意倾侧，以便倾出铁液。炉之形式颇似湖南之甑炉[26]。

---

① 图片来源：杨宽.中国古代冶铁技术发展史.上海：上海人民出版社，1982.193.

可见，该种土法炼铁炉高约 2.3 米，宽约 1.15 米，炉子规模偏小。在生产效率和质量上，这种炼铁炉都远落后于工业革命后发展起来的西式钢铁冶炼高炉。

第二节　釜石铁厂及其技术引进

1868 年，日本发生明治维新运动，将年轻的明治天皇推上皇位。革命后新政权坚持追求军事和工业实力，但这一时期日本自身的知识、社会结构尚未进入与工业化相适应的现代社会，因此，新政府扮演了引进技术和实行工业化的重要角色，日本工业化因此被普遍认为是一场"自上而下的工业化"。釜石铁厂的建设正是这一时期政府直接实施工业化的典型例子。

一、戈弗雷对釜石矿山的勘察以及岩仓使节团在欧美的考察

建设釜石铁厂的决策与英国地质学者戈弗雷（J. G. H. Godfrey，1841—?）① 的矿产调查有密切关系。1870 年 10 月，明治政府设工部省，接管幕府和各藩留下的矿山、兵工厂、冶炼厂等企业。为了自主造币，新政府雇用西方地质学者和采矿工程师去勘探日本各地的金属矿产资源。1872 年夏，时任明治政府首席地质学家和采矿工程师的戈弗雷到日本北部的釜石矿山所在的陆中海岸地区考察。他向明治政府报告了釜石有蕴藏丰富的铁矿石的情况，随后工部省对釜石矿山做了进一步的勘察并证实了此前戈弗雷的报告[13] 22。1873 年，明治政府决定开采釜石铁矿。

戈弗雷在釜石期间，详细考察了当地的炼铁业，认为釜石高炉炼铁在运输、燃料和高炉内衬等方面存在一系列影响生产效率的问题。因此，他建议建设一个新的炼铁厂和更先进的高炉，主张在铁厂、矿山和港口间修建道路或铁路，建议从别的地方购买煤或焦炭[27]。

---

① 戈弗雷，出生于德国的英国地质学者，1871 年 9 月至 1877 年 6 月任明治政府的首席地质学家和采矿工程师.

　　1874 年 2 月，工部大臣山尾庸三（1837—1917）[①] 和伊藤博文向议会和财政部提交了建设铁厂的计划书。计划书涉及建设釜石铁厂及其配套的具体预算，包括建设从矿山到釜石港口的铁路，3 座年产 12 000 吨生铁的现代化高炉，以及在长崎建设拥有 12 座搅炼炉的熟铁厂，用于釜石生铁的进一步加工。总预算为 830 000 日元。有学者认为，该计划是在参考了戈弗雷的报告基础上完成的[28]。

　　如果说戈弗雷对釜石矿山的勘察为明治政府建设釜石铁厂的决心提供了直接依据，那么，1872—1873 年日本使节团对欧美的考察则为明治政府在釜石铁厂技术来源国的选择上提供了直接认识。

　　1871 年 12—1873 年 9 月，日本政府组成了庞大的使节团出访欧美。使节团成员共计 50 余人，除政治家外，还包含一批有前途的专业技术人员，大岛高任作为理事官的随行人员也在其中。此外，还有 58 名赴西欧各国的留学生也同船前往，史称“岩仓使节团”。岩仓使节团此行的目的有三：一是向西方各国表达明治新政府的友好之礼；二是修改不平等条约，向各国政府表明新政府迫切需要平等地参与近代化进程；三是实地考察各先进国家的国家体制、法律规章及工业、教育等发展的良法，从而探求日本的发展方略[29]。使节团分别在美国、英国、法国、德国、比利时、俄国进行访问，考察各国工矿企业。由于造船、铁路、武器制造等是明治政府迫切需要发展的产业，与这些产业密切相关的钢铁业便成为使节团重点考察的对象之一。

　　英国是岩仓使节团停留时间最长的欧洲国家。在英国的 4 个月时间里，使节团参观了 50 多家企业，其中有 3 所著名钢铁企业，即位于曼彻斯特的车床和枪械制造商惠氏铁工所（Joseph Whitworth & Co.）、纽卡斯托的工程设备制造商阿姆斯特朗制钢所（Armstrong & Co.）和谢菲尔德的坎梅儿制钢所（Cammell & Co.）[30]。使节团成员久米邦武在其编撰的《特命全权大使米欧回览实记》（1878）英国卷中，对坎梅儿制钢所的炼钢和成型生产过程、材料规格、每个步骤、劳动组织等各方面做了细致记录。

　　岩仓使节团对英国工业的考察最立竿见影的结果，是进口了大量的英

[①] 山尾庸三，日本明治时期著名的政治家。1863 年作为著名的长州五杰（伊藤博文、山尾庸三、井上胜、井上馨、远藤谨助）之一秘密前往英国留学，在格拉斯哥半工半读。1868 年回国，曾任工部大臣、法制局长官，创建了工学寮（今东京大学工学院），并担任日本工学会会长 36 年.

国铁路设施、民用和军用的蒸汽船，以及武器。以铁路为例，从 19 世纪 70 年代到第一次世界大战（以下简称"一战"）之前，英国在日本的铁路建设市场中占据了主导地位，不仅向日本输出了最大规模的蒸汽机车，而且出口日本的钢轨从 1886 年的 7 305 吨增加到 1913 年的 162 014 吨[31]。有理由相信，岩仓使节团在为英国铁路设施、轮船和蒸汽机车制造商带来大量订单的同时，也极大地影响了明治政府在建设本国的钢铁工业时技术引进的决策。英国作为当时最大的钢铁生产国，也是发明现代焦炭炼铁高炉、贝塞麦①转炉②等重大钢铁技术，并率先实现产业化的国家。岩仓使节团在英国感受到的是大规模钢铁工业给这个国家带来的发达的铁路交通和工业文明。这自然会使明治政府在进行技术引进时首先倾向于英国。

1873 年 9 月，时任江南制造局翻译馆口译的英国人傅兰雅（John Fryer）也考察了英国的钢铁企业。在谢菲尔德的另一家大型钢铁厂布朗公司（John Brown and Company），他获知日本人在厂里学习钢铁冶炼已经一年了：

　　　　"据言，已有日本人在此厂内习艺一年有余，不取其修金，又言如有中国人来学者肯将各事教之亦不取钱等语。"[32]

可见，在釜石铁厂建设之前，培训工匠这样的技术输出行为已经在英国和日本之间展开。

1874 年，釜石被工部省定为钢铁厂的所在地。1874 年 5 月，工部省设釜石支厅，将桥野、大桥、佐比内和栗林矿山国有化，并任命大岛高任和另一名技术人员为负责人[28] 79。

二、釜石铁厂的技术决策和设备引进

1. 釜石铁厂选址决策上的分歧

对于钢铁厂而言，铁厂的选址是一个重要的技术决策点，往往会体现和影响钢铁企业的规划特点和发展空间。釜石铁厂的选址与德国工程师比

---

① 贝塞麦（Henry Bessemer，1813—1898），英国冶金学家，1956 年发明贝塞麦转炉炼钢法并获得专利，1860 年在英国谢菲尔德创办炼钢厂，使用贝塞麦转炉炼钢，并使贝塞麦转炉法得以扩散，开创了规模化炼钢的时代.
② 贝塞麦转炉：由英国工程师亨利·贝塞麦于 19 世纪 50 年代发明的一种炼钢炉。贝塞麦转炉炼钢是通过转炉的炉底风嘴鼓入空气，将炉内铁水中的杂质和少量铁氧化，并靠氧化反应过程释放的热量使铁水温度升高到出钢温度。此炼钢法的诞生标志着大规模炼钢时代的到来.

安奇（Louis Bianchi）和大岛高任有密切关系。两人在铁厂建设的选址及其相关问题上产生的极大分歧，反映出明治时期日本早期工业化进程中本土与西方技术人员的不同特点和文化特征。

1856 年 10 月至 1859 年，比安奇就读于德国弗莱堡矿业大学，系统地学习了分析化学、采矿、钢铁冶炼和焊接。去日本之前，他在学界有着较好的声誉[28] 80。1874 年初，比安奇来到日本，与明治政府签约成为日本政府的矿冶外籍顾问，前述的戈弗雷不仅是他的校友，也是他的上司和签约人。1874 年春夏之交，比安奇与大岛高任一起在釜石考察期间，两人对于铁厂选址问题产生了很大的分歧。大岛高任作为下属，在将比安奇的意见上报的同时，还私自递交了另一份他个人的意见。

比安奇主张将铁厂设在铃子——这是釜石湾附近的一面靠山的一大片的土地。其选址理由主要是：靠近水源；有充足的土地满足今后企业的扩展；在开阔地带建设铁厂成本大大低于在山谷里建设。而大岛高任主张铁厂设于大唯越——其北、西、东面都被山包围，只有南面是开阔的。他的理由是这里一年四季都不会有暴风雨，即使是在严酷的冬季，也不会因寒冷而停工。但其面积有限，只能尽可能地依靠平整山顶来保证足够的铁厂用地[33]。

很明显，比安奇的选址注重铁厂的建设成本，原料和产品的运输是否便利，以及未来发展的可能性，这是 19 世纪后期先进的铁厂设计理念，是大多数现代钢铁企业在规划时所考虑的。他主张建立一个大型铁厂，包括两座较大的高效的冶铁高炉，一条利用蒸汽机车运输铁矿石的现代化铁路，以及一座轧钢厂用来轧制熟铁。而大岛高任的选址更强调气候等环境因素对铁厂作业的影响，这是一个相对保守的选址，适合建设规模较小的铁厂。虽然大岛高任没有在他的规划中提及高炉的具体设计，但他设计用 70 匹马运送原料，供应 5 座高炉的生产。从运力上可以推算，大岛高任为釜石铁厂规划的仍然是类似于此前他建造的日产 1—2 吨的小高炉。

比安奇和大岛高任在选址和规划上的不同意见，体现了明治时期西方技术人员与日本本土兰学家的不同知识背景和思维方式。比安奇是一名受过正规的西方矿冶学科教育的技术人员，他无可非议地为明治政府建设一个在交通运输和经济性上都符合现代较大规模铁厂要求而选址。相对而言，大岛高任是通过兰学书籍和出国考察而了解和学习近代冶金知识的，他的钢铁冶炼知识直接来自于早年翻译的《国立铁质大炮铸造所的铸炮法》（《西洋鉄煩鋳造篇》）。这部 1826 年出版的书籍所介绍的炼铁高炉是 18 世纪普遍采用的炉型，此时热风炉尚未发明，炉子规模偏小，炉高约 10 米以内，水车或蒸汽机驱动双缸鼓风器鼓风[34]。此前大岛高任在釜石建造的高炉就是这类高炉。可见无论在知识还是实践上，大岛高任具有的是落后于当时半个世纪的西式小高炉的经验。

明治政府最终采用了比安奇的选址，并把大岛高任调离釜石。对于明治政府在这一决策上的取舍，饭田贤一等学者认为反映了日本明治时期政府盲从于西方技术人员的态度[3] 33—34。但客观地说，大岛高任的规划显然不符合明治政府发展现代化钢铁厂的宗旨，他设计的高炉已较落后，其规划的 5 座高炉的生铁年产量也远远低于山尾庸三提交的计划书。而且 1872 年戈弗雷的釜石考察报告中就指出了大岛高任建设的高炉及其运营效率的不足。因此综合来看，大岛高任的选址被否决不能简单地归于盲目崇洋的结果，而是一个相对合理的选择。

2. 釜石铁厂的设备设计与引进

釜石铁厂于 1874 年 8 月 10 日举行了动工仪式，由比安奇指导铁厂的建设。实际上，釜石铁厂的设计并不是由比安奇做的，根据 1875 年英国钢铁协会杂志的一篇文章[35]，日本政府将铁厂的设计委托给了一名英国咨询工程师福布斯（David Forbes，1828—1876）①。

福布斯为铁厂设计了 2 座真正的现代西式高炉——苏格兰型铁皮式木炭高炉（图 1-3），高约 18.3 米、顶部直径 1.42 米、炉腹直径 3.35 米、炉底直径 1.37 米、风口数 4 个，每周产生铁 75—80 吨；Whitwell 式热风炉 3 座，高 8.65 米、直径 5.5 米，受热面积 472 平方米，送风机为自立单筒式 80 马力，送风量 57.3 立方米/分，送风管口的空气温度约 590 摄氏度[4] 70—72。虽然仍以木炭为燃料，但与大岛设计的釜石高炉相比，新建的高炉采用了热风炉，在规模和生产效率上有了很大提高，而且已经将高炉产生的气体循环——当时是主要用于焦炭高炉上的技术——用于热风炉和蒸汽机上[36]。

---

① 福布斯，1844 年入爱丁堡大学，师从著名的化学家 Dr. George Wilson，并任助理化学师。1846 年，在 John Percy 的冶金实验室工作，之后长期为伯明翰的一家冶镍公司工作，并很快在建设采矿和冶炼工厂的项目中独当一面。1864—1876 年，主要以咨询工程师为职.

图 1-3 釜石铁厂高炉（左）及其炉型示意图（右）①

釜石铁厂的铁件和砖件是由位于英国斯托克昂谛斯的谛斯代尔铁厂（Teesdale Iron Works）提供。据福布斯的叙述，高炉设计使用了许多最先进的改进，如以液压方式来降低料钟、选用 Whitwell 式热风炉等。高炉的立式送风机及锅炉等，是由曼彻斯特的诺特米尔公司（Knott Mill Works）制造。高炉材料和设备大约于 1875 年 10 月至 11 月运抵日本[35]。

随后，根据日本政府的新计划，福布斯又为铁厂订购了炼熟铁的设备，以及轧制铁板、铁轨和铁条的机器，汽锤等加工设备[37]。这使得釜石铁厂成为了一个从生铁冶炼到熟铁加工的完整的钢铁企业。

3. 釜石铁厂的建设

1877 年，釜石铁厂高炉的建设安装工程由比安奇、英国铁厂管理人员凯斯利（William H. B. Casley）② 和日本人山田纯安③ 3 人具体负责。3 月，比安奇与明治政府的合约到期离开了日本[28] 86。1878 年初，凯斯利向山尾庸三提出终止与日本的合约，回到英国[28] 87。之后，山田纯安一人负

---

① 图片来源：桑原政.釜石鉱山景况（续）附図.日本鉱业史料集：明治篇（前）第 16 期，東京：白亜書房，1993，91.
② 凯斯利，英国铁厂斯托克昂谛斯管理人员，于 1876 年随高炉设备到达日本.
③ 山田纯安，曾就读于伦敦矿业学院冶金系，之后在南威尔士的 Bleavanon 矿区工作，回到日本之后便被派往釜石铁厂工作.

责起领导高炉建设工程的工作，同时管理手下的英方工匠和技师。

除高炉之外，一个用于熟铁锻造和压延的工场也在建设中。工场设有12座锻炼炉、7座加热炉、4座压延机、3.5吨和2.5吨汽锤，以及3套重剪[38]。高炉等主要设备的建设于1880年完工。

在高炉建设之前，用于原料运输的铁路于1875年开工建设。整个铁路总长约15英里。线路的勘定和设计由英国铁路工程师谢泼德（Shepherd）负责，他于1874年和戈弗雷一起考察过釜石矿山。1875年5月，另一名英国工程师佩塞尔（G. Persel）被派往釜石，负责指挥铁路的建设工作。1880年9月，铁路主干线完工；次年的9月运送木炭的支线建成。铁路设施和高炉一样，主要来自英国[36]431—436。

值得注意的是，负责高炉安装的工程师之一山田纯安是一名刚完成学业不久的年轻人。将高炉安装的重任交给如此年轻的留学人员，反映出明治政府希望尽快实现技术自立的迫切愿望。据统计，1874—1884年间，虽然累计有17名外籍人员（3名德国人和14名英国人）参与了釜石铁厂的建设，但同一时期雇佣的外国人从未超过5名。而与此同时，却雇佣了共71名日本人，包括管理人员和工程师，他们与外籍工程师一起参与了各种技术问题的解决[36]440—441。这对于此后日本钢铁工业的发展有着重要的意义。

三、釜石铁厂的运营与终止

1880年9月10日，铁厂的一座高炉开始点火运行，3天后开始出铁，同年12月9日一场火灾烧毁了位于小川的铁厂最主要的木炭生产设备，12月15日高炉因燃料短缺而停工[36]87—88。在这97天的运作期间，高炉共出铁1 510吨，即平均日产量不少于15吨，而高炉的设计日产量为25吨。这对于如此规模的现代高炉的第一次运作来说，也算是一个不错的成绩。

釜石铁厂燃料的供应问题日渐突出。釜石铁厂主要依赖周围的木材作为燃料来源，从1875年6月起，釜石地区的小川、田端和其他5个村庄周围的共约11 700亩森林被规划为铁厂木炭的来源地，据当时的决策者估计，如果开发合理，可以为铁厂提供24年木炭。但另一方面，釜石地区没有足够的木炭加工能力，从1876年到1880年高炉开工，釜石地区约600座窑为铁厂生产了仅3 500吨木炭，而高炉在3个月内就消耗了2 000吨，相当于2年的木炭产量[39]。可见，釜石周边的木材是否真的能为如此规模的铁厂提供充足的木炭依然值得怀疑。因此，铁厂打算寻找合适的煤来代替木炭进行生产。

1882 年 3 月，釜石铁厂高炉第二次开工，连续运作了 196 天，共产铁 3 800 吨，平均日产量达 20 吨。由于木炭储备不足，在开炉之前，铁厂购买了 10 000 吨煤，并定制了 48 座炼焦炉。当时，至少有一座高炉被改作用焦炭为燃料，但由于釜石所用的煤具有很高的可燃性，极易在炉内变成更轻的粉末，从而阻塞炉口，使得出铁量逐渐下降，最终导致原料凝结成块[28] 89。高炉在运作了 196 天后再次停工[13] 25。

由于聘请的英国工程师迟迟未到，熟铁厂在高炉第二次开炉时才开始运作，仅生产了粗熟铁 907 磅。最终由于高炉的停工而未能实现铁厂从生铁到铁件的全面生产。

由高炉两次运作期间的产量来看，除了燃料不足，在用焦炭代替木炭之前，高炉的运作实际上并未出现大的技术问题。技术人员方面，铁厂高炉及其热风炉的运作是在英国工程师沃雷斯（William Warlace）的指挥下进行的，而高炉出铁后的铸造由另一名英国工程师霍顿（John Horton）负责[28] 89。

由于高炉的两次停炉，工部省决定釜石铁厂停工，并派伊藤弥治郎前往调查铁厂失败的原因。伊藤弥治郎把铁厂的问题归于两方面：铁矿石蕴藏不足和木材资源有限。他写道：

"英国工程师被告知釜石铁矿蕴藏丰富，并且周围木材资源充足，因此他们为釜石铁厂设计了大型的木炭高炉……经过调查，我发现传说中釜石铁矿石蕴藏丰富的说法不实，首先，能找到的矿藏真实储量大约 130 000 吨，而其中的一半是在悬崖下，开采和运输都非常困难。即使我们能成功开采，也不可能盈利。此外，两年内釜石周围所有的木材资源将被耗尽。"[13] 26

虽然后来进一步的勘察表明伊藤弥治郎的说法过于悲观，但由于他极为负面的判断，促使工部省于 1882 年底做出将企业废止的决定[2] 58，并于 1885 年将铁厂设备卖给了商人田中长卫兵[2] 82—84。明治政府投入了约 238 万元的釜石铁厂在投产 2 年后即宣告结束。

第三节　青溪铁厂及其技术引进

青溪铁厂的筹设始于 1885 年，从筹设、选址、购置机器、聘雇人员到正式出铁，历时约 5 年。与日本釜石铁厂不同，青溪铁厂的设立不是中央政府行为，而是地方督抚领导下的一次创业。

一、青溪铁厂的筹设与选址

青溪铁厂的建立与贵州巡抚潘霨（1815—1894）密切相关。潘霨，江苏吴县人，字伟如，号韡园。先后任天津府知府、山东省登莱青道道台、浙江盐运使、山东盐运使、山东按察使、福建布政使。1874 年随沈宝桢赴台湾帮办海防事宜，后升任湖北、江西巡抚等职。1885 年署理贵州巡抚，1886 年实授。潘霨是个较能办实事的官员，受洋务派的影响颇深，但他是医士出身，未直接接触过西方科学技术。1885 年在贵州一上任，他就着手开办新式矿务。[40]清光绪十一年（1885 年）十一月他上奏朝廷称：

> "黔省地瘠民贫，尺寸皆山，矿产极多，煤铁尤盛。各省机器局及大小轮船，每岁所用煤铁以亿万计，现又设立海军，制造铁甲，在在需用，更属不赀。查此二项为黔产大宗，开采易见成效，如能合用，则可运销各省，源源接济，亦免重价购自外洋之失，未始非裕国阜民之一端也[41]"。

在得到朝廷奏准之后，清光绪十二年正月他再次上奏称：

> "黔省尤系瘠区，每岁度支全赖各省协济。本省田少山多……惟水深土厚，向产五金……如果经理得宜……虽未敢侈说富强，而民间多一生计，即公家多一利源：以之拨供邻省海防之需，亦属彼此两利。"[42]

可见，潘霨希望通过利用贵州丰富的矿产资源来为新兴的洋务企业提供原料和燃料，从而能参与到洋务之中，同时达到解决贵州财政困难的目的。

清光绪十二年（1886 年）正月，潘霨将《勘察矿质和筹定章程六条》

上奏，并于同年三月十九日设立矿务总局，将煤、铁、硝、磺4种矿物各备2桶，分寄给南北洋大臣衙门，先行试验[43]。时任南洋通商大臣的曾国荃如实给潘霨答复了试验结果，称"硝、磺两项皆系次等"，煤"火弱焰轻，各处汽炉未能一律适用"[44]。生铁和钢亦"难以适用"[44]，唯有熟铁"质地尚好"[44]，但"非用机器炼制，分别差等，不能畅销"[44]。于是潘霨决定开办铁厂，向众商招股集资银五万两，拟设立矿务总局的上海分局，购置设备，将生铁运至上海分局制成洋式铁货销售[45]。

铁厂的开办，需要懂行的人员进行选址，当时的中国没有通晓钢铁冶炼的专业人才，潘霨只能通过身边熟悉洋务的人员来办理此事，他依赖的是从事了多年洋务事业的胞弟潘露。

潘露（1827—1890），字敬如，曾任广东批验所大使（约1875年）。1873年，潘露参与筹建广东军装机器局，建成后继续参与办理该局[46]。1874—1875年，经办广州火药局。当时我国采用西方制造兵器的技术仅在少数地方起步，他的才识实属难得。两江总督左宗棠认为，"潘露天赋异能"，于1883年将他调到江苏，同时任江南制造局和金陵制造局总办，令他先行制造崇宝沙、宝山、吴沁口、白茅沙等处炮台用炮[47]。约1884年，他不再担任金陵制造局总办职务。1884年秋，潘露随左宗棠赴福州前线，腊月间奉命制造自制水雷。可见，在办理青溪铁厂之前，潘露经办兵工企业有十年，近代兵工制造与新式钢铁加工制造关系密切，江南制造局和金陵制造局早期都有西式装备的熟铁厂等，因此潘露对新式钢铁加工应该有一定了解。

1886年底，云贵总督岑毓英（1829—1889）奏请调派潘露来黔兼办贵州矿务。此前潘露已奏请假期来到贵州考察，选定在青溪、小江口安设厂局，并会商购办机器事务[48]。与釜石铁厂不同，青溪铁厂的选址没有依赖外国人，是由潘露考察之后做出决策的。

二、青溪铁厂的设备引进与建设

1886年农历5月，潘霨派人赴上海购置设备，下半年，当了解到上海没有现成的设备可购时，潘霨由官商凑银八万两，于10月派人到英国考察并购置设备[49]。

从目前掌握的史料看，与青溪铁厂设备购置有关的赴英人员有3名，即候选通判徐庆沅、翻译祁祖彝和潘霨的儿子潘志俊。

徐庆沅（约 1854—?），字芝生[50]。曾为候选通判，约 1886 年（或 1887 年）被潘霨任命为炼铁总局帮办，受潘露的调度[51]。祁祖彝（1863—?），字听轩，江苏上海人（太原人，出生于上海）。1874 年第三批晚清留美幼童，赴美时 12 岁。前后居洋十年，通制造。回国后在江南制造局习机器[52]。约于 1886 年受潘霨委任。

1886 年，徐庆沅与祁祖彝被派往英国学习铁厂设备运营与管理等。关于二人在英国的详细经历，国内史料中几乎没有记载。在青溪铁厂关闭后，徐庆沅赴汉阳铁厂任职，曾向当时在汉阳铁厂的卢森堡籍工程师吕柏（Eugene Ruppert，1864—1950）①说起了青溪铁厂的往事。在吕柏的回忆录[53]中有一段与之相关的文字记载：

> "当徐、祁两位年轻人在较短的时间里学会了关于铁厂建设、运营和管理等多方面知识之后，他们带着许多先进的设备返回了祖国，在贵州巡抚潘敬如兄弟的领导下，第一次完全没通过外国专家的帮助，以自己所学到的西方冶铁炼钢知识开始了铁厂的运行。"[53] 34

但是，徐庆沅、祁祖彝两人在英期间的具体行程等信息，目前尚无法知道。根据吕柏回忆[53] 37 和《薛福成日记》[54]的记载，铁厂的设备订购于英国米德尔斯伯勒地区的谛塞德厂（Tee side Co.）。

图 1-4　徐庆沅（右 1）和祁祖彝（左 2）在英国谛塞德厂②

---

① 吕柏，卢森堡人。1890 年毕业于德国亚琛高等工业学校冶金专业，1894—1898 年任中国汉阳铁厂高炉炉长，1905—1912 年任汉阳铁厂总工程师，1912—1923 年任汉冶萍公司顾问工程师及公司驻欧代表.

② 图片来源：吕柏.中国的采矿业与钢铁工业（回忆录德文打印稿）.

与青溪铁厂设备购置有关的另一人是潘霨的次子潘志俊（1857—1919）。潘志俊原名志定，号子静。苏州府学附监生，光绪二年中顺天乡试举人，先后署山东登莱青胶兵备道兼东海关监督，直隶候补道，署直隶交涉使。1884—1885 年为内阁中书，赴朝鲜办理"甲申政变"善后事宜[55]。清光绪十二年（1886 年）二月十三日潘志俊随出使大臣刘瑞芬①起程出使英国，三月二十五日抵英国伦敦，被委任为驻英三等参赞，清光绪十五年（1889 年）四月刘瑞芬卸任，潘志俊也跟随回国[56]。

潘志俊是利用随臣出使英国的时机，协助青溪铁厂在英国购置设备。据李鸿章于 1889 年致盛宣怀的信中称："潘志俊在英为黔购炼铁机炉，亲往各厂考较颇精。"[57] 从时间上看，这也是徐庆沅和祁祖彝在英国的时间。另据潘霨于清光绪十三年（1887 年）的《贵州矿务扎文》② 载："业已派员巡至英国游历铁厂，观其所用之具，择要定购，并请刘星使监核价值，以明诚实无欺。"[51] 194 实际上，刘瑞芬作为当时的驻英大使及潘志俊的上司，对青溪铁厂在英国购置设备起了监核的作用。

可见，青溪铁厂的设备引进是一个由中国人构成的决策系统进行的，这一决策体系中没有懂行的钢铁冶炼技术人员，因此决策者不太可能根据技术的适用性来选择设备。之所以选择英国作为设备引进国，不难推测，偶然因素在其中所起的作用更大。另一方面，近代炼铁设备的选择与燃料、矿石资源特点和地理位置等有关，但青溪铁厂设备购置之前亦未进行过系统的资源勘探和检验。因此，青溪铁厂的设备购置具有较大的盲目性和风险性。

在此情况下，青溪铁厂向英国米德尔斯伯勒地区的谛塞德厂订购了设备。据英国的《1890 年外交和领事报告》[58]，"谛塞德厂"应该是米德尔斯伯勒的谛塞德机车厂（Tees-side Engine Company of Middlesbrough），这是一家以钢铁、机车制造和其他工程制造为主要业务的企业。高炉的耐火砖则由位于利兹的沃特利的砖厂——英格汉姆父子公司（Ingham & sons）提供。

据吕柏回忆录所述，青溪铁厂的设备主要有日产量为 25 吨的焦炭高炉

---

① 刘瑞芬（1827—1892），字芝田，早年入李鸿章幕府，1876 年代理两淮盐运使，1885 年出使英、俄等国，后改任英、法、意比四国大使。1889 年被召回广东任巡抚.
②《贵州矿务扎文》中，"扎"即为"札".

1 座、1 吨的炼钢炉（贝塞麦转炉）2 座、14 座搅炼炉，轧条机、轧板机[59]及其他辅助设备。高炉炉高 15.24 米、底座直径 1.83 米、炉腹直径 4.88 米、底座高 0.76 米，高炉的密封盖是一个钟形顶罩，高炉煤气通过一条气体专用管道导向 4 个铁制的热风炉及 5 个平行单焰管道蒸汽炉[53]34—36。青溪铁厂向谛塞德厂订购的焦炭高炉、贝塞麦转炉及轧钢设备，共花费 12 607 英镑[54]。

> 设备（于 1887 年）装船，保单分三起起解，共重一千七百八十余吨，每吨以一千六百八十斤合计华秤，共重二万九千九百余担到沪，由沪船装运前来，均须立架，按件起重……头批机器已于（即 1888年）八月中旬运到青溪县，二三批亦跟从而来，所带各项工匠，同时抵青，即日开工起造安配[60]。

由于经费短缺，贵州矿务局于 1887 年再次在上海、淮扬等地招股①，为铁厂建设和运转筹集资金。

关于青溪铁厂设备的安装建设情况，目前知之甚少。据称，潘霨在上海聘请了英、法籍工程师 5 人，并雇佣了一批技师和工匠，全厂冶炼固定工近千名，采运铁矿和燃煤多用零工，厂房地基除沙滩外占地六十余亩[61]。

青溪铁厂的建设用时近两年，于光绪十六年（1890 年）六月初一开炉炼铁。从光绪十二年开办到光绪十六年六月开炉，共用银二十七万六千余两，除了股款外，陆续挪用公项银②十九万二千两。为了还清公款以及铁厂周转，铁厂于 1890 年向法国泰来洋商借款规银三十万两[62]。

图 1-5　建设中的青溪铁厂③

---

① 例如，清光绪十三年六月初九的《申报》刊登了《贵州机器矿务局奏案并招商合股章程》.
② 公项银：是经官府验定成色方能使用的官铸银.
③ 图片来源：吕柏.中国的采矿业与钢铁工业（回忆录德文打印稿）.

图 1-6　青溪铁厂的贝塞麦高炉及示意图（吕柏绘）

图 1-7　青溪铁厂的贝塞麦炼钢车间（左）和轧钢车间（右）①

三、青溪铁厂的运营和失败

青溪铁厂的高炉于光绪十六年（1890 年）六月初一开炉，高炉以当地的铁矿石为原料，以无烟煤、土法炼制的烟煤焦炭以及木炭为燃料：

"青溪铁厂所用的铁矿石在距矿山约 20 里的地方，为铁含量 60%—62% 的赤铁矿和含铁 35% 的锰铁矿，通过一条窄轨铁路将铁矿石运送到设备所在地。燃料则需要从更远一点的地方运来。大部分采用的是无烟煤以及一小部分烟煤，烟煤通过最原始的方式被加工成焦炭，这些大杂烩便是高炉的燃料来源……另外，人们还经常使用木炭加入燃料混合物中[53] 35。

---

① 图片来源：吕柏.中国的采矿业与钢铁工业（回忆录德文打印稿）.

品质低劣的燃料显然不符合新式高炉的要求，这引发了高炉事故频繁发生，主要是出铁口和炉渣出口阻塞，铁水不能正常流出，导致了高炉爆炸一次又一次地发生。在青溪铁厂开炉仅一个多月之后，潘露因心力交瘁，于当年的七月十六日病故，青溪铁厂的高炉也由此停工。当地的人们将高炉一系列的爆炸看做是龙神降下的惩罚，出于恐惧，他们四散逃开，等待着龙神的愤怒平息下来。在那之后很长时间，一直没有人敢于靠近所谓"愤怒的龙神"[53]35。

潘露死后，徐庆沅和祁祖彝一方面借公款两万两维持铁厂运营，另一方面率留下来的工匠添置汽锤用来轧铁，勉强经营[63]。在这一阶段，青溪铁厂使用搅炼炉来炼制熟铁，然后用蒸汽锤及一座双向轧钢炉将其加工成扁钢[53]36。

当年十一月，候补知府曾彦铨到黔接办铁厂，但终未能使铁厂高炉重新开炉，青溪铁厂于1893年完全停产，曾彦铨也于1895年被革职[64]。至此，引进英国钢铁技术建成的中国第一家新式钢铁厂以失败而告终。

但青溪铁厂的失败并没有终结英国技术在中国的传播，1890年开始建设的汉阳铁厂，其设备来自英国的同一家企业。此外，在青溪铁厂的经历使徐庆沅、祁祖彝获得了宝贵的技术经验。徐庆沅于1896年来到汉阳铁厂制钢车间任职，表现出很高的业务能力，改造熟铁炉，省煤十分之四，张赞宸称之："公正廉勤，熟精机器，在厂苦心研究，具有血诚。"[50]祁祖彝1903年受四川总督锡良委派带学生工匠等人赴欧美考察，为四川机器局订购机器，1908年任本溪湖矿政分局总办一职[66]。

第四节　中日早期阶段技术转移之比较

在上述史实的基础上，可以更为客观地比较中日两国近代钢铁技术发展在其起点上的差异。这些差异不仅对两国后来的钢铁技术发展产生了影响，更折射出中日两国工业与技术近代化在开始阶段就存在本质上的不同。

一、从技术层面上看

两家铁厂失败的原因并不相同。

高炉的运作成功与否是铁厂成败的关键。从釜石铁厂两次开炉情况看，其高炉与所用的矿石、木炭等原料是相匹配的，在木炭供应没有问题的情况下，技术人员（包括本土的和外籍的）有能力实现高炉的正常运行。在技术上，福布斯为釜石铁厂设计了具有现代高炉技术水平但仍然以木炭为燃料的高炉，也是考虑到日本尚未找到合适的煤矿资源来炼制高炉用的焦炭，以及釜石地区较为丰富的木材资源的情况。因此，釜石铁厂的失败不是技术选择的错误，而是在意外发生后，由于不成熟的煤矿开采和焦炭制造，从而不能立刻解决燃料的可持续供应而造成的。从这一意义上说，釜石铁厂这一阶段的技术引进并非完全失败。

相反的，青溪铁厂高炉的运作从一开始就未成功。与釜石铁厂不同，青溪铁厂引进的是英国主流的焦炭高炉和炼钢炉，但却从一开始就无法解决燃料、矿石在高炉中的正常熔炼，因而青溪铁厂的设备引进在技术上是不成功的。其失败原因在于青溪铁厂引进的技术远远超出了铁厂拥有的技术资源和能力。首先，在没有掌握足够的钢铁冶炼知识的情况下，铁厂完全未根据可利用的燃料等资源条件来选择设备。其次，在高炉运作出现问题后，铁厂也没有技术能力来解决问题。因此在当时的条件下，青溪铁厂所引进的技术无法正常发挥作用，失败是不可避免的。

二、从技术引进层面上看

两家铁厂技术引进的组织背景和目的不同，由此形成了不同决策系统直接影响技术引进的结果。

日本方面，明治政府是以实现国家的"西化"和"现代化"为目标来建设釜石铁厂的。在此目标下，釜石铁厂的技术引进是一个由明治政府直接推动，由工部省直接运作的行为。由于明治政府强烈的"西化"目的，故釜石铁厂从矿产勘探、选址到建设、运作整个过程，都是在工部省雇佣的外籍工程师的协助下进行的。也就是说，釜石铁厂的技术引进是一个外籍技术人员与本土技术与管理人员相配合的决策系统（图 1-8）。

```
领导者     ┌─────────────────────┐
           │ 工部省大臣伊藤博文、 │───────────────────────────┐
           │ 工部省副大臣山尾庸三 │                           │
           └─────────────────────┘                           │
                    │        ┌────────────────────────┐      │
技术顾问            │        │ 明治政府的首席地质学家和采矿工 │   │
                    │        │ 程师戈弗雷                │      │
                    │        └────────────────────────┘      │
                    ↓              ↕                          ↓
技术指导   ┌──────────────┐  ┌────────────────────┐  ┌──────────┐
和设计者   │ 工部省釜石支厅│  │ 明治政府采矿与冶金外籍顾问│  │ 咨询工程师│
           │ 大岛高任     │  │ 比安奇              │  │ 福布斯   │
           └──────────────┘  └────────────────────┘  └──────────┘
                    │
                    ↓
技术实施   ┌──────────────┐  ┌────────────────────┐
           │ 技术人员山田纯安│  │ 英国工程师凯斯利      │
           └──────────────┘  └────────────────────┘
```

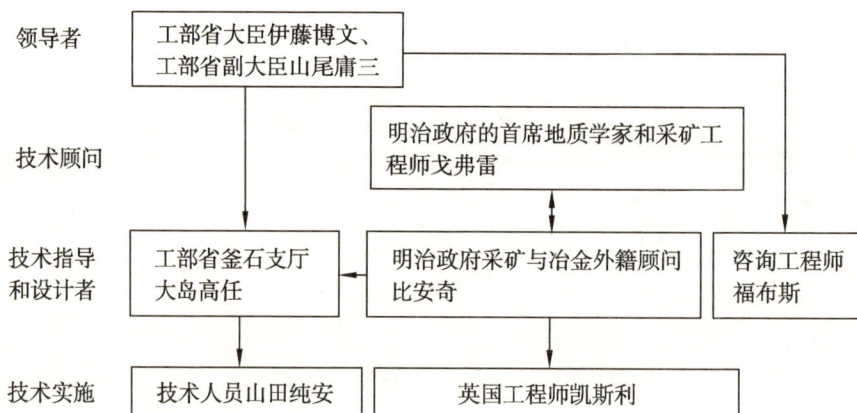

图 1-8 官营釜石铁厂技术引进决策系统的人员构成

在这一系统中，外籍技术人员参与了技术引进各阶段决策，更多年轻的日本本土技术和管理人员参与到技术引进的各阶段工作中，他们不仅包括山田纯安这样的留学生，甚至工部省大臣山尾庸三这样的高层管理者，也与外籍工程师一起进行矿产资源的考察，体现了在整个技术引进过程中明治政府学习西方技术和实现工业化的迫切愿望。在釜石铁厂的技术引进过程中，这一决策系统否决了大岛高任落后保守的选址和规划，也反映出明治政府实现"现代化"的强烈要求；其在选址和铁厂规划、设备设计过程中，又采用了以木炭为燃料的高炉设计，则体现了技术选择的理性一面，高炉较为成功地开炉运行也说明这一选择的合理性，虽然釜石铁厂的官营阶段以停炉告终，但为后期私营田中釜石铁厂的成功打下了基础，也为日本钢铁工业在进一步发展培养了一批技术人员，积累了经验。

中国方面，首先，青溪铁厂的建设发生在晚清的洋务运动时期，虽然清政府也意识到西方技术的先进性，但没有形成明治政府那种自上而下要实现西化和现代化的目标。而青溪铁厂建设的直接原因来自贵州巡抚潘霨希望通过利用本省矿产资源参与洋务，广开利源，从而解决贵州财政困难，这是一次完全由地方督抚领导的新式铁厂建设，清中央政府对此没有给予资金等方面的直接支持。其次，当时的中国完全没有建设和运营新式钢铁工业的经验，潘霨所能利用的信息、技术和人力资源非常有限。因此，青溪铁厂是在资金、技术和人员都相当缺乏的条件下进行的一次风险极高的投资行为。在此情况下，青溪铁厂技术引进的决策过程却几乎完全由中国本土人员单方面进行（图 1-9），构成了一个由洋务派督抚、洋务企业官员和洋务知识分子构成的决策系统。

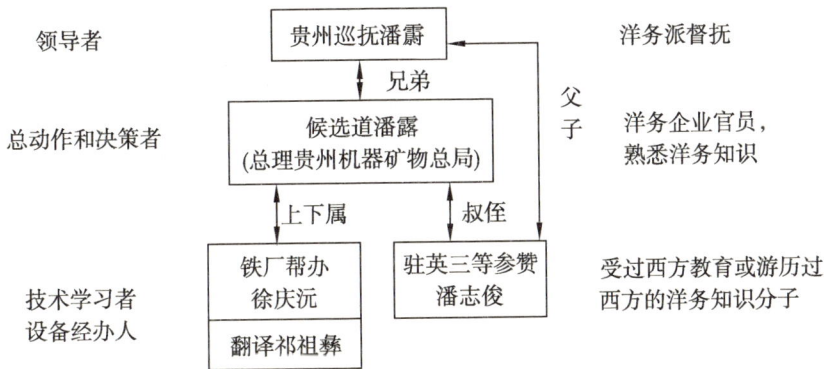

图 1-9　青溪铁厂技术引进决策系统的人员构成

在这一系统中缺少真正掌握钢铁冶炼技术的人，虽然派出了徐庆沅等人出国考察，但这对于一个新式铁厂的建设来说显然是不够的，这无疑更增大了技术引进的风险。在缺少外籍专业技术人员参与决策的情况下，青溪铁厂在进行设计和规划之前没有仔细考察和掌握矿石、燃料等资源状况，最终因劣质的燃料导致高炉运行失败。

三、从两国近代技术的发展历程来看

中日两家铁厂对所在国近代钢铁技术发展有着不同影响和意义。

日本官营釜石铁厂虽然以失败停工，但这是日本现代钢铁工业与技术开端阶段的一个重要环节，这一环节与之前幕末明初（明治初期）的反射炉和小高炉的建设，以及之后私营田中釜石铁厂的技术调整和改造阶段互相连接，构成了近半个世纪的日本钢铁技术现代化的开端阶段（图 1-10）。

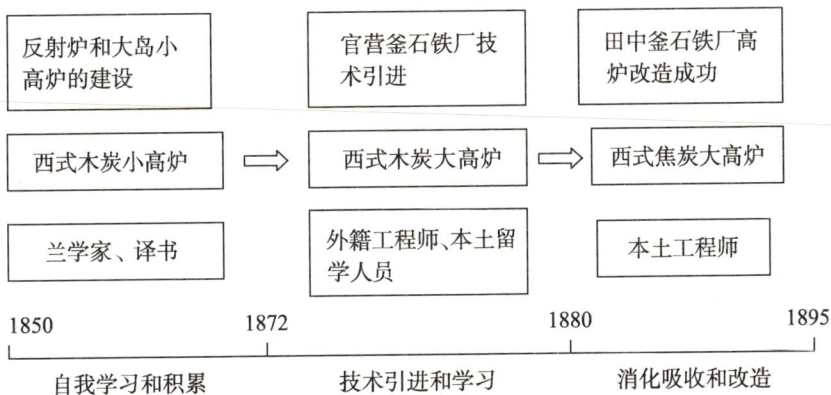

图 1-10　日本钢铁技术现代化的开端（1850—1895）

1850—1872 年，由兰学家进行的反射炉和釜石地区西式小高炉的建设，是技术的自我积累和学习阶段。官营釜石铁厂木炭大高炉的引进，则是在外籍人员指导和参与下的技术引进和学习阶段，虽然铁厂失败了，但这一阶段为后来釜石铁厂高炉的改造积累了经验。釜石铁厂私有化后，于1893 年聘请了东京帝国大学的野吕景义（1854—1923）为顾问，他的学生香村小录为总工程师，对原有的英式木炭高炉进行改造，1895 年 8 月成功地将燃料由木炭改作焦炭，日本的炼铁业从此进入焦炭冶炼时期，这是真正意义上的现代钢铁技术的开始[3]。通过这半个世纪的技术积累，日本人初步获得了现代焦炭炼铁技术，这对于其后日本大规模的钢铁技术引进和发展来说非常重要。可以说，官营釜石铁厂对于日本近代钢铁技术发展而言，是一次完全由明治政府买单的代价极高的技术学习过程，其影响在上述相互关联的链条中体现了出来。

与釜石铁厂不同，青溪铁厂的技术引进与此后中国钢铁技术发展的关系主要不在技术学习上，而是主要在以下两方面。首先，最直接的关系是紧接其后的汉阳铁厂仍然选择了与青溪铁厂相同的设备供应商——英国的谛塞德厂[1]，这表现出技术选择上的一种路径依赖性。这种路径依赖并非源自此前引进的技术已在中国获得成功应用，而是由于青溪铁厂的建设实际上还没有让中国人获得足够的技术信息和更多的技术能力，这使得张之洞在进行汉阳铁厂的技术引进时，仍然只能依赖于经历过青溪铁厂设备购置的驻英大使刘瑞芬。其次，青溪铁厂在技术上最直接的贡献是培养了徐庆沅和祁祖彝两位技术人员，但由于铁厂过早的失败，其为中国人提供的技术学习机会非常短暂，获得技术能力的积累也就极其有限，汉阳铁厂所表现出来的技术路径依赖性也说明了这一点。因此，青溪铁厂的技术引进对中国近代钢铁技术能力的培养来说，其贡献非常有限，1889—1894 年汉阳铁厂的建设及其投产，才使得中国真正跨入了开始实现钢铁技术近代化的阶段[1]。

从这一意义上说，官营釜石铁厂的技术引进对于日本近代钢铁技术发展的意义，要大于青溪铁厂对于中国近代钢铁技术发展的意义。

第二章　首次大规模的技术转移
——中国汉冶萍公司与日本八幡制铁所（1889—1911）

青溪铁厂和釜石铁厂之后，中国和日本在 19 世纪末期不约而同地开始建设两国近代最重要的大型钢铁联合企业：汉阳铁厂（1908 年之后的汉冶萍公司）和八幡制铁所。以此为标志，东亚国家开始从西方大规模地转移现代钢铁技术。在此后 30 多年的发展历程中，两家企业都经历了一个由大规模地转移西方国家的钢铁技术到努力实现技术本土化的进程，但所不同的是，八幡制铁所成功地实现了由技术依赖到技术自立的转变，到 20 世纪 30 年代发展成为拥有自行设计建设 500 吨以上大型现代化高炉的能力，成为日本在 20 世纪 30 年代实现钢材自给的最重要的企业；而汉冶萍公司在历经了一战之前大规模技术转移和生产能力的本土化之后，在一战之后迅速走向衰败，最终以 1926 年汉阳铁厂和大冶铁厂的高炉和炼钢设备全部停工而宣告失败，中国现代钢铁产业技术发展的脚步也因此未走得更远。

对于汉冶萍公司和八幡制铁所来说，钢铁厂最初的创建均以完全引进西方技术开始，两家企业在投产之后都经历了对西方技术不适应的困难时期，各自通过不同的途径试图去解决困难，两家企业不约而同地在 1911 年前后初步渡过难关，首次实现盈利。本章将通过汉冶萍公司和八幡制铁所从创建到 1911 年之前的历史，来比较近代中日两国是如何进行大规模技术引进和技术适应性改造的，从而比较中日两国所进行的最大规模的钢铁技术转移和本土化进程。

第一节 汉阳铁厂初创期的技术引进

一、筹建背景

汉阳铁厂的筹建始于 1889 年，此时的中国在经历了两次鸦片战争之后，被迫开放国门，并于 1860 年之后开始了"师夷长技以制夷"的洋务运动，历经近 30 年，形成了以下 3 个推动新式钢铁工业在中国产生的因素：

1. 随着外洋钢铁制品的大量进口，中国传统钢铁业呈明显的衰落趋势

19 世纪下半叶，外洋钢铁制品开始大量进入中国（图 2-1），此时正值工业革命之后，欧洲钢铁生产迅速规模化，钢铁制品成本持续下降。质量和成本均占优势的进口钢铁制品的涌入，对中国传统钢铁行业造成前所未有的冲击。

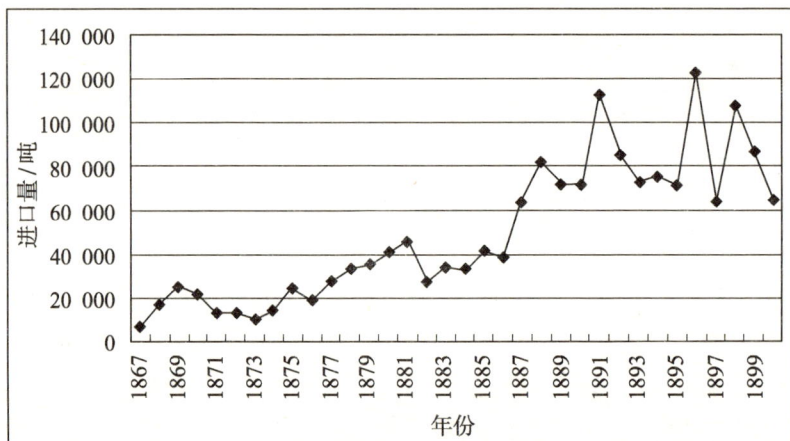

图 2-1　1867—1900 年钢铁进口量（吨）[①]

广东的钢铁市场最先受到冲击，19 世纪上半叶，钢铁制品已成为英国东印度公司运往广州市场的主要商品之一[66]。在此情况下，广东的制铁业

[①] 图数据来源：根据 *Diplomatic and consular reports on trade and finance*，China，report for the year 1867—1900，London. 有关内容整理.

迅速衰落。如佛山铁锅行：

　　"土炉前有三十家，今仅存十余家；锅店前有十余家，今仅数家"，佛山铁砖行："前有十余家，今则洋铁输入遂无此业此者矣。"铁线行："式式俱备，销行内地各处及西北。江前有十余家，多在城门头、圣堂乡等处。道咸时为最盛，工人多至千余，后以洋铁线输入仅存数家。"[67]

　　山西铁业亦未能幸免。德国地质学家李希霍芬于 1870 年考察估计山西年产铁量 16 万吨[68]，至 1898 年美国学者肖克利再度考察时估计其年产铁量仅为李希霍芬时期的三分之一，约 5 万吨。对于他与李希霍芬数据之间如此大的差距，肖克利认为，因洋铁输入导致山西炼铁的衰落，因此这一差距是合理的："据泽州的地方官员称，这一地区目前的产铁量只是三十年前的四分之一，三十年前正是李希霍芬考察期间（1870－1872），如果该省其他地区铁业衰退状况亦如此，那么我和李希霍芬的估计便都是合理的。"[69]民国时期《中国实业志：山西省》关于晋城县的土法炼铁亦有此记述："前清道光年间，其业（土法炼铁）甚为发达，全县炉数，计千余座之多，光绪初年，民遭大侵，地方凋敝，炉数顿减过半。"[70]

　　西方钢铁制品不仅直接导致土法钢铁业的衰落，更重要的是使这些地区的农民收入急剧减少，使他们面临贫困和破产的威胁。在此情况下，地主和农民之间的经济矛盾开始显现，一方面，地主乡绅仍然需要收取地租；另一方面由于传统工业收入的减少，农民如果付租的话，将面临饥荒。正如费孝通所言"外国工业的侵入废除了农村手工业，打乱了传统机制。"[71]农村手工业这一重要齿轮的脱落，使农民和地主乡绅之间的社会关系开始恶化，中国维持了上千年的农业经济系统和社会生活模式受到严重冲击。

　　2. 随着洋务军工企业的兴起，一方面产生了对新式钢铁材料的需求，另一方面洋务企业对技术人员的培养和西方冶金书籍的翻译，使中国社会对西方钢铁技术产生了初步认识

　　19 世纪 60 年代以后，以奕䜣、曾国藩、左宗棠、李鸿章等为代表的洋务派提出为维护清政府的统治应该兴办"洋务"新政，创办新型的军事工业是洋务运动的主要任务之一。从 1861 年起，一批学习和使用西法制造武器装备的军事企业纷纷建立，其中规模较大的有李鸿章于 1865 年创办的江南制造局和金陵制造局，以制造枪炮等军火为主，前者还制造轮船。

1866 年左宗棠在福建创办的福州船政局，专造轮船。1866 年三口通商大臣崇厚办的天津机器局，主要制造枪炮等武器。

表 2-1　中国近代主要军工企业的钢铁制造设施[①]

	厂名	兴建时间	主要设备
江南制造局	铸铜铁厂	同治四年（1865 年）—同治六年（1867 年）	磨砂机 1 部、熔铜炉 2 座、熔铁冲天炉 3 座、翻砂模箱等
	熟铁厂	同治四年（1865 年）—同治六年（1867 年）	20 马力和 30 马力汽炉各 1 座、进炉水抽 2 具、大小汽锤 3 具等
	炼钢厂	光绪十六年（1890 年）—光绪十九年（1893 年）	3 吨炼钢炉 2 座、化铁炉 2 座、炼罐子生钢炉（坩埚炉）1 座、打铁炉 3 座，各式轧、压、锯、剪钢材之设备、汽机等
金陵制造局	铸铁厂	约同治四年（1865 年）	
	熟铁厂	约同治四年（1865 年）	
天津机器局	铸铁厂	同治五年（1866 年）—同治十一年（1872 年）	
	熟铁厂	同治五年（1866 年）—同治十一年（1872 年）	
	炼钢厂	光绪十七年（1891 年）—光绪十九年（1893 年）	西门子炼钢炉及其配套设备
福州船政局	锤铁厂	同治五年（1866 年）—同治十年（1871 年）	300 公斤—7 000 公斤铁锤 6 个、大炼炉 16 座、小炼炉 6 座
	拉铁厂	同治五年（1866 年）—同治十年（1871 年）	炼炉 6 座、展（轧）铁机 4 座
	铸铁厂	同治五年（1866 年）—同治七年（1868 年）	铸铁炉 3 座
	打铁厂	同治五年（1866 年）	炼炉 44 座、3 000 公斤铁锤 3 个

　　无论是枪炮还是轮船，这些企业的产品都少不了以钢铁为材料，而中国土法钢铁在质量上无法满足这一需求，因此企业一方面需要进口新式钢

[①] 表资料来源：1. 魏允恭. 江南制造局记. 1905. 2. 孙毓棠. 中国近代工业史资料第一辑（1840—1895）. 北京：科学出版社，1957. 3. 沈传经. 福州船政局. 成都：四川人民出版社，1987.

铁材料，另一方面也建立了与之相关的钢铁成型设施（表 2-1）。由于钢铁不是最终产品，且限于资源和技术等因素，这些企业的设施主要以钢铁成型为目的，如铸造厂、拉铁厂、熟铁厂等。江南制造局和天津机器局在 1890 年以后还添建了炼钢厂，成为中国最早用近代西式新法炼钢的企业。

　　洋务军工企业的枪炮船只的生产，一方面使人们对新式现代军事武器所需的钢铁材料的特性有了认识，并逐步了解到近代西式新法钢铁制造与中国土法之差异；另一方面也培养了一批最早接触西式新法钢铁制造的技术工人。值得一提的是福州船政局，从 1875 年开始派出 4 批 88 名学生赴英法学习造船、驾驶等技术，其中 9 人所学与钢铁冶炼和矿务相关（表 2-2）。

表 2-2　福州船政局第一届出洋学生中学习钢铁冶炼及矿务的学生[①]

	学习时间	学习地点	学习内容
林怡游	1877—1880	法国多朗官厂和仙答佃洋枪厂	轮机、冶炼、洋枪
池贞铨	1877—1880	法国科鲁苏尼民厂、巴黎矿务学校、德国洽次矿局	采铁炼钢
林日章	1877—1880	同上	矿务、轮机
张金生	1877—1880	同上	矿务
罗臻录	1877—1880	同上	矿务
林庆升	1877—1880	同上	采铁炼钢
刘　勋	1877—1880	法国白海士登官学、多朗官厂、马赛铸铁厂	铸铁
王桂芳	1877—1880	法国仙萨穆铁厂、塞隆艺校、白代果炼铁厂	炼铁、熔铜、五金化验
任　照	1877—1880	同上	冶炼、铁胁铁甲制造

　　与此同时，1868 年创立的江南制造局翻译馆翻译了我国最早一批有关西方近代冶金技术的书籍（表 2-3），西方钢铁冶金知识也随着译书的出版进入了国人视野。

[①] 表资料来源：沈传经.福州船政局.附录：各界出国学生一览表.成都：四川人民出版社，1987.

表 2-3　与钢铁冶金有关的近代译书（1900 年之前）①

译书名	著者	译者	出版情况	内容	备注
金石识别	美国，J. D. Dana（代那）	玛高温口译，华蘅芳笔述	1872 年江南制造局本；1899 年富强斋丛书本	分 12 卷论述各种矿石的分类特征和识别方法，其中卷六论及铁矿石	英文原版为：*Manual of Mineralogy.* New Haven：Durrie & Peck. Philadelphia：Peck & Bliss. 1855
冶金录（上中下）	美国 Frederick Overman（阿发满）	傅兰雅口译，赵元益笔述	1873 年江南制造局本二册矿务刊刻本矿务五种本 1896 年西学富强丛书本；1899 年富强斋丛书本	以铸铁技术为内容。上卷论范模法及器具材料；中卷论熔铸事；下卷论金类杂质范铸诸事	英文原版为：*The Moulder's and Founder's Pocket Guide.* Philadelphia：Carey & Hart. 1851
宝藏兴焉之六：炼钢铁法十五卷	英国，William Fairbairn（费尔奔）	傅兰雅口译，徐建寅笔述	1874 年江南制造局本；1897 年上海六合局矿物丛钞本	以钢铁冶炼为内容，分 15 卷说明炼铁历史、铁矿和燃料、炼铁、熟铁锻造、炼钢、钢铁强度和化学特性以及钢铁企业等方面的技术理论	英文原版为：*Iron, Its History, Properties, and Processes of Manufacture.* Edinburgh：Adam and Charles Black. 1861
历览英国铁厂记略	英国，傅兰雅	徐寿笔述	1881 年江南制造局本	记述作者 1873 年在英国考察的钢铁厂情形	原文由傅兰雅用英文撰写

① 表资料来源：1. 王韬等. 近代译书目. 北京：北京图书馆出版社，2003. 2. 江南制造局翻译馆. 江南制造局译书提要. 1909. 3. 魏允恭. 江南制造局记. 1905. 4. 王扬宗. 傅兰雅与近代中国的科学启蒙. 北京：科学出版社，2000.

（续表）

译书名	著者	译者	出版情况	内容	备注
炼钢要言	不详	徐家宝译述	1896 年江南制造局本；上海石印矿务五种本；1899 年富强斋丛书本	介绍坩埚炼钢、西门子炼钢、转炉炼钢法，以及钢铁含异质不同之特性，英国试验钢铁的方法等	
求矿指南	英国，John W. Anderson	傅兰雅口译，潘松笔述	1899 年江南制造局本；1901 年富强斋丛书续辑本	分 10 卷介绍探矿方法、各种矿石的特性及试验法，卷五论及铁矿	

3. 铁路建设的兴起直接推动了汉阳铁厂的创建

中国铁路建设兴起于晚清洋务运动，1877 年中国首个近代煤矿组织——开平矿务局成立。为运输煤矿之计，清政府批准修建中国第一条铁路——唐胥铁路，后于 1881 年动工兴建。此后，修建铁路成为洋务运动的重要举措。1889 年 4 月，时任两广总督的张之洞奏请修建卢汉铁路（卢沟桥至汉口），同年 5 月，清廷颁发上谕，批准卢汉铁路的修建，并宣告修建铁路为"自强要策，通筹全局，次第推行"。同年 8 月，清廷派调任湖广总督的张之洞与直隶总督李鸿章，会同海军衙门筹建卢汉铁路[72]。

作为晚清洋务派的张之洞，其洋务实践的重要思想动机就是要"开利源，杜外耗"。因此，对于卢汉铁路建设所用材料，张之洞坚决提倡使用中国的材料："造路之铁可用华产，修路之工仍用民人。""至购买铁料，取之海外则漏卮太多，实为非计。"[73]在海军衙门就卢汉铁路用材有"拟暂购用外洋钢轨以归省捷"[74]之议后，张之洞上奏称："臣前奏铁路之益，专为销土货、开利源、塞漏卮起见，若因铁路而先漏巨款，似与此举本意未免相戾。"并称："臣窃审此事推行之序，似宜以积款、采铁、炼铁、教工四事为先，而勘路开工次之。"[75]在"修铁路必先造钢轨"的决心下，张之洞开始筹划建设新式铁厂，为卢汉铁路供应钢轨。

可以说，洋务企业对新式钢铁材料的需求以及时下西方钢铁材料的大量进口，彻底改变了土法钢铁业和农业经济之间维持了上千年的供需平衡；洋务企业、兵工生产和译书在一定程度上培养了中国社会对西方钢铁技术的认同感；而卢汉铁路建设在其督办人强烈的用自造钢轨修建铁路的决心下，直接导致了创办新式钢铁企业的需求。汉阳铁厂就是在这种背景下创建的。

二、设备的购置与建设（1889—1893）

1. 设备购置

事实上，在调任湖广总督并督办卢汉铁路之前，时任两广总督的张之洞因感受到进口洋铁对土法钢铁业造成的极大冲击，便开始谋划在广东创办新式铁厂，以杜外漏；"在我多出一分之货，即少漏一分之财，积之日久，强弱之势必有转移于无形者"[76]。

1889 年 3—4 月间，张之洞分别致电驻英、法、意、比四国大使刘瑞芬以及驻俄、德、奥、荷四国大使洪钧[①]二人，告之拟在粤设铁厂，请他们代查订购铁厂机器的价目："粤多铁矿，质美价廉，惟开采煎炼未得法，故销路甚隘。请查开铁矿机器全副需价若干？炼铁厂将生铁炼熟铁，将铁炼钢，兼造钢板、钢条、铁板、铁条及洋铁针，并一切通用钢铁料件，需用机器约价几何？粤拟设炼铁厂，请详询示复。"[77]刘瑞芬于 1889 年 6 月 5 日回复："询明炼铁厂炼熟铁、炼钢、压板、抽条机器、炉具各件，价共需英金二万五千十九镑，运保费在外，十二个月交清。每礼拜出铁二百吨。"[78]之后张之洞又让刘瑞芬查英国最大铁厂机器若干副，日可出铁若干吨，刘回复说英厂一炉每礼拜出铁六百吨，张之洞即决定以每日出铁百吨的生产量来订购铁厂设备。刘瑞芬 1889 年 10 月 2 日电告张之洞已向英国的谛塞德公司订立合同并付定银[79]，这便是张之洞订购的第一批铁厂设备。

在这期间，张之洞已调任湖广总督，督办卢汉铁路的建设。因此，在英国订购的这批设备也随之移至湖北，成为汉阳铁厂的首批设备。

值得注意的是，刘瑞芬替汉阳铁厂订购的这批设备与此前贵州青溪铁厂的设备来自同一家企业：米德尔斯伯勒的谛塞德机车厂（Tees—side Engine Company of Middlesbrough）。如前所述，刘瑞芬参与并监核了青

---

① 洪钧（1839—1893），字陶士，号文卿。同治年间中状元，任翰林院修撰。1881 年任内阁学士，官至兵部左侍郎。1889 年至 1892 年任清廷驻俄、德、奥、荷兰四国大使.

溪铁厂的设备购买，但其关于现代钢铁制造的知识非常有限，当张之洞委托其订购设备时，他很自然地又向有过交道的谛塞德厂进行订购。这是在技术无知的情况下表现出的一种技术的路径依赖性。

这批设备包括了从生铁冶炼到熟铁厂、炼钢厂、轧钢厂在内的全套设备。（表 2-4）

表 2-4　汉阳铁厂第一期生产设备①

生产部门	设备	数量	备注
高炉部门	75 吨（日产能）的高炉	2	
	鼓风机	6	
	高伯式热风炉	6	
熟铁厂	搅炼炉	20	每 12 小时给料 6 次，共 250 公斤
	蒸汽锤	2	重 60 英担②
	70 马力的轧机	1	轧辊直径 510 毫米
马丁炉炼钢厂	西门子—马丁平炉	1	生产能力为 12 吨/回
贝塞麦炼钢厂	贝塞麦转炉	2	生产能力 5.5 吨/回
	混铁炉	3	直径 2.1 米
	双向鼓风机	3	风缸直径 520 毫米、蒸汽缸直径 350 毫米、交换机直径 620 毫米
	双向垂直鼓风机	1	1897 年购买
轧钢厂	钢锭和钢轨生产线	1	轧辊直径 760 毫米
	薄板生产线	1	轧辊直径 530 毫米、310 毫米、360 毫米

2. 选址

1890 年，张之洞择定在汉阳的龟山（大别山）脚下，汉水南岸的一片滩涂地上修建铁厂。对于这一选址，无论在当时还是之后都招致了不少批评，主要集中在两方面：一是认为这是一块常年受长江汉水的洪水威胁的滩涂地，因此需要耗费巨资深挖地面之后夯实筑高地基，徒费建设成本；二是此地距铁矿和煤矿原料地均远，会增加成本。后人认为，这又是他对

---

① 表资料来源：吕柏.中国的采矿业与钢铁工业（回忆录德文打印稿）.

② 1 英担＝50.8 千克.

冶金知识的无知而失策的表现[80－82]。

从技术经济的角度来说，炼铁厂的选址与原料运输费用有很大的关系。近代的炼铁厂大都建在煤矿区，即"以铁追煤"。这一选址原则主要出于两方面考虑：一是焦炭在运输过程中易发生损耗，二是如果铁厂与炼焦炉在同一地点，可以充分利用炼焦产生的副产品以降低成本。即使是国内没有焦炭，近代西方国家也往往进口煤而不是焦，并在炼铁厂设炼焦炉来炼焦，以获得更经济的技术配合。因此，如果单从技术经济角度看，汉阳铁厂的失误不在铁厂本身的选址上，而在炼焦地点的选择上。虽然汉阳铁厂的原料运输距离较远，但汉阳濒临长江，交通便利，且为华中之政治经济中心，从人才和物流考虑，这样的选址是有其合理性的。但汉冶萍公司将炼焦地点设在萍乡，使得炼焦和炼铁分离，从而不能充分利用高炉和焦炉副产品，这无形中增加了铁厂原料的供应费用，导致了不经济性的发生。

从史实来看，张之洞在给海军衙门的一封电函中这样阐述其选址理由：

"气局宏阔，亦无庐墓，与省城对岸，可以时常亲往督察又近汉口将来运销钢铁货亦便。惟须填筑地基久尺，则盛涨不淹；沿汉亦须增堤数尺耳。筑地虽费，较之他处筑闸开河，所省尚多。……再中国与外洋不同，此厂若不设在附省，将来工料员役百弊丛生，必致货不精而价不廉，一岁出入以数十万计，过于运费多矣。"[83]

可见张之洞知道把铁厂设在汉阳需付出相对较高的建设成本和运费的代价，他亦考察过黄石等地的情况，认为在那里的高地建厂需要另外筑闸开河，所费更多。最重要的是，他认为如不把铁厂设在汉阳，则要付出因无法控制的腐败所导致的更高代价。因此，他选择了以技术上的不经济来换取减少因技术外原因而导致的不经济，这一决策已经超出了单纯的技术经济性范畴。

3. 铁厂的建设

汉阳铁厂于 1890 年 12 月 23 日奠基动工兴建[58]。从有限的史料上看，铁厂的建设有以下几方面突出的特点：

（1）在技术上对技术供应方的依赖。

汉阳铁厂在创建之初没有自己的工程师，其设计和建设完全依赖外籍技术人员，主要是谛塞德厂派来的英国技术人员（如表 2-5）。

表 2-5　汉阳铁厂建设初期的外籍人员①②

姓名	职责	国籍	任职期间
E. P. Johnson	设计者兼制图师	不详	1890—?
Henry Hobson	总监工	英国	1890.6—1892.6
Emile Braive	铁政局参赞、总监工	比利时	1890—1896，其中 1892 年 6 月后任总监工
R. White	工程师	英国	1891—?
Harrison	制砖匠首	英国	1891—?

工人方面，在建设期间，铁厂聘请了近千名来自广东、上海等地的工人进行施工建设，这在基本无现代工业的清末是一件不容易的事情，这也是一个学习过程，为幼年的钢铁工业培养了一批熟悉机器的工人。当时的外方人员对这些中国工人的学习能力非常赞赏：

"他们手下有八九百名中国工人充当砖匠、木匠等活。那些从事要求更高的工种的中国人，如装配机器、驾驶火车头等，几乎全都来自广州和上海。他们非常聪明，在不到一年之前，他们既不熟悉英文也不懂机器，而他们现在的熟练程度足以证明，只要培训得当，中国人就会显示出很好的能力。"[58]

但是当时汉阳铁厂几乎没有熟悉钢铁冶炼的技术工人，且汉阳铁厂建设之初，中国尚无冶金技术工人的培养机构，因此，如何获得铁厂所需的技术工人也是张之洞必须解决的一大问题。1890 年他致电驻英大使薛福成，让其询问谛塞德厂是否能培训工匠："熔炼钢铁工程繁重，拟遣精壮工徒五十人到英厂习练，以半年为期，请商谛厂收留教导，给予住处，能供伙食尤妙。每月须贴费若干？切恳速询电示。"[84]但未果，后经汉阳铁厂的比利时总工白乃富介绍，拟将工匠派往比利时的郭克里尔厂："鄂铁厂洋监工比国人请派精工四十人赴比郭格里尔厂学炼钢铁，闻该厂制炼极精，欧洲著名，然否？"[85]在得知郭厂的确可信后，张之洞决定派工匠到比利时进行生产培训，正是因为这一原因，汉阳铁厂建设西门子马丁炉炼钢厂和熟铁厂的屋顶屋料改由郭克里尔厂提供[54]573。

① 表资料来源：方一兵.汉冶萍公司与中国近代钢铁技术移植.北京：科学出版社，2011.27.
② 表中所列不包括比利时郭克里尔厂在 1894 年派来的技术人员，因为这批人员主要工作是铁厂开工后的生产.

（2）设备购建过程中官员的腐败。

在汉阳铁厂投产初期曾任高炉炉长，并在后来任汉阳铁厂总工程师的卢森堡人欧仁·吕柏在关于汉阳铁厂建设时期的回忆中说：

"工厂的采购业务也被牢牢地掌握在了中国人手里，这里充满着数不清的腐败的地下交易，这种行为一日日地腐蚀了工厂的命脉。"[53]

不仅工程师吕柏在其回忆录中反复提到这一现象："钱财就这么被贪污了，建设中的新式工厂让官僚们获得机会大肆中饱私囊，而在引进设备以及将前期投入的资金进行理性的盈利生产方面，几乎没有人关心。"[53]德国人舒玛海（Schumacher Hermann，1868—1952）在考察了铁厂后也有同样的叙述：

"……所以会产生这些缺点，是因为这家铁厂——中国几乎还没有哪一家别的企业像它一样——成为了本国和外国人进行搜刮以饱私囊的对象……在这种缺乏一切刺激和贪图的环境中使得连外国人并且不在少数的德国人不名誉地把个人的利欲摆在头里，在厂里工作的中国人不消说是更十足地和更普遍地利欲熏心了。有人说，是纯为能从极大的敲诈中得到极优厚的回扣才订货的。"[86]

不仅在厂里工作的人，德国人还相信受张之洞委托购置设备的驻外使馆也有类似的问题："我确信，连中国公使本人也从这笔手续费中得到他的一份，并且从这里主要地可以看出他和他的前任之所以坚持要用金揩理①和一定坚持要所有的买卖经由中国公使馆居间来做的原因。中国驻其他国家的公使馆方面有同样的情形，也是很有可能的。"[86] 287

（3）工程建设中由于技术能力的不对等，中方几乎完全没有能力对修建过程进行技术监管。

例如在建设期间，应由英方提供的各分厂图纸总是迟迟不到，寄到的也总是不全：

"今年马丁厂图昨亦递到，仅有一纸，系布置总图，非作工细图。前所寄者唯生铁厂总细图皆备，余厂或有总图而无细图，或有细图而无总图。"[87]

---

① 金揩理（Kreyer，Karl Traugott），德国人，时任中国驻德国使馆翻译。根据一份德国外交部的报告，张之洞通过中国驻德国使馆购置部分设备时，金揩理从卖方得到订货总价的 7.5％的折扣，德方认为中国驻德国公使也从中得到了好处，所以有这段文字.

而汉阳铁厂的高炉建设也存在严重的质量问题，这是导致汉阳铁厂投产初期高炉生产困难的主要原因之一[53]。

吕柏把汉阳铁厂发生的一系列困难归为中国官员中饱私囊的低下品质以及不愿听取外国专家的意见："当时的外国专家只能负责给予技术方面的意见，并且这些意见还极少被重视或者采用。因为很多举措与大清帝国的官僚们的私人愿望无法达成一致。"[53]但对铁厂高炉的质量问题，他也提到英国工程师没有发挥应有的作用："缘西历一千八百九十年起造时，系英国泥水工程师，并另有悌赛特厂荐来三人监造，并未按同古法，听凭中国泥水匠砌成，是以地盘及炉脚均未坚固。而炉身之工程尤劣……吕曾询及中国泥水匠目如何建造，该匠目复称，英工程师并未指点有何方法，故仅照盖房屋工程耳。"[88]

由于资料有限，现在已经不可能完全复原铁厂建设的真实情况，但可以相信，这是一个在技术接受方完全没有技术能力的情况下进行的一次技术转移，在这一过程中，中方甚至连高炉炉衬应该砌成什么样才算合格都不大清楚，更不用说整个铁厂的设计和工程进度的衔接了，因此，中方完全没有能力在进度上对铁厂工程进行监管，如果技术供应方采取消极态度来对待建设工程的话，而铁厂的中方官员的态度也像吕柏所说的只顾眼前利益的话，那么铁厂的修建质量无法得到保障。

三、汉阳铁厂的投产（1893—1904）

铁厂的建设历经三年，张之洞于1893年11月29日上奏清廷《炼铁厂全厂告成折》，称汉阳铁厂炼生铁、炼熟铁等六大厂和机器、铸造等六小厂，以及烟通、火巷、运矿铁桥、铁路、码头等已全面完竣，机器设备一律安配妥协。这时的汉阳铁厂主要包括8个部分，即：码头和装卸场、高炉工场（包括高炉和化验室）、炼熟铁厂、马丁平炉炼钢厂、贝塞麦转炉炼钢厂、轧钢厂、铸造车间、铁矿石和煤炭堆场。

虽然汉阳铁厂于1893年底已建成，但由于财政拮据，以及存在影响高炉开炉的一系列技术问题，汉阳铁厂直到1894年6月28日才正式投产，一号高炉点火开炉。这期间，铁厂通过比利时郭克里尔厂聘请的工程师陆续来到汉阳，接替了建设期间英国工程师的工作，为汉阳铁厂正式开工做技术上的指导。

1. 投产初期遇到的主要问题

铁厂建成投产之后，其在生铁冶炼、炼钢等环节就遇到了许多问题，直到第二期设备引进之前，这一状况未得到根本的改变。

（1）焦炭的缺乏和高炉低劣的质量不仅导致了高炉迟迟不能开炉，也使得高炉在开炉之后险象环生，造成频繁的停炉。

一是缺少合适的焦炭。据吕柏回忆，汉阳铁厂建成之时并没有合适的焦炭，因此从德国威斯特伐伦地区订购了 5 000 吨焦炭，管理者以为这 5 000 吨焦炭可以用 10 年，所以计划用完这批焦炭后，就开始使用江夏马鞍山提供的焦炭。谁知德国焦炭在很短的时间内就消耗完了，而马鞍山焦炭未能及时供应上。在中方的要求下，工程师们将中国产的白煤（无烟煤）与焦炭混合使用，这导致高炉风口、出铁口和出渣口经常阻塞，高炉遭到重创。这一状况到 1896 年 11 月开始使用萍乡焦炭之后，才彻底得到改善[53]。

二是新建高炉炉衬存在严重的质量问题，影响了高炉的正常运作。在开炉之前，高炉就被发现炉衬存在问题。工程师们为了缩短修补时间，采取了部分修补的办法，着重解决从炉底砖、炉缸直到风口部分的缝隙问题，并安装了冷却箱，以增加炉腹的抗高温能力，因为这部分也有很大的砖缝存在。同时，对送风管道和送水管道也做了相应修改。开炉之后，高炉的几次停炉都进行了重新砌衬，并对鼓风机和冷却系统进行局部改造[53]。

从生铁产出看，高炉刚开炉时平均日产生铁约 37.5 吨，到使用萍乡焦炭之后，平均日产量已达 70 吨左右，接近高炉 75 吨的设计产能（表 2-6）。

表 2-6　汉阳铁厂一号高炉生铁产出情况（1894 年 6 月 28 日至 1900 年 1 月）①

时间	燃料使用情况	生铁平均日产量（吨）
1894.6.28—8.14	德国焦炭＋中国碎煤块	37.5
1894.9.3—10 月底	德国焦炭＋中国无烟煤	约 49
1895.9.16—12.1	混合焦炭	56.6
1896.3.1—9.3	马鞍山焦炭＋开平焦炭	42.6
1896.11.14—1898.1.19	萍乡焦炭	67.1
1898.3.24—1900.1	萍乡焦炭	约 71.5

---

① 表资料来源：吕柏.中国的采矿与钢铁工业（回忆录德文打印稿）.

（2）炼钢和钢轨生产的主要问题是钢轨含磷高而导致质量不佳。

汉阳铁厂的炼钢到 1897 年 5、6 月份；轧制车间到 1897 年 7 月之后才实现正常生产。此后生产逐步稳定，贝塞麦炼钢车间的月产量维持在 2 000—2 500 吨，马丁车间维持在 400—500 吨[53]。

钢轨是汉阳铁厂钢材生产的主要产品，这一时期的主要生产目的是为卢汉铁路提供钢轨和其他铁道用钢材。而贝塞麦转炉作为这一时期的主要炼钢设备，生产了汉阳铁厂 80％的钢，铁厂的主要产品钢轨是由贝塞麦转炉钢轧制的。由于贝塞麦酸性转炉在炼钢过程中不能除磷，而炼钢所用的生铁是由来自大冶铁矿的高含磷铁矿石炼制的，这就导致了用贝塞麦转炉炼出来的钢轧制的钢轨成分中磷的含量很高。表 2-7 为吕柏记录的汉阳铁厂这一时期用于生产钢轨、连接板的贝塞麦钢以及用于三角铁的马丁钢的成分化验结果，钢轨用材的含磷量达 0.08％—0.12％。

表 2-7　汉阳铁厂生产钢材之平均成分（％）①

		C	Si	S	P	Mn
贝塞麦车间	铁轨用钢	0.15—0.25	0.05—0.10	0.03—0.07	0.08—0.12	0.65—0.85
	连接板用钢	0.08—0.12	0.02—0.05	0.03—0.07	0.08—0.10	0.50—0.55
马丁车间	三角铁螺栓等用钢	0.06—0.10	0.01	0.05	0.02	0.50

1897 年铁厂开始向建设中的卢汉铁路最初一段（卢沟桥至保定）供应钢轨时，就有检验不合格的报告："……此次所验第三条钢质过硬，拉力只长一分，制钢轨不甚相宜。照泰西章程，验得第三条钢质如此，须将同时所出之钢轨再验一条，倘仍只拉长一分，应将全行钢轨概行废弃。目下各钢已经杂乱，未能照此章办理。"[89]但这一结果，却未引起重视，直到 1903 年在京汉线使用的铁轨出现多处断裂现象，时任汉阳铁厂提调的宗得福才道出其中缘故："……又奉敬电，沙多云去年所运北轨，断者甚多，当即两次电复。旋据卜聂②云，外洋轨质含磷只 0.05，汉厂所拉之轨含磷

---

① 表资料来源：吕柏.中国的采矿业和钢铁工业（回忆录德文打印稿）.
② 卜聂，汉阳铁厂外籍工程师，约 1896 至 1904 年在汉阳铁厂任熟铁和轧钢总管.

皆 0.12 不等。历年皆伊设法，另用马丁钢炼成样轨，就铁路洋工师考验。此次验轨之洋人，闻北轨有断，颇觉认真。此后即难蒙混。"[90] 原来负责钢轨生产的工程师卜聂多年来以含磷低的马丁炉钢拉成样轨来对付检验，使汉厂钢轨得以顺利出售近 6 年。

其实，汉阳铁厂贝塞麦钢材含磷高的问题是可以通过高炉炼铁环节合理配备铁矿石来解决的，因为大冶铁矿并非所有的矿石都是高含磷的（表 2-8）。高含磷铁矿石集中在铁山和管山，而 1899 年之前主要开采地区集中在铁山，因此不可避免地导致了生铁和钢材的高含磷量。

表 2-8　大冶铁矿各区矿石成分（%）[①]

	SiO_2	Al_2O_3	Fe	Mn	P	S	Cu	磁性率
铁山	3.10	0.66	66.07	0.191	0.123	0.107	0.068	1.02
纱帽翅	4.65	1.58	63.0	0.223	0.079	0.114	0.081	2.84
象鼻山	7.20	1.88	61.45	0.254	0.051	0.088	0.049	2.48
狮子山 1	4.04	1.36	61.11	0.403	0.065	0.125	0.306	
狮子山 2	4.90	1.15	63.70	0.318	0.084	0.144	0.256	
管山	7.50	1.16	60.09	0.339	0.334	0.082	0.192	4.80
下陆	14.60	4.93	50.25	0.272	0.025	0.093	0.216	4.86

2. 投产初期出现问题的主要原因

概括地说，导致汉阳铁厂投产初期出现上述问题的原因来自以下方面：

(1) 现代钢铁冶金经验和知识非常匮乏。

可以说，决策者是在几乎没有钢铁冶金经验和知识的情况下进行创业的，而新式的钢铁联合企业从规划到建设是一个庞大的系统工程，尤其涉及到原料、燃料的供应，及其与钢铁厂生产的相互配合，这需要决策者具备一定的现代钢铁技术知识。但汉阳铁厂的决策者张之洞及其他管理者并没有这方面的知识和经验，也正是因为这一原因，尽管在汉阳铁厂建成时其计划中的马鞍山煤矿并没有投产，但张之洞认为无烟煤等和焦炭一样适用于汉阳铁厂的高炉炼铁，因此，他对于迟迟未得到解决的燃料问题一直持乐观的态度："现查荆门、归州、兴山等处之煤及湘省、川省白煤、石煤、烟煤，各种合用之煤甚多，足供煎炼冶铁之用。"[91] "据洋矿师云，印度无

---

① 表资料来源：吕柏.中国的采矿业和钢铁工业（回忆录德文打印稿）.

好煤，其煤内灰太多，每百分中有十四分至二十分不等，不能炼铁。……今荆湘之白煤详加化验，灰在十分以内可用者二十余处……此与印度煤劣不能炼钢之情形不同。"[92]

钢铁冶金知识和经验的匮乏，还导致铁厂建设过程中方无法保证对高炉建设质量进行监督，正如前所述，这是导致汉阳铁厂高炉在建成后不能立即投入运行，以及开炉之后需要屡次停炉修造的主要原因之一。

（2）财政上的困难。

现代钢铁联合企业的建设耗资巨大，而企业投产之后的生产运营费用也非常巨大。汉阳铁厂从一开始就面临着财政上的困难，张之洞在筹办之时，估计需用银二百四十六万八千余两[93]，但至 1896 年铁厂招商承办之前，已用款五百六十八万七千六百十四两。这其中除了铁厂建设之初户部拨银二百万两，以及之后奏拨盐厘银三十万两外，清政府再未能给予铁厂更多的财政支持。其余的建设和运营经费均依靠张之洞从盐道、江南筹防局、粮道等处多方筹借[94]。实际上，铁厂建成之后，财政拮据也成为导致铁厂未能按时开炉的主要原因之一。

对于清政府来说，1894 年的中日甲午战争以及之后马关条约的签订，使中央耗资巨大，清政府的财政已经困窘万分，再也无力为各地的官办企业提供拨款。因此，1895 年清政府发布上谕："原有局厂经营累岁，所费不赀，办理并无大效；亟应从速变计，招商承办，方不致有名无实。"[95]这时正是汉阳铁厂投产不久，由于经费无法筹措，张之洞便也考虑将汉阳铁厂由官办改为商办，并于 1896 年邀请盛宣怀接办铁厂，汉阳铁厂就此改为官督商办的性质。

第二节　日本八幡制铁所初创期的技术引进

一、八幡制铁所的筹建背景

八幡制铁所的创建是随着日本第一次工业革命的发生和大型国有钢铁厂计划的产生而展开的。

1. 日本的第一次工业革命钢材需求增长

　　1886 年起，日本发生了以现代棉纺织业为基础的第一次工业革命，除了棉纺织厂急剧增长外，铁路、造船和兵工业的成长带动了日本国内新式钢材需求量的迅速增长。如铁路建设，到 1891 年日本建成铁路 1 165 英里，钢轨的进口由 1882 年的 7 450 吨，增长到 1890 年的 34 068 吨，其中 1888 年达到了 52 201 吨。日本国内钢材需求总量，1882 年不到 3 万吨，1900 年达 22 万多吨（表 2-9）。

表 2-9　日本国内钢材生产和进口量（1882—1890）[①]

年份	国内生产量	进口量	合计
1882		27 459	
1883		26 956	
1884		27 242	
1885		34 132	
1886		45 859	
1887		59 996	
1888	1 268	88 118	89 386
1889	1 080	64 453	65 533
1890	1 180	69 160	70 340
1891	719	60 166	60 885
1892	2 452	37 271	39 723
1893	1 657	63 961	65 618
1894	2 102	90 294	92 396
1895	1 850	104 930	106 780
1896	1 987	177 489	179 476
1897	1 082	193 737	194 819
1898	1 101	212 493	213 594
1899	2 288	109 432	111 720
1900	2 387	224 653	227 040

---

① 表资料来源：Seiichiro Yonekura. The Japanese Iron and Steel Industry，1850—1990. New York：St. Martin's Press，1994. 29.

明治维新以后，兵器工业的发展让日本的军事部门率先看到了对西式钢材的迫切需求。1870 年，成立不久的明治政府在原幕府大阪制铁所的基础上设立大阪制炮所，1871 年于东京筑地设立海军造兵所，1875 年海军决定废弃原有的青铜炮，统一使用铸钢炮为舰炮。为了能造出钢炮，海军曾派人赴德国克虏伯公司考察学习。1878 年，原田大尉在中小坂制铁所进行了坩埚制钢试验，1882 年，海军造兵所成功研制出了坩埚制钢，这是日本最初的西式制钢。1885 年，海军造兵所开始制造克虏伯式钢炮，1887 年开始制造全钢式的军舰"八重山"。1889 年，大阪炮兵工厂也开始进行坩埚制钢，1890 年，大阪厂开始设炼钢平炉（酸性），成为日本平炉炼钢的开始，同年，日本的陆军也开始制造钢炮。可以说，西式炼钢技术最先在日本兵工企业中得以发端。

表 2-10 所示为八幡制铁所创立之前日本拥有的西式钢铁冶炼设备的情况，这一时期日本的西式钢铁冶炼处于小规模的发轫期，没有大型高炉，炼钢炉以欧洲传统的坩埚钢和小型酸性平炉为主，当时欧美主流的贝塞麦转炉和碱性平炉还未引进。并且由于设备分散，当时的日本还缺乏钢铁一体化生产的西式钢铁厂的实践经验。

表 2-10　1897 年之前日本的西式钢铁冶炼设备 [①]

	设备	所在地
炼铁	25 吨英式高炉 2 座	田中釜石铁厂
	15 吨英式高炉 1 座（木炭为燃料）	中小坂制铁所
炼钢	坩埚钢炉（1882）	东京筑地海军造兵所
	坩埚钢炉（1889） 600 千克酸性平炉 1 座（1892） 3 吨碱性平炉 1 座（1896） 大阪炮兵工厂 [②]	大阪炮兵工厂
	酸性平炉（容量 350 千克）（1890）	横须贺造兵厂
	3 吨英式酸性平炉 1 座（1895）	吴造兵厂

---

① 表资料来源：下川义雄.日本鉄鋼技术史.東京：アグネ技术センター，1989.194—196.通商产业省编.商工政策史・第 17 卷：鉄鋼业.東京：商工政策史刊行会，1970.26.

② "大阪炮兵工厂"日文原名为"大阪砲兵工廠".

2. 大型国有钢铁厂计划的产生

日本海军是最先预见大规模制钢需求并提出建立国有钢铁厂的部门。早在 1878 年，日本海军就派出数名军官到德国的克虏伯厂和英国的阿姆斯特朗厂学习枪炮制造所需的制钢工艺[13] 33。19 世纪 80 年代，日本与中国在朝鲜半岛问题上关系越来越紧张，这使军方更加意识到加强海军装备的重要性以及建立大型钢厂的迫切性。据小花冬吉的统计，1889 年各官营兵工厂钢铁的消耗量高达 5 664 吨[96]，这是日本国内生产远远不能满足的。1891 年，海军提出了成立国有钢厂的计划和预算申请，这一计划由帝国大学（1898 年改称东京帝国大学）教授野吕景义①执笔，在计划中野吕景义列出了成立国有钢厂的理由是：私人企业不可能冒险去投资耗费巨大的钢厂；日本必须有独立自主的武器生产；国有钢厂可以减少钢进口；钢厂还可以使其他相关产业受益[13] 33。

由海军最先提出的这一钢铁厂计划虽然得到了包括首相在内的政府要员的支持，但因预算庞大和缺少相关的资源调研工作，受到反对党的批评，因此，该计划屡遭众议院否决。但与此同时，日本政府并未放弃相应的准备工作。1892 年 6 月，政府组建了归属农商务省的制钢事业调查委员会，调查委员会的任务有三：一是铁矿资源的调查；二是以日本的矿石作为制铁原料炼制钢铁的试验；三是制铁所组织管理的调查[96] 74。调查委员会于同年 7 月迅速提交了组建国有钢铁厂的报告，与海军的计划不同，这一报告将钢铁厂的军用目的扩展到了更广的领域，并增加了生铁冶炼功能。随后，调查委员会在 7 月组织农商务省矿山局以及地质调查所的工程师进行铁矿资源的调查，以及钢铁制造试验的实施，为应付众议院反对党的责难而作准备。同年 9 月 30 日调查委员会提交了调查结果，称日本的釜石、仙人山、赤谷的矿山加上北海道的砂铁资源，矿量总计为 1 565 万吨以上，可产生铁 736 万吨以上[96] 76—77。

1892 年 11 月，在再次遭到众议院的反对后，首相伊藤博文向天皇寻求最后的支持，天皇随即宣布削减 6 年皇室开支金额 300 000 日元用于海

---

① 野吕景义（1854—1923），1882 年毕业于东京帝国大学科学院采矿冶金系，1885 年赴英国伦敦大学学习机械和电子工程，后到德国弗莱堡矿业大学，师从德国冶金专家 Adolf Ledebur 学习钢铁制造理论和实践。他的导师还包括矿冶专家内图（Curt Netto）。后于 1889 年回到日本，在帝国大学工学部任冶金学教授。1893 年，景义野吕和学生香村小录应釜石田中制铁所邀请，对两座英式高炉进行修复，成功开启了日本焦炭高炉炼铁的历史。1904 年，受八幡制铁所的邀请对高炉炼铁的失败进行调查，与学生服部渐一起对高炉进行修复。1915 年，在其主持下，日本钢铁协会成立，野吕景义为首任会长.

军建设，并希望人们也为之作出贡献。在这样的压力下，反对党没有理由再提出异议，制造军舰和钢铁厂的研究预算得以通过。之后，政府很快成立了临时制铁事业调查委员会，委员会首先调查釜石铁厂失败的原因，并对钢铁厂进行更加广泛的研究，为筹建新厂进行规划。1893 年，由于明治政府日益增长的国家预算，钢铁厂计划再次悬空。

　　1894 年 8 月，中日甲午战争爆发，日本海军出人意料地打败中国，1895 年 4 月 17 日中日签订马关条约，中国赔偿日本军费库平银二万万两。这不仅使日本国内建设军事强国的热情高涨，还在财政上为其建设大型国有企业创造了条件。1895 年，日本众议院以高票通过了国有钢铁厂的建设预算。

二、八幡制铁所的筹划与建设（1895—1901）

1. 八幡制铁所的规划和成立

　　国有钢铁厂预算通过之后，临时制铁事业调查委员会解散，1895 年日本农商务省成立了制铁事业调查会，成员来自农商务省、海军、陆军及通信省铁道局（表 2-11），野吕景义亦在其中。为了筹备国营钢铁厂，调查会共拟定了 6 个调查项目分别展开调查，分别为：制铁试验；品种与产量；制铁所位置；制铁所组织；设立计划；预算[2]162。

表 2-11　制铁事业调查会成员

委员长	金子坚太郎	农商务次官
委员	松本庄一郎	通信省铁道局长，工学博士
	山际永吉	农商务技师
	原田宗助	海军大技监
	内藤政共	海军大技士，子爵
	中村雄次郎	陆军炮兵大佐
	和田维四郎	从五位
	山内德三郎	农商务技师
	长谷川　芳之助	工学博士
	野吕景义	农商务技师，工学博士
	向井哲吉	海军少技监
	高山甚太郎	

钢铁厂的选址是制铁事业调查委员会的首要任务。1895年，调查委员会成立了"制铁所位置撰定特别委员会"，由原田宗助、中村雄次郎、内藤政共、高山甚太郎、和田维四郎等五位成员组成，委员会在1895年6月提交的报告中，提出了四个候选地：一是门司·马关海峡；二是广岛·吴海峡；三是三原·尾道海峡；四是神户·大阪地区。由于制铁所设立的目的是供给军用钢材以及民用钢材（铁道、造船、器械等），所以委员会认为选址应符合六方面的条件[2] 193：军事防御的区域内；海陆运输的便利；原料供给的便利；工场有水源存在；职工募集以及工场用品供给的便利；产品销售的便利。

随后，委员会对制铁所的选址进行了详密和非常认真的调查，选出位于福冈县远贺郡的八幡村、同企救郡柳ケ浦①、广岛县安芸郡的阪村三个具体的地点，并根据水利、陆运、材料、运赁、劳力、气象、卫生、水量、土质、工费、防御、土地的便利、物价等13个条件对候选地点进行评判，最后确定了八幡村。

八幡村之所以被选中，原因包括其便利的海上和陆地交通；其土地基础坚实；有充足的水源；有大量的劳动力储备；最重要的是，其邻近日本最大的筑丰煤矿。

为确定合适的钢铁生产方法，调查委员会还进行了钢铁试验。1895年7月下旬至10月上旬，野吕景义被派往釜石铁山，利用釜石田中制铁所进行了如下试验[2] 166：搅炼法（Puddling process）炼制熟铁；用砂铁矿直接还原成粗制炼铁块和海绵铁的新方法；使用竖炉将砂铁矿试制成粗制炼铁块和海绵铁；用上述试制的粗制铁块和东京枪炮兵工厂试制的钢块，进行产品制造的试验。

由于此前野吕景义指导学生香村小录已将釜石铁厂的英式高炉成功改造为焦炭高炉，重新冶炼出生铁。因此野吕景义认为当时的技术难点在于利用廉价的原料炼钢和钢材制造上，所以他所做的试验都是围绕这一目标而做的。

制铁事业调查会的各方面调查报告汇总之后，1895年12月末召开的日本第九届议会通过了制铁所建设费的预算案《自明治二十九年度至明治三十二年度制铁所创立费预算总额》总预算4 095 793.40日元，在设备费预算中，野吕景义起草了制铁所设备的规划，列出了制铁所计划购置的设

---

① 在文中为日文村名，读音为 yanagigaura.

备（表2-12）。规划以年产35 000吨转炉钢、20 000吨平炉钢、4 500吨熟铁、500吨坩埚钢，熟铁和坩埚钢主要以用于军事产品的制造为目标。

表2-12　明治二十九年制铁所创立预算中规划的主要设备[①]

生产环节	设备	数量
炼铁	蜂巢式（Beehive）炼焦炉	80
	日产60吨的高炉	3
炼钢	贝塞麦转炉（容积7吨）	2
	碱性平炉（容积15吨）	4
	坩埚炉	1组
	搅炼炉	6
压延等	压延机	9
	水压锻造设备、兵器材料设备、兵器材料制造器械	

根据预算案，农商务大臣发表了《制铁所设立意见》。1896年3月29日，明治政府发布了制铁所官制，确定制铁所属农商务省管理，下设长官1人、专任技监1人、专任事务官1人、专任技师8人、专任书记30人，以及专任技手40人。标志着八幡制铁所进入了正式创立阶段。

1896年5月到10月，八幡制铁所相关领导和主要技术负责人的任命逐步完成。国营八幡制铁所正式组建，由日本政府直接任命鹿儿岛前任知事山内堤云被任命为制铁所长官，大岛道太郎任技监（总工程师）（表2-13）。

表2-13　八幡制铁所主要官职人员（1896年任命）[②]

任命时间	职位	姓名	前任职
5月19日	长官	三内堤云	鹿儿岛县知事
同上	事务官（兼）	早川铁治	农商务大臣秘书官兼农商务省参事官
同上	事务官（兼）	志村源太郎	农商务书记官兼参事官
5月25日	事务官（兼）	苇原清风	农商务书记官

---

① 表资料来源：通商产业省编.商工政策史·第17卷：铁钢业.东京：商工政策史刊行会，1970.
② 表资料来源：三枝博音，饭田贤一编.日本近代製鉄技術発達史：八幡製鉄所的确立过程.东京：東洋経済新報社，1957.201.

（续表）

任命时间	职位	姓名	前任职
6月3日	技监（总工）	大岛道太郎	正六位，工学士
6月8日	技师	今泉嘉一郎	
6月15日	技师（兼）	山内德三郎	农商务技师
7月2日	技师	小花冬吉	矿山监督官
同上	技师（兼）	高山甚太郎	农商务技师兼农商务省特许局审判官
同上	技师（兼）	大塚专一	农商务技师
9月8日	事务官	宫下道三郎	法制局参事官
9月16日	技师	安永义章	非职陆军技师
10月9日	事务官	长尾泰辰	长野县收税官
10月30日	事务官（兼）	中村清彦	矿山监督官

其中，大岛道太郎等四名专职工程师直接负责制铁所的技术工作，分工为：

总工程师：大岛道太郎①

筑炉主管：今泉嘉一郎②

检查主管：小花冬吉③

---

① 大岛道太郎（1859—1921），大岛高任之子，早年就读于德国矿务学校，工学博士。1890年任日本皇家财产局专家，1896年任八幡制铁所总工程师，1908年起任东京帝国大学工程系教授。1914年起根据汉冶萍公司与横滨正金银行签订的借款合同规定，汉冶萍公司聘请大岛道太郎为工程顾问.

② 今泉嘉一郎（1867—1941），1892年7月毕业于东京帝国大学工程系采矿冶金科，毕业后任农商务技师，一年半后由日本政府派送，先后在英国、德国、瑞典、奥地利和美国学习，1894年起主要在德国的弗莱堡矿业大学和柏林矿业大学（Bergakademie Berlin）学习，1896年12月回国。1896年7月被任命为八幡制铁所工程师，1910年之前先后任八幡制铁所制钢主管、制钢和轧钢主管、技术部主任等职。1910年之后，创立日本钢管株式会社和电镀制铁所，并在中央铁厂等多家企业任职.

③ 小花冬吉（1856—?），1873年8月工部省工学寮官费资助入学，1879年由工部省派往欧洲学习冶金学，1883年回国，在工部省总务局矿山课任职，1885年3月任工部权少技长，1886年12月任鹿儿岛四等技师，1889年11月任农商务四等技师，1891年8月任农商务技师，1892年4月任矿山监督官。1896年7月任八幡制铁所技师，1899年授工学博士学位，同年6月任生铁部长，1900年任监查课长。1905年任农商务技师，兼矿山监督署技师、矿山局勤务，1908年升叙高等官二等，1909年免去官职，1910年10月任东京帝国大学工科教授，从事采矿学、冶金学发达史相关的研究，1911年任秋田矿山专门学校校长.

机械主管：安永义章①

2. 八幡制铁所的设计、设备订购和建设

刚上任的制铁所技术主管们并没有马上进行钢铁厂的建设，而是于1896年10月20日启程赴美国和欧洲进行考察，目的在于"各种器械制造所的选定，购买，外国技术人员的雇佣和国内技术人员的派遣等相关调查"[2]203，考察团由大岛道太郎率领，成员有小花冬吉、安永义章和高山甚太郎②。考察团一行先后到了美国、英国、法国、比利时，最后于1897年1月到达德国。在调研了一系列设施后，考察团决定引进德国模式来建设八幡厂。大岛道太郎在一封写给制铁所长官山内堤云的信中对他们的选择是这样解释的：

> "我们大都同意德国和比利时的炼焦和耐火材料技术是最先进的，而德国在高炉方面的领先水平是毋庸置疑的。我们同样承认美国拥有最好的炼钢技术。基于这些考察，我们最后的结论如下：对于日本来说，其钢铁生产不需要像美国这样大的规模，同时其对轧钢的需求与德国相似，因此我们相信在德国能够得到最佳的设计方案，而不是美国。"[13]37

大岛道太郎随即访问了德国的大型钢铁生产商 Gutenhoffnunghutte（GHH）公司，与之签订了为八幡制铁所进行全面设计的合同，以及为八幡制铁所培训日本工程师为期两年的合同。随后，考察团一行在 GHH 公司待了大约 7 个月，于 1897 年 10 月带着德国工程师设计的方案回到了日本。德国人的方案设计年产生铁 120 000 吨，粗钢 90 000 吨，预算为 10 560 000 元。其规模远大于野吕景义的方案。

制铁所方案的改变不仅体现在规模上，还在于制铁所的生产目的上。按照原预算方案，制铁所的钢材生产分为两类：转炉和平炉钢用于民用普通钢材的生产，坩埚钢和熟铁用于军用枪炮钢材的生产，但新方案删除了

---

① 安永义章（1855—1917），1880 年毕业于工部大学校（东京帝国大学工程系前身），之后任工部省助理技师，1883 年任国防部专员，1885 年被派往欧洲学习军械工程，1887 年 8 月任国防部助理技师。1896 年任八幡制铁所技师，赴欧美考察铁业。1902 年 10 月，任大阪高等技术学校教授，1904 年任该校校长直到 1917 年.

② 高山甚太郎（1857—1914），1878 年东京大学理学部化学科毕业，任东京大学理学部化学科准教授，1886 年 2 月任农商务权少技长，5 月任四等技师，1889 年任帝国大学工科采矿冶金学科讲师。1891 年授工学博士学位，1894 年任农商务省特许局审判官，9 月被聘为帝国大学工科大学讲师。1896 年 7 月兼任制铁所技师，派往欧美考察。1899 年 6 月任农商务省工业试验所技师.

坩埚钢和熟铁生产，八幡制铁所以重点制造一般产业用钢材为目的的方针被确定，兵工厂自造军事用钢材的方针被提出，吴海军造兵厂扩建预算案在 1901 年 12 月第十六回议会上通过[96] 108。

根据与 GHH 公司的合同，八幡制铁所从 1897 年 3 月开始陆续派送了10 名学生到 GHH 公司学习钢铁炼制（表 2-14），为期 2 年，这也是日本首批由国营制铁所派出的学生，他们回国后成为了制铁所技术、管理两方面的骨干。

表 2-14　八幡制铁所派往德国 GHH 公司的学生①

姓名	派遣时间	主攻方向	学成后任职
三好久太郎	1897 年 3 月 3 日	化学	制铁部技师
江藤舍三	1897 年 3 月 11 日	制炼	制铁部技师
葛藏治	同上	制炼	制钢部技师
山崎久太郎	同上	机械	
羽室庸之助	同上	机械	
服部渐	1897 年 3 月 25 日	制炼	制铁部技师
获原时次	1897 年 7 月	机械	制品部技师
宗像十郎	1898 年 7 月 28 日	制炼	制钢部技师
佐久间方雄	同上	制炼	
安藤厚三郎	同上	制炼	

1898 年，八幡制铁所开始动工兴建。制铁所重新设置了生产部门和四名主要技术官员的职能：大岛道太郎仍然担任总工程师，今泉嘉一郎任制钢主管，小花冬吉任炼铁部主管，安永义章任产品部主管。

1901 年 2 月，高炉点火；同年 5 月，炼钢平炉开始运行；6 月轧机运行，标志着制铁所初期建设基本完成。

表 2-15 所列为 1901 年八幡制铁所建成的设备情况。

---

① 表资料来源：三枝博音，飯田賢一编.日本近代製鉄技術發達史：八幡製鉄所的确立过程.東京：東洋经济新報社，1957.204—205.

表 2-15 1901 年八幡铁所的主要设备[①]

设备	数量	规模（吨）	年产量（吨）
高炉	1	160	58 000
平炉	4	25	60 000
贝塞麦转炉	2	10	150 000
炼焦炉	460		98 360
厚坯轧机	1		100 000
钢轨轧机	1		32 000
中型构件轧机	1		36 000
小型构件轧机	1		21 600
中型板轧机	1		11 000

高炉（即东田 1 号高炉）由 GHH 公司制铁方面的专家鲁尔曼（F. W. Luhrmann）设计，为德国铁带式高炉，有效容积为 495 立方米，设计生产能力为 160 吨/日（一说 165 吨），全高 23 米，有效高 19.5 米，炉腹径 7 米，炉床（底）径 4 米，炉床高 2.3 米，有 8 个直径 220 毫米（一说 300 毫米）的送风口。热风炉采用高伯式热风炉 4 座，送风机为德国 GHH 公司当时最新式的蒸汽机驱动往复式送风机 3 台[97][4] 87。

图 2-2 建设中的八幡制铁所东田 1 号高炉（1900 年伊藤博文视察合影）[②]

---

① 表资料来源：Seiichiro Yonekura. The Japanese Iron and Steel Industry, 1850—1990. New York：St. Martin's Press, 1994. 39.

② 图来源：飯田賢一. 日本の技術 2：鉄の 100 年八幡製鉄所. 東京：第一法規出版, 1988.

图 2-3　八幡制铁所 1 号高炉的建设（1897）和高炉外形的设计图 ①

4 座 25 吨的平炉为西门子型固定式碱性平炉，由 GHH 公司的戴伦（R. M. Daelen）大约在 1897 年设计。虽然八幡制铁所的平炉工场是以 GHH 公司的制钢厂为模式，但 GHH 公司当时拥有的平炉最大日产量为 12 吨，为八幡制铁所设计的 25 吨平炉对于该公司而言是首次尝试，是在没有实际经验的条件下进行的。紧随着八幡制铁所 25 吨平炉之后，GHH 公司于 1901 年也开始新设计了 3 座同样规模的平炉[98]。

2 座 10 吨的贝塞麦酸性转炉炉型在当时被称为美国式，是一种对称型的转炉（图 2-4），而不是当时最常见的非对称的洋梨形[98] 69。这是日本首座底吹酸性转炉。

图 2-4　八幡制铁所 10 吨转炉照片（1902）及其正面结构图 ②

---

① 图来源：清水泰等. 八幡製鉄所の設備・技術の変遷・第 1 分册（北九州市産業技術史調査研究報告）. 2008.

② 图来源：清水泰等. 八幡製鉄所の設備・技術の変遷・第 2 分册（北九州市産業技術史調査研究報告）. 2008.

图 2-5　八幡制铁所 25 吨平炉①

3. 技术上对德国的依赖

初创期的八幡制铁所完全由德国 GHH 公司设计，鲁尔曼设计了高炉，制钢厂和轧钢厂由戴伦设计。不仅如此，德国人还参与了铁厂的建设和运行。早在 1896 年，当大岛道太郎还在德国 GHH 公司之时，他就希望找到一名德国工程师任八幡制铁所的总顾问工程师，1897 年当得知中国汉阳铁厂总工程师德培（Gustav Toppe）已离开汉阳铁厂后，八幡厂总管山内堤云便赴上海与之商谈，并与德培签订了雇用合同，以年薪 19 200 日元的高薪（日本首相年薪的 2 倍）聘其担任八幡制铁所的总顾问工程师，主要职责是指挥建设和领导工厂生产运作。1899 年，德培与八幡制铁所的新总管和田维四郎一起赴德国招聘了 2 名工程师，即哈泽（C. Haase）和舒梅尔泽（H. Schumelzer），并分别任炼铁部门和产品部门主任技师（工程师）；来自 GHH 的 16 名技术工人来到八幡制铁所在各生产部门负责生产作业（表 2-16）。实际上，1901 年八幡制铁所的高炉、平炉、转炉及轧钢各分厂的初次运作都是在这些德国工程师和技术工人的指导下进行的。

表 2-16　八幡制铁所创立期雇用的外国（德国）技术人员②

姓名	职务	年薪	合同雇用时间	解约时间
Gustav Toppe	总顾问工程师	19 200	1897. 12. 1—1901. 12. 1	1901. 4. 22
H. Lohberg	机械装配工，机械工长	3 600	1898—承担的工程竣工 1900. 12. 1—1904. 3. 31	1904. 2
G. Neuhaus	建筑铁材装配工		1898. 10—工程竣工	1901. 8. 31

① 图来源：飯田賢一. 日本の技術. 2，鉄の100 年八幡製鉄所. 東京：第一法规出版，1988.
② 表资料来源：西日本文化協会编纂. 福岡県史·近代史料編（25）：八幡製鉄所. 1998. 29.

（续表）

姓名	职务	年薪	合同雇用时间	解约时间
J. Reinmann	机械装配工		1899.8.14—承担至工程竣工	1900.6.30
C. Haase	制铁部主任工程师	10 000	1900.3.15—4 年后	1902.4.14
W. Neuhauser	高炉副工长	3 600	1900.3.15—1904.3.31	1902.8.10
P. Held	高炉副工长	3 600	1900.3.15—1904.3.31	1900.9.28（失踪）
H. Schmelzer	产品部主任工程师	10 000	1900.6.8—1904.3.31	1901.4.22
H. Tummler	中型、薄型压延副工长	3 500	1900.6.19—1904.3.31	1903.9.30
W. Nalbach	分块大型轨道压延副工长	3 500	1901.1.20—1904.3.31	1904.3
A. Westphal	平炉炉墙工长	4 000	1901.2.1—1904.3.31	1904.3
E. Gysling	机械装配工		1901.2.10—承担至工程竣工	1902.1.30
G. Heuser	中小型压延副工厂	3 500	1901.3.27—1904.3.31	1904.3
C. Kohler	中小型压延副工长	3 500	1901.3.27—1904.3.31	1903.9.5（死亡）
J. Bunse	高炉副工长	4 000	1901.5.31—1904.3.31	1904.3
T. Maurer	转炉工长	4 500	1901.6.29—1904.3.31	1907.3
A. Stoellger	压延成形工长	4 500	1902.2.1—1904.3.31	1904.3
N. Petto	产品部职工		1901.10—?	1903.10.9

从技术本身来说，这种依赖还体现在决策者抛弃了野吕景义的设计而向德国企业寻求设计方案。许多学者认为，八幡制铁所对德国技术的青睐不仅仅是因为大岛道太郎和他的父亲所受的冶金专业教育都来自德国，以及早期钢铁领域日本与德国及其大学之间的密切关系，其实在明治时期，德国在很多领域都成为了日本近代化的样板。就技术和设备而言，德国工程师的设计较野吕景义的方案在规模上大得多（表 2-17），舍后者而取前者也体现了当时的日本决策者在发展技术上的一种心态，即迫切希望将一个具有世界水平的企业引进到日本。

表 2-17　野吕景义的方案与大岛道太郎（德国）方案的比较[①]

野吕景义的设计	大岛道太郎采用的设计（德国方案）
生产目标：	生产目标：
生铁年产量：　　　80 000 吨	生铁年产量：　　　120 000 吨
钢材年产量：　　　60 000 吨	钢材年产量：　　　90 000 吨
其中，贝塞麦钢：　35 000 吨	其中，贝塞麦钢：　45 000 吨
马丁钢：　　　20 000 吨	马丁钢：　　　45 000 吨
熟铁：　　　　 4 500 吨	
坩埚钢：　　　　 500 吨	
主要设备：	主要设备：
炼铁：炼焦炉（每回 6 吨）：　80 座	炼铁：炼焦炉（每回 6 吨）　200 座
烧矿炉（每日 20—30 吨）：8 座	烧矿炉（每日 40 吨）　20 座
高炉（60 吨）　　　3 座	高炉（165 吨）　　2 座
热风炉　　　　　　5 座	热风炉　　　　　　8 座
炼钢：熔铁炉（6 吨）　　4 座	炼钢：熔铁炉（每日 200 吨）3 座
贝塞麦转炉（7 吨）　2 座	贝塞麦转炉（10 吨）　2 座
西门子马丁平炉（15 吨）4 座	西门子马丁平炉（25 吨）4 座
坩埚钢炉（每回 30 个）1 组	煤气发生炉　　　　12 座
搅炼炉（300 千克）　6 座	混铁炉（160 吨）　2 座
丹克斯炉	
（Danks furnace）（1 吨）1 座	
成型：轧钢机　　　　　9 组	成型：轧钢机（22 组）　9 座
其中：	其中：
轧轨用　　　　　　1 组	分块轧机　二重式　1 组 1 座
厚板　　　　　　　1 组	轨条轧机　二重式　3 组 1 座
薄板　　　　　　　2 组	大型铁轧机　二重式　3 组 1 座
粗制熟铁用　　　　1 组	中型铁轧机　三重式　4 组 1 座
棒铁类用　　　　　3 组	小型铁轧机　三重式　1 组 1 座
环状用　　　　　　1 组	小型铁轧机　四重式　5 组 1 座
	薄板铁压延工场　　1 座
	叶铁轧机　二重式　2 组
	薄铁轧机　三重式　1 组
	中板和大板铁压延工场
	中板轧机　三重式　1 组 1 座
	大铁板轧机　二重式　1 组 1 座

————————

[①] 表资料来源：三枝博音，饭田贤一编.日本近代製鉄技術発達史：八幡製鉄所的确立过程.東京：東洋经济新报社，1957.222.

如果与八幡制铁所初创同期的其他欧美国家的钢铁厂设备相比较，可以发现，八幡制铁所的主要设备在当时都属于主流甚至较大规模，如炼铁，每座高炉的设计年产量约 60 000 吨，这远远大于当时德国 1900 年的平均水平，接近美国（表 2-18）。炼钢炉的情况也如此，GHH 公司为八幡制铁所设计的平炉为 25 吨，远远大于该厂同期拥有的最大平炉（12 吨）。从钢铁生产历史看，19 世纪末德国和美国的钢铁设备正经历一个大型化的过程，在考察了欧美的钢铁厂后，大岛道太郎把八幡制铁所的设备规模提高了 2/3，这不能说没有受到钢铁生产大型化这一发展趋势的影响。这同样体现了明治政府希望尽快赶上世界水平的迫切心情。

表 2-18 各国平均每座高炉的年产量（1870—1900）[①]

年份	英国	德国	法国	比利时	美国
1870	8 700	5 000		13 500	
1880	13 000	11 000	8 000	19 500	
1890	19 000	20 700	16 000	22 500	31 000
1900	22 500	31 000	21 000	27 000	56 000

对于日本来说，八幡制铁所是这个国家首次系统地引进从高炉到成套的大型钢铁生产设备。在此之前日本仅有很小规模新式钢铁冶炼的经验，高炉的产能不超过 25 吨，没有任何转炉和碱性平炉的经验（表 2-10）。引进这样大型的设备其本身就是一个较有风险的行为，在没有经验的情况下，制铁所的操作和运营也是一项非常具有挑战性的工作。加上设计者不熟悉技术引进国特点而产生设计上的失误，如制钢部主管今泉嘉一郎在一篇文章中所述："虽然制钢部门的平炉是由戴伦（一位炼钢领域的德国权威）设计的，但其存在很多缺陷（就像鲁尔曼设计的高炉一样）。当我在 1903 年访问德国时，戴伦先生向我证实他为八幡厂所设计的那种形式的平炉从未在其他地方进行过测试，那仅仅是一个在桌面上完成的设计。"[99] 这使制铁所在投产初期就面临着很大的困难。

① 表资料来源：T. H. Burnham, G. O. Hoskins. Iron and steel in Britain 1870—1930. London：George Allen & Unwin LTD. 1943. 145.

三、八幡制铁所的投产 (1901—1904)

1. 生产初期的困难

八幡制铁所的 1 号高炉于 1901 年 2 月 5 日开炉,所用的铁矿石为 50% 的大冶矿石、30% 的冈山栅原矿石及 20% 的釜石矿石。焦炭是未经洗煤工序的二濑炭与购入的焦炭相配合[97] 15。在刚开炉的一个月内,高炉因设备故障、操作没有经验而引发各种事故,高炉几度被长时间停止送风。经过各种努力,高炉维持在一个相对稳定的运行状态。但这期间,高炉最高日产量为 1902 年 3 月的 102 吨,平均日产量约 77 吨,未达到每天 160 吨的目标。制铁所的作业日志经常出现"炉况不佳"的字眼,炉温过低、送风口破损等问题引发了"吊棚"和"铁矿石下沉"等现象,其结果是导致高炉的利用率下降,出铁量减少,此外,焦炭强度不足和灰分增加是另一影响因素。但在这期间八幡制铁所的技术工人们却获得了非常宝贵的经验[97] 15—17。

表 2-19 1 号高炉第一次作业情况(单位:吨)①

运作年月	生铁产出	日均出铁量	矿石/出铁	石灰石/出铁	焦炭/出铁
1901 年 2 月	约 400	16.6	1.75	0.63	3.50
3 月	1 286	41.5	1.57	0.50	2.42
4 月	1 943	64.8	1.76	0.55	1.83
5 月	2 539	81.9	1.73	0.46	1.64
6 月	2 560	85.3	1.51	0.45	1.52
7 月	1 888	60.9	1.94	0.63	2.17
8 月	2 212	71.3	1.44	0.59	1.86
9 月	2 406	80.2	1.52	0.61	1.91
10 月	2 441	78.7	1.54	0.60	1.93
11 月	2 997	99.9	1.47	0.56	1.62
12 月	2 988	96.4	1.49	0.59	1.61
1902 年 1 月	2 752	88.8	1.62	0.57	1.76

---

① 表资料来源:清水泰等. 八幡製鉄所の設備・技術の変遷・第一分册(北九州市産業技術史調查研究報告). 2008.

（续表）

运作年月	生铁产出	日均出铁量	矿石/出铁	石灰石/出铁	焦炭/出铁
2 月	1 566	55.9	1.87	0.67	1.98
3 月	3 170	102.2	1.50	0.52	1.96
4 月	2 268	75.6	1.62	0.35	1.73
5 月	2 340	75.5	1.52	0.37	2.03
6 月	2 893	96.4	1.47	0.34	1.67
7 月	2 719	97.1	1.43	0.35	1.58
	总计 41 368	平均 76.7	平均 1.60	平均 0.52	平均 1.93

1902 年 7 月，八幡制铁所以不经济为理由决定 1 号高炉停炉。具体的理由如下：

（1）生铁的品质与炼钢方式在经济上不匹配，主要是高含磷的大冶铁矿代替釜石铁矿炼制的生铁与贝塞麦转炉不匹配。

（2）用于成分调整的平炉用混铁炉没有完成，不能实现从高炉到炼钢的一贯作业。

（3）正规的炼焦炉未建成，焦炭品质得不到改善。

（4）高炉煤气和炼焦炉煤气未能回收，使蒸汽机等焦炭燃料的消耗量很高。

（5）建设工程无序进行，高炉被迫开炉，设备之间不能形成有效配合。

（6）制铁所因此陷入了高耗费的结果，导致制铁所运作资金不足。

基于上述理由，制铁事业调查会对铁厂"成绩不佳的原因"进行评价，认为其"没有实现适应性技术转移"，但这种直接照搬外国近代一贯作业的钢铁厂建设模式也使日本获得了宝贵的试错经验，最终实现了技术的适应性转移。

1904 年 2 月，日俄战争爆发，为满足战争需要，日本政府急需八幡制铁所的 1 号高炉开炉。野吕景义的另一名东京帝国大学学生服部渐被任命为炼铁部技术主管，在他的指挥下，高炉于 1904 年 4 月重新开炉，但此次运作在短短 17 天之后又以失败告终[13] 44。

八幡制铁所 1 号平炉于 1901 年 5 月开始作业，2 号和 3 号平炉分别于 1901 年 11 月和 1902 年 2 月开始作业[2] 382。类似于在高炉上出现的麻烦，在初始阶段的炼钢工序中也出现过，尤其是在平炉部门。正如制铁所炼钢总管今泉嘉一郎（野吕景义的另一个学生）所说："炼钢分厂的平炉，基本上由戴伦先生设计，也存在几个缺陷。此外，其设计仅仅是在桌面上做出的，从未在其他地方进行过测试，这一点我于1903年在德国向戴伦先生个人得到了证实。最严重的缺陷中，喷嘴的安排在试验后是可以得到改善的，但因缺乏足够的空间，没有对过短的喷嘴进行延长，而一个炉渣室也没有得到安装。"[99]除了设计上的缺陷外，炼钢炉砖等必需的原材料不能自制以及炼钢技能经验的缺乏，都对八幡制铁所初期的炼钢作业有较大影响。因此，炼钢作业开始的几年，设备经常因故障发生而停工修理。1901年12月到1902年3月，1号平炉因破损停炉三次大修，刚开炉的2号平炉停炉两次大修，于1902年2月份开炉的3号平炉，3月26日炉底大破停炉[2]380—381。1904年4月至1905年3月的一年之中，1号平炉因故障停工3次，2号平炉停工5次，3号、4号平炉停工2次[2]549。

表2-20　1901年度每月平炉作业状况 ①

年月	作业回数	装入铁量（吨）	出钢量（吨）	一回平均装入铁量(吨)	一回平均出钢量(吨)	钢块/装入铁量%	备注
1901年5月	1	12.655	约10	12.655	约10	83	
6月	20	372.994	300.762	18.6	15.0	80	
7月	45	931.157	806.667	20.7	17.8	87	
8月	36	689.941	645.771	19.4	17.9	92	
9月		455.190	382.733			84	
10月	54	1 196.211	1 011.466	22.2	18.7	85	
11月	68	1 580.429	1 330.312	23.3	19.6	84	10日2号平炉开炉
12月	59	1 405.945	1 154.352	23.8	19.6	82	
1902年1月	76	1 851.956	1 530.711	24.4	20.1	83	
2月	73	1 788.136	1 501.098	24.5	20.6	84	17日3号平炉开炉
3月		1 574.236	1 302.894			83	

① 表资料来源：三枝博音，饭田贤一编.日本近代製鉄技術発達史：八幡製鉄所的确立过程.東京：東洋经济新報社，1957.382.

按照规划，八幡制铁所的转炉用于炼制轨道用钢，1 号转炉于 1901 年 11 月 12 日开炉，第一回炼制原料为高炉熔铁 9 461 千克，釜石木炭生铁 400 千克，锰铁 230 千克，产出合格钢块 8 500 千克。2 号炉于 1902 年 1 月开炉，1902 年 7 月高炉停炉，转炉也随之停炉，至 1904 年 7 月，随着 1 号高炉的改造成功，转炉才得以继续开炉生产。这一时期，八幡制铁所转炉炼制的钢块含磷较高，最低为 0.072%，最高达 1.22%[98]76，这与其所用的高炉生铁有关，八幡制铁所高炉主要用大冶铁矿石炼制生铁，含磷偏高。因此，初创时期八幡制铁所并未实现用转炉钢轧制钢轨的目标。

表 2-21　1901—1902 年八幡制铁所转炉作业情况①

年月	炼制回数	制钢量（吨）			平均一回装入铁量(吨)	平均一回产出钢块(吨)	产出钢块/装入铁量(%)	备注
		钢块	残块	合计				
1901 年 11 月	10	73.240	8.663	81.903	9.7	7.3	76.5	
12 月	24	203.922	23.468	227.390	10.7	8.5	79.5	
1902 年 1 月	30	240.119	36.255	276.374	10.4	8.0	77.6	2 号转炉开炉
2 月	40	303.128	37.080	340.208	9.9	7.6	77.2	
3 月	63	573.990	45.164	619.154	11.2	9.1	81.4	
4 月	55	531.600	31.800	563.400		9.7		
5 月	72	681.400	57.700	739.100		9.5		
6 月	70	696.350	30.000	726.350		9.9		
7 月	73	692.350	37.550	729.900		9.5		作业中止

八幡制铁所的压延作业始于 1901 年 6 月 29 日，薄板工场和中型工场最先投产，钢块的加热炉由炼钢部的煤气发生炉供给。产品种类有薄板工场的马丁软钢板，中型工场的马丁软钢角材。不久之后，1901 年 7 月下旬，中型工场更多品种也得以生产，包括矿山用钢轨、鱼尾板、山形钢、圆钢等，这些都是日本近代最初的软钢制品。1901 年 7 月 27 日，八幡制铁所轧制出日本第一根钢轨。1901 年 11 月 12 日，分块工场开始生产，12

---

① 表资料来源：清水泰等. 八幡製鉄所の設備・技術の変遷・第三分冊（北九州市産業技術史調査研究報告）. 2008，77.

月 4 日，开始轧制重型钢轨（60 磅），大型钢轨的精整作业也开始进行，小型工场也于当年 10 月开始生产。八幡制铁所的钢材品种随着各分厂的开工而越来越多。在初创期，八幡制铁所轧钢作业经常停工，其最大的问题在于热源由平炉炼钢部的煤气发生炉提供，由于散热严重而导致热量不足，钢块不能达到充分的热度，从而使初轧机破损。因此，如何保持加热炉气体的热量使钢块足够热，是当时八幡制铁所压延作业最大的技术问题[2] 396—397。

2. 原因

归纳起来，八幡制铁所在投产初期从高炉炼铁到轧钢等各工序所遇到的困难来自以下原因：

（1）设计上的缺陷。

设计上的缺陷又来自两方面，一方面是设计者缺乏对日本可用资源的了解。如高炉的设计大约在 1897 年进行，德国人在设计时并没有太多地考虑日本所能利用的资源，包括矿石和焦炭。实际上，日本于 1899 年开始陆续与中国的汉阳铁厂签订了多项煤铁交换合同，因此从一开始，八幡制铁所高炉炼铁使用的 70％以上铁矿石来自大冶，但之前德国人在设计铁厂时无从知道这一情况。另一方面是追求设备和规模的大型化，如前所述 25 吨的平炉，设计者因为没有经验而导致在喷嘴和部件布置等诸多设计上的失误。此外，铁厂在空间布置上也追求大型化，不仅各炼钢厂分开设置，不同轧钢分厂也各自独立，由于距离较远，各厂区均用铁道相连，建设和运输成本非常高[99]，致使资金发生困难。

（2）缺乏技术经验，尤其是非常缺乏建设大型铁厂和操作大型高炉、炼钢炉等设备的经验。

当时的日本虽然已有釜石铁厂的技术积累，八幡制铁所在初创时不仅向德国聘请工程师和工匠，还向釜石田中铁厂借来了七名熟练工匠，但由于八幡制铁所的规模宏大，其所需的有相关经历和技术知识的技术人员仍然相对缺乏。一方面，由于没有建设大型铁厂的经验，八幡制铁所的建设一度非常无序，炼焦炉的建设滞后于高炉，导致焦炭质量恶劣而降低了高炉的生产效率，混铁炉的建设也滞后于炼钢炉的建设，使得生铁和炼钢炉工艺的不匹配而影响了钢材质量。另一方面，缺乏大型铁厂设备运作的经验，在这种情况下，高炉和炼钢炉在开炉之后频繁地发生问题是难免的。

因此可以说，在明治政府尽快赶上西方钢铁工业的迫切愿望下，日本在没有更多经验的情况下，直接从德国引进了一个大型的钢铁厂，近代以来的钢铁企业的成功与否不仅取决于原料与工艺之间的匹配，而且依赖丰富的生产经验，这种将先进技术"直接移入式"的引进，必然会导致初创期各种困难，对于技术引进国来说，重要的是能否将这种直接移入的技术实现适应性的改造，并获得技术经验的积累，从而获得发展的能力。

第三节　两国初次大规模技术引进之比较

汉阳铁厂与八幡制铁所在初创时期的技术引进已经表现出明显的差异，了解这些差异有助于进一步理解两家企业在之后的技术发展道路上的不同。

1. 两家铁厂是在不同的目的和社会经济背景之下创建的

中国方面，汉阳铁厂是晚清洋务派为了杜绝洋铁进口所产生的"外耗"而创建的。关于学习和引进西方科学技术，创始人张之洞提倡的是"中体西用"的观点，即学习西方科学技术，是为了维护中国的纲常礼教和社会秩序，即"保国、保教、保种"。

与中国不同，日本八幡制铁所的创建是在明治维新发生近三十年之后，明治政府通过学习西方科学技术而实现"西化"和"现代化"的决心已深入人心。西方科学技术的引进不是为了保教、保国，而是为了建立一种与欧美国家相似的西方文明。

从社会经济背景来看，八幡制铁所创建时，日本正在发生工业革命，八幡制铁所是明治政府为满足国家近代工业发展对于钢铁材料日益增长的迫切需求而直接进行的创业行为，日本社会在明治维新之后已经逐渐形成一种与技术近代化和工业化相适应的环境。而汉阳铁厂创立时的中国，工业革命尚未发生，中国社会无论在政府层面还是民间，仍然处于传统状态之中。洋务运动虽然为铁厂的建设提供了直接的动机，但这不是由清政府直接推动的创业行为，中央政府对铁厂建设的支持也相当有限。

正是由于两家铁厂诞生的目的和"身份"不同，导致了它们在财政上面临截然不同的境况。如前所述，汉阳铁厂从一开始就面临着财政上的困难，而这在八幡制铁所的建设过程中始终是看不到的。

2. 两家铁厂是在不同的模式和决策体系下进行初次技术引进的

（1）两家铁厂初次技术引进的顺序不同。

对于汉阳铁厂是先订购设备，再寻找矿石和燃料，同时进行选址，选址之后再由英国谛塞德厂的工程师进行铁厂的设计和建设。如果从钢铁厂规划、设计和建设工程的理论来说，钢铁厂的建设应该是在对铁矿石和煤焦资源有一定了解之后，再进行铁厂的选址、设计，然后根据铁厂的规划设计来订购设备。但汉阳铁厂的决策者们没有能力按照这样的程序进行决策，在技术能力非常匮乏的情况下，汉阳铁厂第一次技术引进是在一种非正常的程序中进行的。

相比之下，八幡制铁所初次技术引进的程序是相对合理的，其首先组成制铁事业调查会，从制铁试验、品种与产量、制铁所位置、制铁所组织、设计计划、预算等六个方面进行调查，尤其是在确定了选址和设计规划之后，再派有关的技术人员赴欧美进行考察，确定设备和技术的供应厂商，由技术提供方设计铁厂，提供设备，并协助指导建设铁厂。

（2）两家铁厂技术引进的决策系统不同。

汉阳铁厂是在中国地方督抚领导下，技术上完全依赖国外技术人员的技术决策系统和技术引进过程。汉阳铁厂的初次技术引进的最高决策者是湖广总督张之洞，直接进行设备购买决策的是驻英大使刘瑞芬，而促成刘瑞芬进行订购设备决策的信息来自于之前其协助青溪铁厂订购设备时获得的信息。实际上，除了张之洞与刘瑞芬外，中国方面没有更多的人员尤其是技术人员在铁厂的设备购买、选址以及设计决策上发挥直接的作用。而张之洞和刘瑞芬所了解的钢铁冶金知识极其有限，不可能直接进行技术引进过程中与技术直接相关的决策，如铁厂的设计、设备类型和规模等，在铁厂的建设过程中，中方也缺少技术人员对施工过程进行监督和管理。

八幡制铁所技术引进的决策系统并非完全依赖国外技术人员，而是一个在日方技术人员的控制和推动下，由德国 GHH 公司技术人员负责具体的设计和施工指导等工作的系统，应该说，这是八幡制铁所与汉阳铁厂在初次技术引进决策中最突出的差别。

虽然八幡制铁所的设计、设备的提供也依赖德国公司进行，在建设中也聘请了德国工程师负责指导，但在技术决策的所有环节上，几乎都有日本本土的工程师参与其中。如之前的制铁事业调查会，其成员由农商务部、海陆军工企业中的高级技术人员及野吕景义这样的钢铁冶金专家组成，在八幡制铁所正式成立之前，制铁事业调查会在铁厂选址、规划等方面起到决策的作用。八幡制铁所成立之后，任命了大岛道太郎、今泉嘉一郎、小花冬吉和安永义章为各施工和生产部门技术主管，他们都是明治以来日本工部寮或东京帝国大学培养的最早一批冶金或机械工科学生，而且都在德国进行了深造，可以说，他们是日本最早一批掌握了现代钢铁冶金专业知识的高级技术人员。他们在八幡制铁所任职之后，赴欧美国家制铁所进行考察，并最终确定制铁所设备提供商，在八幡制铁所的建设中，他们作为各建设部门的主管，能够发挥技术上的监管作用。可见，八幡制铁所的技术引进过程始终有本土技术人员参与，这也反映出日本在经过了明治维新之后对现代科学技术的学习和实践，已经有了一定的技术能力和基础。

3. 导致两家企业投产初期遇到问题的根本原因不同

对于新钢铁厂来说，高炉的运作是否正常是非常关键的方面，汉阳铁厂与八幡制铁所的高炉在开炉初期都经历了一个不稳定的时期，但两家铁厂高炉的问题各异。

如前所述，汉阳铁厂的高炉在投产之初最大的问题在于没有充足与合适的焦炭，以及高炉的建设质量低劣。从数据上看，在1896年使用了萍乡焦炭以及高炉经过停炉重新修造解决了炉衬等质量问题之后，汉阳铁厂高炉的日产量已经非常接近其设计日产量了（表2-6）。这说明汉阳铁厂的高炉不存在设计上的问题。与之不同的是，八幡制铁所的高炉在投产初期面临的最大问题是生产效率低，其原因除了使用了不合适的焦炭外，同时也因为风口和炉内结构的设计缺陷，使其生产能力一直在100吨以下，远未达到160吨的设计产能。

从理论上说，高炉与其他设备不同，新的高炉在投入使用时，往往会经过一个不稳定的磨合期，通常依靠试错达到高炉与铁矿石和燃料之间的最佳配合，从而实现其设计的产能。如果所使用的铁矿石和焦炭与高炉结构本身相匹配，那么经过一段时间的调试之后，高炉将实现稳定的运作状态。汉阳铁厂的高炉就属于这一情况。而八幡制铁所的高炉根本问题在于高炉设计与燃料不相匹配，致使炉温过低，因此即使是经过了不稳定的试错阶段，稳定之后的高炉也始终未能达到设计产能。因此，解决这一问题最好的办法是对高炉结构进行改造，这也是八幡制铁所之后所做的事情。

此外，八幡制铁所引进的钢铁生产设备比汉阳铁厂设备在规模上更大，其高炉日产量设计为160吨，汉阳铁厂的只有75吨，炼钢设备中，汉阳铁厂的平炉为12吨，转炉为5.5吨，而八幡制铁所的平炉达到了25吨，转炉为10吨。可以说，八幡制铁所在明治政府早日实现工业化的迫切愿望下，的确引进了一套更大更先进的钢铁联合生产设备。这也是其投产初期发生各种困难的根本原因，日本虽然已经培养了一些本土的技术人员，但所有人都没有大型钢铁厂的建设和生产经验，甚至连设备的设计者德国GHH公司也是第一次设计25吨规模的平炉，这无疑会导致更高的风险。

而汉阳铁厂无论是高炉还是炼钢环节，其问题发生的根本原因在于技术引进时中方知识的匮乏，正是由于没有冶炼常识，高炉的建设质量才如此低下，也正是由于不知道要根据铁矿石的性质来决定炼钢工艺的选择，因此导致了钢材的高含磷量无法消除。

因此从技术上来看，如果说八幡制铁所在投产初期发生的种种问题，其根本原因在于决策者更急于引进一套超出了其技术能力的更大型更先进的生产设备的话，那么汉阳铁厂的问题则来自于完全的技术和知识的匮乏。

第四节　汉阳铁厂的技术改造与扩建

如前所述，汉阳铁厂与八幡制铁所在投产之后都不同程度地遇到了生产上的困难和问题，一些问题，如汉阳铁厂的高炉作业，随着萍乡煤矿的开发和焦炭的稳定供应而得到解决，但困扰汉阳铁厂多年的钢材质量问题则是通过1904—1908年的第二期改扩建才得以根本解决，经过改扩建，汉阳铁厂在1908年首次实现了盈利。

汉阳铁厂的第二期改扩建工程始于1904年，第二期技术引进之所以得以实施，有以下两方面因素：

一是卢汉铁路即将完成。为卢汉铁路的修建提供钢轨和钢材是汉阳铁厂投产之后的生产目的，1897年汉阳铁厂开始为卢汉铁路的最初一段（卢沟桥至保定）提供钢轨，虽然钢轨不时被检测出不合格，但汉阳铁厂通过用合格的平炉钢轧成的样轨来应付检验，使汉阳铁厂得以顺利出售钢轨近六年。到1903年卢汉线北段的多处钢轨发生断裂，引起负责铁路建设的外籍工程师的注意，也使汉阳铁厂的钢轨无法继续靠合格样轨蒙混过关。

1904 年当卢汉铁路订单完成之后，汉阳铁厂计划在设备保养完成后继续开工，欲再次聘请炼钢工程师卜聂任钢厂工程师，但卜聂以生铁含磷过重，提出以修改钢轨检验章程为续约的条件：

> "请即函禀宫保，所有续定钢轨，须将锤试机验章程更改。……照以上所开情形，就汉厂所炼生铁，竟无一吨可供炼钢，稍能逾此分数者。即乞宫保嘱柯观察与卢汉局并李部郎与粤汉路局，均照以上所开分数订定钢轨，方合厂情。如有逾度，恐致剔退，缘汉厂生铁含磷加倍之重，故卜预为陈明，庶无后患。"[100]

这使得汉阳铁厂不得不再次面对钢材含磷过高的质量问题，也促使盛宣怀下决心解决这一问题。

二是汉阳铁厂与日本签订了铁矿石的供应合同，筹集到了资金。在萍乡煤矿未向汉阳铁厂供应焦炭之前，汉阳铁厂在 1899 年 4 月与八幡制铁所签订了一份煤铁互售合同，基本内容是汉阳铁政局将大冶铁矿优质铁矿石每年售给八幡制铁所至少 5 万吨，八幡制铁所则为汉阳铁政局在日本购置煤焦至少 3—4 万吨，此时正值萍乡煤矿开发时期，盛宣怀为解决焦炭问题与日本签订了这份貌似正常的易货合同，而此时又正值八幡制铁所的建设时期，日本是一个铁矿石资源贫乏的国家，这份合同正好给了日本一个获得铁矿石资源的极好机会。此后，为长期稳定地获得中国铁矿石资源，在日本政府的支持和策划下，于 1904 年促成了盛宣怀与日本签订的 300 万日元的购运铁矿石预借矿价合同，合同约定由日本兴业银行向汉阳铁厂提供 300 万日元借款，汉阳铁厂以每年不少于 7 万吨的头等大冶铁矿石进行偿还，期限为 30 年[101]。这份合同让八幡制铁所获得了稳定的优质铁矿石资源，也暂时缓解了汉阳铁厂的资金困难，为盛宣怀进行技术改造和第二期设备引进提供了资金。在此情况下，盛宣怀下决心扩建企业，并希望趁此机会对企业进行技术改造，解决一直困扰铁厂的诸多难题。

一、出洋考察和设备订购

与第一期设备的引进相比，汉阳铁厂的第二期设备引进要谨慎和周密得多。当时已掌管汉阳铁厂多年的盛宣怀对铁厂的生产问题了如指掌，而且急欲扭转汉阳铁厂一直亏损的状况，而盛氏认为，"其（制铁所）盈亏当在出货之多寡"[102]，因此盛宣怀希望通过大规模的技术改造和扩建，一方面解决长期困扰铁厂的生产技术问题，另一方面扩大生产规模，实现盈利。

　　盛宣怀也知道，正确分析汉、冶、萍三地资源尤其是铁矿石和焦炭的配合性能，是正确进行技术改造和扩建的关键。因此，他决定派当时在汉阳铁厂任翻译和掌管西人事务的李维格[①]携带大冶铁矿石、萍乡焦炭以及汉阳铁厂的钢铁制品出国考察。与此同时，盛宣怀专门为李氏这次出国考察详细拟定了考验矿质、考究厂务、访聘工师、购办机炉以及筹补用款等5大项41小项任务，其中考验矿质被列为头项任务，并分别就焦炭、铁矿、炉砖原材料及其与炼铁炼钢各方面的关系都作了细致要求（如表2-22）。

表 2-22　1904 年汉阳铁厂派李维格出洋之任务规定[②]

考验矿质	1. 萍乡生煤含质如何，及其洋炉制炼之法能成何等焦炭。以炼生铁，用足风力，化一吨铁须用若干焦炭。其块煤烧汽炉能得何等火力，全厂能否合用不购外煤。 2. 大冶铁矿含质如何，用萍焦能否相配，其磷轻者可制贝色麻钢，其磷重者能否制马丁钢，又能制何等翻砂生铁。 3. 萍乡铁矿含质如何，用萍焦能否相配，其磷轻者能否制贝色麻钢，其磷重者能否制马丁钢，或多麻钢，又能制何等翻砂生铁。 4. 萍乡锰质能否炼成锰精。 5. 萍乡火泥、武昌火泥、磁州火泥、上海制造厂火泥，合者可制上等火砖，为熔化炉之用。 6. 汉阳铁渣如何能做水泥。大冶有专门可做水泥之矿，信义洋行李治带往德国化验，可做上等水泥，须用若干资本方能制造。 7. 汉阳化铁炉所出之生铁，何以不能成上等贝色麻钢，应用何等新法，俾成佳钢。 8. 马丁钢如不用贝色麻钢，应以何物替用。 9. 用我煤焦，生铁能否做上等马丁钢，以造顶好大钢板。 10. 萍乡化铁炉将来用萍乡铁矿，或须另造多麻钢炉，如何计算布置。

[①] 李维格，字一琴（亦作峄琴），祖籍江苏吴县。早年游历英伦，驻留驻英参赞李经方行邸，后随崔惠昌使美，随李经方使日。1896 年 4 月起任汉阳铁厂总翻译，虽后来转入《时务报》并致力于《湘报》的创办和湖南时务学堂，但经盛宣怀力邀，最终回到上海任盛氏创办的南洋公学之提调，兼教书、译书。1900 年重新回到汉阳铁厂，掌管汉阳铁厂西人商务。1904—1917 年历任汉阳铁厂总办、汉冶萍公司协理、汉冶萍公司总经理、大冶铁厂厂长等职，1917 年以后任汉冶萍公司高等顾问.

[②] 表资料来源：陈旭麓等.盛宣怀档案资料选辑之四：汉冶萍公司（二）.上海：上海人民出版社，1986.416—419.

（续表）

考究厂务	1. 欧美大厂断不能学，须学小厂规模。 2. 萍乡焦炭洋炉成本极重，必须考求能制上等焦炭，并可取做颜色。如专雇一工匠，能否合算得上。 3. 生铁炉如何可省焦炭，可否用碎铁石、碎焦炭。 4. 生铁炉萍乡目前只造一座，是否以二百吨为合算，或以少为合算；或谓一大炉，坏则全停，不如两小炉可替换，何者为宜。 5. 生铁水如何调和，令其直达炼钢炉。 6. 贝色炉如何添办。 7. 马丁炉如何添办。 8. 市面繁货钢板、钢条、轧轴如何办法。 9. 商务核算如何办法。
访聘工师	略
购办机炉	1. 汉厂应办调和生铁水机器，又热钢坯烘炉连吊车，此二项急须先办先运，因汉厂化铁炉两座必须先出好生铁。 2. 汉厂贝色麻炉应添置风机，使其多出贝钢。 3. 汉厂马丁炉应添造，使其多出马丁钢。 4. 汉厂应添置繁货大轧轴，使其多出大钢板、钢条等。 5. 湘东应造二百吨或一百六十吨化铁炉，须力求新法，除汉萍能自造各件外，应配购齐全。 6. 化铁炉内火砖，中国火泥一时恐不可靠，应购泥带回自造火砖，以省转运破碎之耗费。 7. 就化铁炉须造之水泥机，工本不多，锰精恐难外售，亦只需造一小炉，以备自用。 8. 萍株路需用大火车头两部，及煤车应用之轮轴机横七十部，应即购齐，预备来年四月之用。
筹补用款	略

　　李维格为这次出洋亦做了充分准备，分别取大冶、萍乡的矿石焦炭样品以及汉阳铁厂的成品装箱随船携带，仅取自大冶的矿石样品就按照矿石地点分装了八箱每箱半吨。1904 年 4 月 8 日李氏启程，途中先到日本，再前往美国、英国和德国，历经近 8 个月，于当年 11 月 27 日回到上海。此次出洋考察主要收获在于以下四个方面：

　　一是在英国寻访钢铁冶金专家，化验矿石和汉阳铁厂的钢铁样品，以此征求最合适的炼制法。在考察中得知："大冶铁石、白石、萍乡焦炭，并皆佳妙，铁石含铁百分之六十至六十五分，而焦炭则等于英国最上之品。"[103]对于钢轨生产，考察之后得知："炼钢有酸法碱法之别，酸法不能去铁中之磷，惟碱法能之。"[103]对于汉阳所造钢轨，亦经化验后得知："汉厂贝色麻系酸法，而大冶矿石所炼之铁，含磷过多……而含炭少，磷多则脆，炭少则软。卜聂炼钢，减少含炭分数，使其柔软，以免断裂，然柔则不经摩擦，轻易走样……此汉厂贝轨所以不合用也……"[103]在考核了原料和钢质之后，李维格决定听从英国专家的意见，废弃贝塞麦法而改用马丁碱法炼钢，并据此筹备购买新机炉之事，把新设备的购置重点放在"炼造碱法马丁钢、船料、桥料、屋料等货"[103]。

二是在美国匹兹堡等地考察钢铁企业以及钢铁市场行情，除了特别注意美国企业炼铁原料的使用外，在钢铁市场行情方面，对中国钢铁在美国西海岸的市场前景非常乐观[104]。

三是购买机器设备。此次设备的购置在英国顾问工程师彭脱①和萍矿总矿师德国人赖伦②的协助下，采取了招标的方法，由于是招标，汉阳铁厂第二期设备分别来自英德美3国的9个厂家，价格上较省。表2-23是李维格列出的出洋期间购置的设备一览。

四是为铁厂选定了新的总工程师：汉阳铁厂前高炉炉长吕柏，同时聘定四名新工程师："一生铁炉、一钢厂、一轧轴厂、一修理机器厂"[105]。考虑到吕柏多年在德国工作，萍乡煤矿总矿师赖伦也是德国人，因此新工程师也聘用德国人。

表 2-23　李维格 1904 年出洋购置的主要设备③

设备名称	数量	型号
碱法马丁炼钢炉	2 座	容积三十吨
调和铁汁炉（混铁炉）	1 座	容积一百五十吨
挂梁电力起重机	4 架	一架起重五十吨，一架三十吨，两架十五吨
挂梁电力压顶钢坯出筒机	1 副	
煤气地坑	1 座	

————————

① 彭脱（Thomas Bunt），1904 年被聘为汉阳铁厂驻英顾问工程师和驻英代表.
② 赖伦（Gustav Leinung），德国籍矿师，约 1896 年受盛宣怀委托勘察萍乡煤矿，1898—1914 年任萍乡煤矿总矿师.
③ 表资料来源：湖北省档案馆.汉冶萍公司档案史料选编（上册）.北京：中国社会出版社，1992.168.

（续表）

设备名称	数量	型号
轧胚轴	1 副	径四十寸
胚轴汽机	1 副	实马力 7 554 匹
条轴	1 副	径三十二寸，能轧工字钢梁至十八寸深，七寸宽
条轴汽机	1 副	实马力 11 708 匹
板轴	1 副	径三十寸，能轧钢板至三百七十五方尺
板轴汽机	1 副	实马力 7 554 匹

二、汉阳铁厂的改造和扩建工程

李维格此次出洋采办的设备以炼钢和轧钢设备为主（表 2-23），对于炼铁高炉，计划通过更换风机和添造热风炉来将原有高炉的日产能提高至每炉 100 吨，从而有 200 吨的日产量，与添置的炼钢炉产能相匹配，但他很快有了新计划。1905 年 9 月，李维格致信盛宣怀提出对原有高炉进行改造的同时，应该再建造日产 200 吨的炼铁高炉一座，并再添钢炉两座，以达到月出钢货 8 000 吨的产量来满足日益增大的铁路建设需求[106]。

新建设的高炉是由刚回汉阳铁厂任总工程师的吕柏设计的[103]，因吕柏曾担任汉阳铁厂高炉炉长 6 年（1894—1900），他对该厂生铁冶炼情况非常熟悉，因此不管从技术上还是成本上说，他都是新高炉设计者非常适合的人选。

1905 年到 1908 年是汉阳铁厂进行技术改造和第二期设备建设的主要阶段，这时期汉阳铁厂的贝塞麦炼钢炉已停止了生产，仅依靠冶炼生铁来获得收入。主要工程如下：

一是技术改造工程，除了对原有炼铁高炉进行了提高产量的改造外，还对原有的轧钢生产线进行更新，添置钢坯机、工字桥料机、钢板机和钢轨机，以扩大汉厂钢货制造的能力和样式。

二是新设施的建设，这时期的主要任务是日产 250 吨的 3 号高炉、3 座马丁炼钢炉以及相应配套设施的建设。实际上，1908 年之后，汉阳铁厂的扩建工程仍在继续，其中包括 4 号高炉和另外 4 座马丁炼钢炉的修建，后来修建的高炉和炼钢炉从技术特性到型号各方面都是扩建前期设备的翻版（如表 2-24）。

表 2-24　汉阳铁厂二期建设之设备情况①

设备名称		主要技术型号	建设时期
炼铁高炉	3 号高炉	日产量 250 吨	光绪三十一年（1905 年）—宣统二年（1910 年）
	4 号高炉	同上	民国二年（1913 年）—民国四年（1915 年）
西门子马丁炼钢炉	第一炉	容积 30 吨	光绪三十一年（1905 年）—光绪三十三年（1907 年）
	第二炉	同上	光绪三十一年（1905 年）—光绪三十三年（1907 年）
	第三炉	同上	光绪三十三年（1907 年）—宣统元年（1909 年）
	第四炉	同上	宣统元年（1909 年）—当年十月
	第五炉	同上	宣统元年（1909 年）—宣统二年（1910 年）
	第六炉	同上	宣统二年（1910 年）—宣统三年（1911 年）
	第七炉	同上	民国四年（1915 年）—民国六年（1917 年）
调和铁汁炉		容积 150 吨	光绪三十一年（1905 年）—光绪三十四年（1908 年）

关于新高炉和马丁平炉的设备供应商，我们在现存的档案中找不到足够的材料，据顾琅称，汉阳铁厂的 3、4 号高炉来自德国[107]。2008 年笔者在重庆钢铁厂档案处见到一张当年汉阳铁厂的设备图纸，据考证该图纸应该为德国茨韦布吕肯的丁格勒机器制造厂（全称为：Dingler'sche Maschin-en—Fabrik，Aktibn—Gesellschaft，Zweibruecken—Pfalz，Germany）大约于 1914 年提供给汉阳铁厂 4 号高炉的一个轴承的图纸，资料也显示，丁格勒厂曾经在高炉设备领域较为活跃，因此汉阳铁厂的 3、4 号高炉设备应为德国丁格勒厂提供。此外，汉阳铁厂的蒸汽机似乎均购自英国，从现存史料看，位于英国谢菲尔德市的戴维兄弟公司（Davy Bros Ltd）为汉阳铁厂第二期扩建工程中的蒸汽机供应商之一。而德国的克莱因（Klein）兄弟机械制造有限公司是汉阳铁厂 1904 年出洋订购的二辊可逆式轧钢机的供应商②。

---

① 表资料来源：湖北省档案馆. 汉冶萍公司档案史料选编（上册）：汉冶萍公司事业纪要. 北京：中国社会出版社，1992.
② 根据重庆钢铁公司型钢厂保存的德国克莱因（Klein）兄弟公司资料.

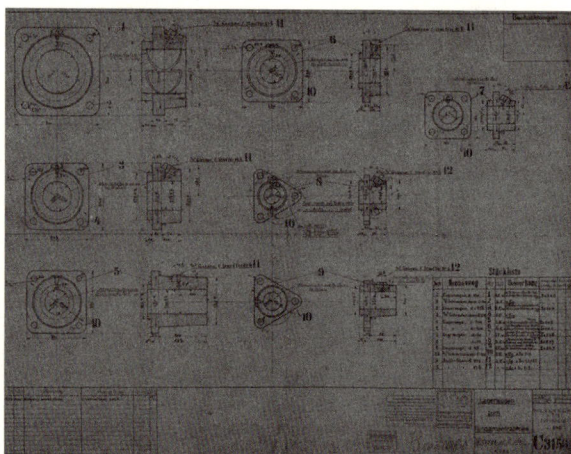

图 2-6　汉阳铁厂引进德国设备的图纸（现存重庆钢铁集团档案馆）

经过改扩建，到1915年4号高炉竣工投产之时，汉阳铁厂高炉的年产生铁能力可达 20 万吨以上，实际的最高年产量为 1919 年的 16.6 万吨。1911 年 6 号平炉竣工以后，每年可出钢 10 万吨以上，但公司的实际最高钢产量为 1914 年的 5 万多吨。表 2-25 所列为汉阳铁厂第二期改扩建工程全部竣工之后各生产部门的主要设备情况。

图 2-7　汉阳铁厂 1、2 号高炉改造现场（1907）

从技术人员来看，汉阳铁厂的第二期建设工程在 1911 年之前依然是在外籍技术人员指导下进行的。1904 年李维格考察欧洲时，聘请了铁厂原高炉炉长吕柏为总工程师，之后在吕柏的推荐下，约有 17 名卢森堡人陆续加入汉阳铁厂，成为这一时期汉阳铁厂改扩建和钢铁生产的主要技术人员。

图 2-8 汉阳铁厂 3 号高炉建设现场（1907）

表 2-25 汉阳铁厂二期建设之后的主要设备[①]

部门	设备	数量	备注
炼铁	100 吨高炉	2	来自英国，各有热风炉 3 座
	250 吨高炉	2	来自德国，各有热风炉 4 座
炼钢	西门子马丁炼钢平炉	7	容积 30 吨，来自英国
	混铁炉	1	容积 150 吨，来自美国
	打钢样汽锤	2	
轧钢	二重式轧机（辊径 500 毫米）	2	轻轨，鱼尾板等
	三重式轧机（辊径 380 毫米）	4	轻轨夹板，方钢，圆钢，扁钢钢板扁坯
	二重式轧机（辊径 380 毫米）	1	
	二重式轧机（辊径 320 毫米）	1	
	二重往返可逆式开坯轧机（辊径 1 016 毫米）	1	
	二重可逆式钢板轧机（辊径 770 毫米）	2	
	二重可逆式轧机（辊径 800 毫米）	3	重轨
	二重可逆式轧机（辊径 800 毫米）	2	

① 表资料来源：1. 顾琅. 中国十大矿厂记. 上海：商务印书馆，1914. 2. 吕柏. 1917—1918 年回忆录. 3. 刘明汉. 汉冶萍公司志. 武汉：华中理工大学出版社，1990.

表 2-26   1906—1911 年加入汉阳铁厂的卢森堡籍工程师[①]

年份	姓名	职务
1906	Leon Lentz	Schmelzmeister 熔炼师
	Jean Hauffels	Schmelzmeister 熔炼师
1907	Bernard Duchscher	Oberingenieur 主任工程师
	Franz Cox	Oberingenieur 主任工程师
	Dr. Jean Pierre Arend	Laboratoriumschef 实验室主任
	Jean Pierre Soisson	Stahl-und Walzwerkschef 炼钢和轧钢主任
	Camille Beissel	Hochofeningenieur 高炉炉长
	Ferdinaud Schanen	Elektro-Ingenieur 电气工程师
	Michel Schroeder	Elektriker 电工
	Jean Groff	Hochofenschmelzer 高炉师
1908	Franz Hoffmann	Konstrukteur 建筑师
	Emil Hamelius	Elektriker 电工
	Mathias Groff	Hochofenschmelzer 高炉师
	Leopold Paquet	Walzmeister 轧钢师
1910	Jean Mich	Bildhauer 雕刻家
1911	Victor Moyen	Konstrukteur 建筑师

图 2-9   汉阳铁厂卢森堡籍工程师合影（1911）

① 表资料来源：Von Eugene Ruppert. Die Chinesische Eisenindustrie und der Luxemburgische Ingenieur in China. Revue Technique Luxembourgeoise. 1937. (6).

后排左起：E. Hamelius，F. Schanen，J. Groff，M. Groff，G. Beissel，J. Leniz，
　　　　　J. Hauffels，Biver

中排左起：J. Mich，J. P. Soission，J. P. Arend，F. Cox

前排左起：E. Ruppert，F. Hoffman

三、汉冶萍公司成立及其生产技术水平

1908 年，汉阳铁厂 1、2 号高炉完成了技术改造，新的 1、2 号西门子马丁平炉也顺利竣工投产，萍乡煤矿的建设也初见成效。当时中国正值铁路建设的高潮，无论从生产还是从市场方面，汉阳铁厂均面临着很好的前景，但大规模的技术改造又一次使盛宣怀陷入财政危机，为了解决资金问题，他决定将汉阳铁厂、大冶铁矿与萍乡煤矿合并成立商办的汉冶萍煤铁厂矿股份有限公司，借以筹集社会资本。汉冶萍公司一经成立，便成为远东最大的钢铁联合企业，通过汉阳铁厂的改扩建工程和萍乡煤矿的建设，汉冶萍公司在生产技术上呈现以下特点：

第一，由于将西门子马丁平炉代替了贝塞麦转炉，从技术根本上解决了钢材含磷高的质量问题，汉阳铁厂的钢轨质量获得了大幅度提高，极佳的钢轨质量使其在 1911 年的意大利世界博览会上获得最优等奖[108]。

第二，大规模的扩建使汉阳铁厂的钢铁产量也实现了大幅度提高。生铁产量由 1904 年的 3.8 万吨提高到 1910 年的接近 12 万吨，到 1919 年达到 16.6 万吨。钢产量也由改造之前的 2 万吨左右提高到 1914 年的 5 万吨。

第三，由于萍乡煤矿的开发和炼焦炉的建成投产，以及大冶铁矿的大规模开采，汉阳铁厂获得了稳定而且廉价的矿石和燃料供应。但从技术经济的角度来看，矿、焦、铁三环节布局不当对汉冶萍公司的影响巨大，突出表现在无法通过各环节充分的技术整合（如燃料的利用）来实现生产的经济性。尤其是炼焦厂未设在钢铁厂附近，焦炉煤气和高炉煤气均未得到充分利用①。

第四，从设备和工艺而论，汉冶萍公司引进的设备和运用的工艺均属当时主流，但公司引进设备之时，正是西方钢铁生产工艺大变革的时期，以美国为代表的钢铁生产以更高的机械化程度、更合理的工序流程等实现了生产规模的飞跃，从而获得显著的规模经济效益。相比之下，汉冶萍公

---

① 详细的分析见：方一兵.汉冶萍公司与中国近代钢铁技术移植.北京：科学出版社，2011.42—
53.

司的设备和工艺虽属主流，但行将落后。此外，无论是炼钢还是轧钢环节，都显示出了不高的技术经济性，主要表现在炼钢环节不能充分利用高炉燃气，以及轧钢环节由于轧制的品种规格过多，无法通过集中和连续生产实现规模经济性，影响了生产效率。

四、本土工程师的培养与技术能力的初步形成

1911 年之前，汉阳铁厂的建设、技术改造、生产等，均由外籍工程师负责进行。为了改变这一状况，从 1902 年起，汉阳铁厂及之后的汉冶萍公司陆续资助选送了至少 10 名中国人到英国、美国、德国、比利时等国家的大学专攻与钢铁冶金相关的专业（表 2-27），从此展开了我国钢铁工程师本土化的进程。

表 2-27　汉冶萍公司出资培养的工程师[1]

姓名	籍贯	留学情况	任职情况
吴健（任之，慎之）	上海	1902—1908 年，英国谢菲尔德大学钢铁冶金专业，1908 年获冶金学士、硕士学位	1909 年到差 1909—1912 年汉阳铁厂工程师， 1912—1923 年汉阳铁厂厂长， 1916—1923 年大冶铁厂厂长
卢成章（志学）	浙江宁波	1907—1911 年，英国谢菲尔德大学钢铁冶金专业	1912 年到差 1912—1915 年汉阳铁厂制钢股股长
郭成恩（伯良）	广东潮阳	1910—1915 年，英国谢菲尔德大学机械专业，1913 年获工程学士学位	1915 年到差 1915—1923 年汉阳铁厂机器股股长， 1923 年任大冶铁厂副厂长
黄锡赓（绍三）	江西九江	1910—1913 年，美国里海大学采矿专业	1913 年到差，历任大冶工程坐办[2]、萍矿总矿师，萍乡煤矿矿长

---

① 表资料来源：方一兵.汉冶萍公司与中国近代钢铁技术移植.北京：科学出版社，2011.65.

② 坐办：根据清制，非常设机构中负责日常事务的称为坐办，略次于总办.

（续表）

姓名	籍贯	留学情况	任职情况
杨卓（云岩）	上海	1911—1914 年，美国里海大学矿冶专业，1913 年获硕士学位	1914 年到差，汉阳铁厂制钢股副股长，钢铁处主任
陈宏经		1911—1914 年，美国	1914 年到差，汉阳铁厂轧钢厂工程师
金岳祐（湘生）	浙江诸暨	1911—1915 年，德国，矿学专业	1915 年到差，萍乡煤矿炼焦处长，正矿师
朱福仪（志鹏）	浙江绍兴	1913—1915 年，美国，威斯康辛大学	1914 年到差，汉阳铁厂机电处主任
程文熙		1913—1918 年，比利时	
赵昌迭（伯华）	湖北武昌	1918—1922 年，美国里海大学 冶金专业	1922 年到差，汉阳铁厂化铁股工程师，大冶铁矿铁山采区主任

　　这批学生大都有良好的出身背景，家庭多与汉冶萍公司有或远或近的关系，直接有关的如卢成章、赵伯华的父亲都曾在汉冶萍任职，吴健、金岳祐等亦与公司管理人盛宣怀、李维格有关，因为这样的私人关系，通过李维格、吴健等汉冶萍管理者的推荐，他们得到公司的资助，赴欧美的大学学习与钢铁冶金密切相关的专业，按公司与他们送培合同约定，他们在完成学业后必须在汉冶萍公司任职十年，这批学生也成为中国近代第一批接受过正规西方高等教育的钢铁工程师。

　　1908 年底，汉阳铁厂派出的第一个留学生吴健回到中国开始了他的钢铁工程师生涯。吴健回到铁厂后，在总工程师吕柏手下任职，当时正值新马丁炉建成投产，铁厂的主要任务就是以平炉炼钢轧制铁轨供应接踵而来的订单，并加紧建造 3 号高炉以提高生铁的供应量，这给了吴健很好的锻炼机会。1910 年 3 月汉阳铁厂 3 号高炉建成投产，当年公司实现了成立以来最高的盈利，一切似乎都在顺利进行。

　　1911 年 10 月，辛亥革命爆发，地处汉阳的铁厂设备遭到了前所未有的破坏，铁厂全面停产，盛宣怀避难于日本，外籍工程师撤回上海，多数人离开了中国，但总工程师吕柏选择了留下观望事态的发展。1912 年，远在日本神户的盛宣怀因与日本借款的合同约定，迫切需要重新开炉。1912 年 2 月，吴健被委任为总工程师，负责铁厂设备修复恢复生产的工作，盛宣怀对其能力仍不放心，嘱咐"弟总恐其经验不及吕柏，望嘱其遇有难事仍与吕商"[109]。

对于汉阳铁厂来说，这是一个非常有意义的时期，铁厂的第一任中国籍总工程师吴健带领着刚刚回国不久的几个中国学生严恩棫、卢成章等进行着前所未有的高炉和其他设备的修复工作，这一时期前任外籍总工程师吕柏也在厂中，给他的接班人以协助，当修复工作即将告成之际，这位任期最久的外籍总工被任命为汉冶萍公司驻欧顾问，离开了中国。1912 年 11 月，铁厂 1、2 号高炉恢复生产。汉阳铁厂就是在这样一个特殊的事件中完成了总工程师的中外交替，汉阳铁厂的技术工作从此由中国工程师所领导。

汉冶萍公司派出的留学生在 1914 年前后陆续回到公司任职，同时公司雇用了一批以其他渠道出国学习的毕业生（如表 2-28）。

表 2-28　1914 年前后汉冶萍公司雇用的部分非本公司送培的毕业生 ①

姓名	籍贯	学业概况	任职情况
严恩棫	江苏上海县	1906 年入日本京都帝国大学矿业专业，获学士学位	约 1912 年到汉阳铁厂，化铁股长
李鸣和	江苏江宁	1909 年入美国威斯康辛大学化学工程冶金工程专业	1914 年到汉阳铁厂，任炼钢股副工程师
王宠佑（佐臣）	广东东莞	1895—1899 年天津北洋大学采矿专业；1901—1902 年美国加州大学伯克利分校采矿专业；1902—1903 年纽约哥伦比亚大学采矿和地质专业，获硕士学位	约 1914 年到大冶铁矿，任矿司，后任矿长
程义藻（荷生）	江苏吴县	1909 年入美国康奈尔大学机械专业	1914 年到汉阳铁厂，任炼钢股副工程师

① 表资料来源详见：方一兵.汉冶萍公司与中国近代钢铁技术移植.北京：科学出版社，2011.71.

（续表）

姓名	籍贯	学业概况	任职情况
程义法	江苏吴县	1909年入美国科罗拉多矿业专门学校，采矿工程	约1914年到萍乡煤矿，任工程师
黄金涛	福建	1915年美国哥伦比亚大学熔冶专业，获硕士学位	1915年到汉阳铁厂，高炉工程师
王观英	广东香山	留学美国	1915年到大冶铁矿，任得道湾采区采矿主任
全咸澍（支生）		法国电科专业	1915年到汉阳铁厂，任电机副工师
杨华燕	广东	1907—1908年美国耶鲁大学城市工程专业，获学士学位；1909—1910年里海大学采矿专业，获学士学位；1911年美国哥伦比亚大学采矿地理专业，获硕士学位	1916年到大冶铁矿，任工程师

　　至1918年，公司90％以上的技术人员是中国人，生产部门中几乎所有的技术负责人和工程师、副工程师都是留学海外的中国学生，此时汉阳铁厂的外籍技术人员只有四名。

　　由本土工程师代替外籍工程师，是汉冶萍公司技术能力本土化的一个重要标志，作为公司的技术骨干，这些本土工程师们发挥了以下作用：

　　（1）在辛亥革命之后，完成了铁厂4号高炉和新的马丁炼钢炉的建设和投产。

　　汉阳铁厂的4号高炉于1913年开始修建，由总工程师吴健主持，1914年公司对建设工程的工程师做了如下分工："至第四炉进行之工程，现华洋工程师分任其事如左：一、华工程师李君芸孙，担任建筑部分及一切详细之工程。二、洋工程师列培德，担任于该炉建筑期内，留心察看该炉之工程，遇有应行更改之处，向李君商量一切。三、华工程师王君正甫[①]，担任该炉建筑期内机器房所应做之一切工程。四、以上三员须不时会商一

---

① 即王文就，字正甫，1912年加入汉冶萍公司，汉阳铁厂电机处主任工程师.

切，以期促进该炉之工程，并于每星期将该炉工程之进行情形，造一报单，以备查核。"[110]

（2）独立勘探矿产资源。

1913 年由美国里海大学矿学专业毕业的黄锡赉①回国，被派往大冶铁矿当矿师，他随即对大冶各铁矿进行了详尽勘察，目的在于估计大冶铁矿矿石储量，这也是由中国矿师首次独立勘察大冶铁矿。1914 年，民国政府颁布了新的《矿业条例》，允许外资开办矿业，这激发了外国人在华找矿的热情，汉冶萍公司为自身利益也须探矿，且必须用中国的矿师："惟政府新矿章发表，已允各国可以合办各矿，外股不得过四十分，所以外人均到内地寻矿，以后大冶矿石难再售出，必须另行设法。现在访查沿江沿海，当有铁矿可得，但必须中国矿师，方能机密。"[111]因此勘探矿山就成为当时刚毕业的中国学生的主要任务之一，在此情况下，王宠佑被汉冶萍公司聘用，投入探矿工作。除黄锡赉、王宠佑外，1913 年之后，汉冶萍公司陆续派出数名矿师沿长江进行矿产勘察（见表 2-29），为了保密，探矿均由中国矿师进行，并一直持续到 1919 年。

表 2-29　1913—1919 年汉冶萍公司矿师探矿情形②

探矿人	勘探时间	勘探地点
黄锡赉	1913 年 9 月	大冶铁矿
	1913 年 11 月	大冶下游长江流域（九江、安徽、徐州等地）
温务滋、魏允济	1913 年 12 月—1914 年 1 月	湖南衡州，攸县勘察铁矿，湖南常来锰矿等
徐元英	1913 年 12 月	湖南攸县、江西萍乡交界处，湖南宁乡县勘察铁矿
缪辅升	1917 年 8 月	安徽太湖县新仓煤矿
	1917 年 9 月—11 月	安徽当涂铁矿
黄锡赉	1917 年 11 月	进贤煤矿
缪辅升	1917 年 11 月—12 月	江苏六合至江西九江一带、安徽当涂铁矿

---

① 黄锡赉，字绍三，汉冶萍公司送培留学生之一，1910—1913 年就读于美国里海大学采矿专业.
② 表资料来源详见：方一兵.汉冶萍公司与中国近代钢铁技术移植.北京：科学出版社，2011.76.

（续表）

探矿人	勘探时间	勘探地点
王观英	1917 年 12 月—1918 年 1 月	安徽芜湖、繁昌县铁矿、安徽泾县煤矿、太平府铁矿
杨华燕、周开基	1918 年 4 月	安徽芜湖一带
缪鬵升	1918 年 7 月	浙江长兴县铁矿
	1918 年 9—10 月	山东磁窑煤矿
沈渊儒	1919 年 4 月	温州一带铁矿

　　几乎在同时，刚成立的农商部地质调查所也展开了一系列的矿产资源调查，1913—1915 年间丁文江、翁文灏先生分别对山西、山东、河南、云南、贵州、四川、江西等地的煤、铁、铜矿进行勘探，1916 年夏，地质调查所正式开始国土资源地质调查工作[112]。所不同的是，汉冶萍中国矿师的矿产调查结果属商业秘密，只向公司报告，并未公开发表。而地质调查所的调查后来以地质专报或在期刊上发表的形式被世人所知，这也使得地质调查所的矿产调查被载入了中国相关学科的史册，而无人知道汉冶萍公司工程师们在这方面所做的工作。

　　（3）在各生产部门担任技术和管理上的要职，积累了宝贵的大型钢铁企业的生产、技术和管理上的经验。

　　除吴健于 1912 年被任命为驻汉阳铁厂坐办外；王宠佑 1914 年在刚任大冶铁矿矿师不久，便升任为大冶铁矿矿长，负责铁矿工务；黄锡赓 1914 年也升任为萍乡煤矿总矿师，负责萍矿工程事务。这是继中外工程师交替之后，汉冶萍公司的又一重要的人事更替，即由留学生们代替部分老的中方管理人员。

　　从修复 1、2 号高炉到自行建设 4 号高炉，经过 10 多年生产建设经验的积累，这批工程师们已经具备了独立进行新式高炉和其他钢铁设备的安装和操作能力，也就是说，汉冶萍公司已经具备了依靠本土技术人员进行钢铁设备的建设、安装和运作管理的能力。

　　可以说，通过汉阳铁厂大规模技术改造和第二期技术引进和建设工程，汉冶萍公司在设备层面实现了技术的合理化改造和发展，公司也因此首次实现了盈利。而本土工程师的培养和取代原有的外籍工程师，是汉冶萍公司在人员层面上获得本土技术能力、尤其是钢铁设备的建造和钢铁生产上的技术和管理能力。

第五节　八幡制铁所第一期技术改造与扩建

在日俄战争的刺激下，为克服生产上的困难，八幡制铁所在政府的支持下对原有设备进行了一系列技术改造，在找出原有生产设备和技术上的问题后，从1906年开始进行第一期扩张建设。1910年，八幡制铁所首次实现盈利。可以说，第一期扩建是八幡制铁所技术的适应性改造和经验积累重要步骤，也就是说，八幡制铁所是通过设备改造和扩建来摆脱技术的不适应性的。

一、高炉的技术改造和扩建

1904年4月1号高炉第二次开炉失败后，制铁所的新主管中村雄次郎邀请野吕景义作为总顾问再次加入八幡制铁所，对高炉失败原因的调查进行指导。野吕景义接受了邀请，并和他的学生服部渐一起，对高炉的生产程序和结构进行彻底检查研究，提出了直接导致高炉失败的四个技术上的原因：高炉本身的结构缺陷；原料配比的失误；高炉中原料熔结在一起；吹风次数问题。

野吕景义认为，高炉上述问题最根本在于"工程依赖于对日本原料毫无经验的外国工程师，导致鼓风口的尺寸过大，鼓风过量，焦炭质量太低，所加原料不适当的混合，使得炉渣碱性过高"[113]。

服部渐对此描述道："高炉由德国工程师鲁尔曼设计，其对于软而且质量低劣的日本焦炭来说过于庞大。在如此大型高炉的高压和摩擦力下，加入的日本焦炭很容易变成粉末并阻碍空气流动和铁矿石及炉渣的下降。而这又妨碍了炉温升高到应有的水平，低的炉温使得炉子里的熔化物不能形成炉渣。结果是，液态的炉渣附着在炉内壁，使问题更加恶化。"[114]

经过调查之后，野吕景义和服部渐采取了两方面措施，一是改善焦炭的质量，二是改进高炉本身的结构。焦炭方面，主要调整焦炭种类的配比，废除蜂窝（Beehive）式炼焦炉，改为用可以回收副产物的柯伯（Coppee）式焦炉炼焦，通过洗炭减少灰分。高炉的构造方面，通过缩小炉腹尺寸，缩小送风口内径，增加备用风口，调整送风次数，送风温度从原来的400度提高至600度，经过改造，原料下降的时间明显降低，产量提高[114]。1904年7月，经过改造后的高炉再次开炉运行并获得成功，高炉一直良好地持续运行到1910年6月。在修复1号高炉的同时，野吕景义和服部渐参考1号高炉的设计，改进了2号高炉的设计，由于有了1号高炉失败教训，2号高炉将有效容积缩小为337立方米，风口的内径也明显缩小。总的来说，2号高炉炉体和附属设备的基本设计和制造仍然由GHH公司完成，建设施工由制铁所工务部工务科实施，在2号高炉的建设阶段，位于尾仓地区的八幡制铁所直营的容器制造工厂的铸造分厂和修理厂开始作业，高炉周边的部分配管和铁骨的设计制造由这些工厂负责。由于有了1号高炉的改造和操作经验，2号高炉于1905年2月成功开炉炼铁，持续运行到1911年6月。

日俄战争之后，军事和民用钢材需求持续增长，1906年八幡制铁所确定了第一期扩建计划，计划建设3号高炉，高炉设计有效容积为490立方米，日产200吨。3号高炉的结构与1、2号高炉基本相同，由于有了1、2号高炉的实践经验和成绩，八幡制铁所已经具备了设备的独立设计和施工的能力。3号高炉的卷扬设备的机械设计由石川岛造船所进行，高炉本体和附属设备的主体与钢构件的设计由制铁所工作科进行，制造、铁件加工和施工均由工作科负责实施。装料装置与1、2号高炉为同一方式，由工作科进行设计和制造，卷扬塔和卷扬设备大部分也由石川岛造船所直接制作并运输到八幡制铁所，就当时的运输手段来说，被认为是非常不可思议的[97]30。1905年为直接向平炉提供耐火材料，八幡制铁所炉材厂开始建设，因此3号高炉耐火砖由所内炉材工场制造。可见，3号高炉完全由日本国产技术建成，1909年10月18日高炉顺利点火作业，连续运行了1 738日，到1914年7月22日才第一次停炉，这期间累计出铁263 184吨，平均每日产151.4吨[97]30。

表 2-30 八幡制铁所高炉尺寸（毫米）[①]

	全高 a	有效高 b	c	d	e	f	g	h	α	β	有效容积(立方米)	风口数	风口直径
1 号	23 000	19 500	4 000	7 000	4 600	2 300	5 600	1 520	71.58	85.10	495	8	200
2 号	23 000	19 500	28 000	5 600	4 600	2 300	4 700	1 520	70.58	85.15	337.85	8	120—150
3 号	24 000	21 000	3 600	6 500	4 600	2 400	4 200	1 500	71.54	85.34	489.58	8	100—150

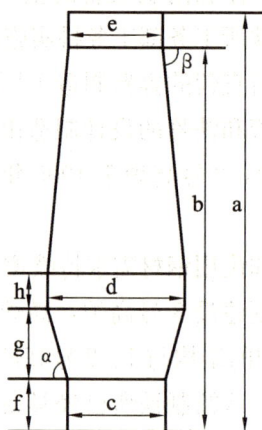

从 1 号高炉到 3 号高炉，我们可以很清晰地看出八幡制铁所高炉技术由依赖德国到自主设计和建设的发展过程（表 2-31），通过近十年的积累，八幡制铁所获得了自主的高炉设计和建造能力。

表 2-31 八幡制铁所 1、2、3 号高炉的设计、制造和建设

高炉	建设年代	设计	制造	建设
1 号	1898—1901	德国 GHH 公司的鲁尔曼设计	全部由德国 GHH 及其他企业制造	在德国工程师德培、哈泽的指导下进行

① 表资料来源：日本工学会编.明治工业史（7）；火兵·鉄鋼篇.東京：原書房.1995.165.

（续表）

高炉	建设年代	设计	制造	建设
2 号	1904—1905	德国 GHH 公司负责设计，野吕景义等修改	炉体和附属设备主要由 GHH 制造，部分配管和铁骨由八幡制铁所铸造工场设计制造	由八幡制铁所工务部工作科负责实施
3 号	约 1907—1909	主体由八幡制铁所设计，卷扬设备由石川岛造船所设计	主体由八幡制铁所制造，卷扬设备由石川岛造船所制造	由八幡制铁所工作科负责实施

二、炼钢和轧钢技术的改良和建设

1904 年后，八幡制铁所聘请的德国工程师基本上离开了制铁所，1905 年—1906 年，在今泉嘉一郎的指挥下，八幡制铁所新建了四座 25 吨平炉（5、6、7、8 号），今泉嘉一郎对四座新炉的喷出口进行了改进，由旧炉的弗里德里希式（Friedrich）（煤气和空气的喷出口竖直排列）改为了"横 2 孔"式（煤气与空气喷出口并排横列），1909 年建造了同样炉式的 9、10、11 号平炉，1912 年 12 号炉建成，使制铁所平炉生产能力达到每年 25 万吨。

这一时期，八幡制铁所平炉炼钢技术的改善和能力积累体现在以下几个方面：

一是平炉构造的改良，主要是喷出口设计的改进和钢滓室的设置。

二是平炉耐火材料的自制。1905 年之前，八幡制铁所使用的耐火材料全部依靠进口。1904 年 5 月八幡制铁所的耐火材料厂投产，开始生产硅砖。最初的产能较小，每月产出 150 吨硅砖，此时的硅砖主要用于转炉，1904 年 11 月至 1905 年 8 月，耐火材料厂两度扩建，其每月生产能力达到 450 吨，平炉耐火材料由此开始实现了自给[2] 557—561。

三是生产作业的改良。1904 年 6 月德比式增炭法采用之后，不再使用镜铁①增炭。1908 年 5 月，开始采用双炼法炼钢，即将转炉钢移至平炉炼制，使之脱碳和脱磷，从而获得质量上乘的钢材[98] 62。

经过上述努力，今泉嘉一郎和他的同事们在没有德国工程师指导的情况

---

① 镜铁：锰铁的一种，含锰 8.5%，碳 5.25%。

下，逐步获得了自主的炼钢技术经验，八幡制铁所的炼钢生产逐渐走向正常且产量持续上升，这从平炉炼钢生产指标的变化上可以反映出来（表2-32）。

表2-32　1901—1912年平炉钢产量 [①]

年度	炉数	实际作业炉数	钢产量（吨）	每炉每月平均产量（吨）	1吨钢耗焦炭量（公斤）	钢产出与投入生铁的比率（%）	平均日出钢量（吨）
1901	2	1.33	946.633	621.660	721	83.0	19.240
1902	4	3.56	29 713.995	728.820	576	86.6	21.164
1903	4	4	42 264.788	880.520	552	85.1	21.990
1904	4	4	40 642.550	846.720	550	82.0	20.489
1905	5	4.7	44 284.060	785.320	535	82.1	21.017
1906	8	8	70 597.580	735.390	544	88.4	22.906
1907	8	8	78 212.440	814.710	455	91.1	22.001
1908	8	8	95 323.580	992.950	394	89.6	20.955
1909	10	9.2	119 430.160	1 080.620	413	89.5	21.632
1910	11	11	126 997.860	962.110	433	88.1	22.945
1911	12	11.7	145 954.380	1 039.410	395	90.0	23.091
1912	12	12	173 567.550	1 205.303	356	93.8	23.711

　　这段时期，转炉作业也得到改善，主要来自两方面，一是1907年160吨混铁炉建成，在此之前高炉熔融生铁直接送至转炉，高炉故障直接影响转炉的作业，混铁炉建成后，使转炉作业得以平稳进行。二是双炼法的采用，如前所述，采用双炼法之后，弥补了八幡制铁所转炉钢质量问题。由于技术上趋于稳定，转炉炼钢的产量也显著增长。

　　轧钢方面，用来轧制船用钢板的厚板工场的建成投产是这一时期八幡制铁所轧钢作业的重要发展。1905年12月25日，厚板工场建成投产，其设备包括煤气发生炉两座、西门子式加热炉两座、三重式轧机一座、3300马力的蒸汽机一座、钢板冷却台一座、钢板矫正机一座、剪切机一座、称

---

① 表资料来源：三枝博音，饭田贤一编.日本近代制铁技術发达史：八幡製鉄所的确立过程.東京：東洋经济新报社，1957.549.

量机一座、装入机一台、35 吨电动架空起重机一台等。此外，子弹制造工场也在这一时期建成投产，该工场由大阪炮兵工厂管理，委托八幡制铁所建设，1905 年 7 月开始为日俄战争生产子弹。[2] 551

　　总的来说，1904—1910 年这一时期，八幡制铁所通过生铁冶炼、炼钢轧钢等环节的改造和扩建，解决了以下问题，实现了从生铁到轧钢的自主生产。

　　一是高炉结构得到改良，高炉作业顺利进行，高炉生产效率提高。

　　二是建成了索尔维式（Solvay）炼焦炉，除了保证焦炭供应外，索尔维式炼焦炉还实现了高炉和炼焦炉燃气在炼钢和轧钢环节的高效利用，从而大大降低了生产成本。

　　三是耐火材料实现了自给，从而提高了炼钢设备的利用效率并降低成本。

　　四是通过平炉和转炉合并双炼法，解决了初期钢材的质量问题，钢材质量稳定，生产效率大大增高。

　　五是轧钢工场的扩大，增设了厚板、特殊钢等分厂，使八幡制铁所不仅能轧制各种型钢、钢轨和线材，还能轧制船体钢材和军用特殊钢材。

　　此外，在技术人员方面，八幡制铁所从 1904 年起不再雇佣德国技术人员，实现了自主生产。1910 年制铁所年产生铁 126 894 吨，钢材 153 491 吨，超过了创立之初确定的生铁 12 万吨、钢材 9 万吨的目标（表 2-33）。不仅如此，制铁所在 1910 年首次实现了盈利，这也从另一侧面说明八幡制铁所实现了从技术的不适应到适应性的过渡，在生产上实现了技术的经济性。

表 2-33　八幡制铁所钢铁产量及其份额（1901—1912）①

年份	生铁			钢材		
	产量（吨）	占全国产量的比重（%）	占总消费量的比重（%）	产量（吨）	占全国总产量的比重（%）	占总消费量的比重（%）
1901	23 660	41.6	23.7	1 678	27.8	0.9
1902	17 709	44.7	25.5	19 786	63.8	9.1
1903	0	0	0	28 688	72.1	10.8
1904	16 676	25.7	12.9	37 479	62.5	12.1

---

① 表资料来源：三枝博音，飯田賢一编. 日本近代製鉄技術発達史：八幡製鉄所的确立过程. 東京：東洋経済新報社，1957. 654—655.

（续表）

年份	生铁			钢材		
	产量(吨)	占全国产量的比重(%)	占总消费量的比重(%)	产量(吨)	占全国总产量的比重(%)	占总消费量的比重(%)
1905	79 182	66.2	29.1	40 313	56.7	9.1
1906	100 232	70.9	41.0	62 840	90.6	15.2
1907	95 240	68.0	39.9	79 145	87.4	14.7
1908	103 303	70.8	42.7	97 350	98.1	18.5
1909	105 571	64.3	37.3	97 059	94.2	26.4
1910	126 894	67.5	42.8	153 491	91.4	29.7
1911	142 978	70.4	35.9	169 521	88.4	25.9
1912	177 160	74.5	37.7	169 388	77.1	20.6

表 2-34　八幡制铁所主要设备数及其年产能力（单位：吨）[1]

生产部门	分厂	主要设备	1901	1906	1911
生铁门	高炉工场	高炉 热风炉	(1) 58 000 (4)	(2) 102 000 (8)	(3) 168 000 (12)
	洗煤工场	Ryurihhi 洗煤机（25 吨/小时）		(2) 237 250	(3) 355 875
	焦炭工场	蜂窝式炉（煤装入量 2 吨） 临时焦炭炉（4.8 吨） 柯伯式炉（4.8 吨） 索尔维式炉（5.7 吨）	98 360 (480)	(90) 43 362 (60) 32 587	(60) 32 587 (150) 162 279
炼钢部	平炉工场	25 吨平炉 道森式（Dawson） 煤气发生炉 12 吨白云石焙烧炉	(4) 60 000 (6)	(8) 150 000 (17) (4) 31 600	(11) 230 000 (24) (4) 31 600

---

[1] 表资料来源：飯田贤一. 日本鉄鋼技術史. 東京：東洋经济新报社，1979.178—180.（括号内的数字表示设备数量）.

（续表）

生产部门	分厂	主要设备	1901	1906	1911
炼钢部	转炉工场	10 吨转炉 1 600 马力蒸汽送风机	(2) 150 000 (2)	(2) 150 000 (2)	(2) 150 000 (2)
	混铁工场	160 吨混铁炉			(1)
钢材部	第 1 分块工场	二重逆转式轧机 4 000 马力蒸汽机 均热炉 瓦斯发生炉	(1) 100 000 (1) (2)	(1) 100 000 (1) (4) (6)	(1) 200 000 (1) (4) (10)
	第 2 分块工场	二重逆转式轧机 5 000 马力蒸汽机 均热炉			(1) 140 000 (1) (3)
	钢轨工场	二重逆转式轧机 5 800 马力蒸汽机	(1) 32 000 (1)	(1) 32 000 (1)	(1) 90 000 (1)
	大形工场	三重逆转式轧机 4 000 马力蒸汽机 加热炉		(1) 60 000 (1) (2)	(1) 90 000 (1) (2)
	精整工场	矫正机	(6) 64 000	(6) 64 000	(6) 124 000
	中形工场	三重式轧机 750 马力蒸汽机 连续式加热炉	(3) 36 000 (1) (2)	(4) 36 000 (1) (2)	(4) 36 000 (1) (2)
	第 1 小形工场	粗压用三重式轧机 完成用复二重式轧机 650 马力蒸汽机 连续式加热炉	(1) (4) 21 600 (1) (2)	(1) (4) 21 600 (1) (2)	(1) (4) 21 600 (1) (2)
	第 2 小形工场	粗压用三重式轧机 完成用复二重式轧机 650 马力蒸汽机 连续式加热炉			(1) (4) 18 000 (1) (1)
	线材工场	连续式轧机 2 500 马力蒸汽机 加热炉 卷线机			(13) 36 000 (1) (1) (4)

（续表）

生产部门	分厂	主要设备	1901	1906	1911
	厚板工场	三重式轧机			(1) 47 900
		2 700 马力蒸汽机			(1)
		瓦斯发生炉			(10)
		西门子式加热炉			(3)
	薄板工场	三重式轧机	(1)	(1)	
		二重粗轧机	(1)	(1)	(1)
		二重精轧机	(1) 11 000	(1) 18 000	(2)
		850 马力蒸汽机	(1)	(1)	(1) 23 200
		加热炉	(4)	(4)	
		连续式加热炉			(1)
		叶板加热炉			(2)
	波板工场	二重粗轧机	(1)	(1)	
		二重精轧机	(2) 1 800	(2) 2 700	
		825 马力蒸汽机	(1)	(1)	
		波附机	(1)	(1)	
		镀金机	(1)	(1)	
		加热炉	(2)	(2)	
		叶铁加热炉	(2)	(2)	
	平钢工场	三重轧机		(1) 16 550	(1) 25 900
		900 马力蒸汽机		(1)	(1)
		加热炉		(1)	(1)
	Vault 工场	大钉机		4060	7210
特殊钢部	坩埚钢工场	坩埚 8 个装(焦炭)炉		(8) 4 吨	(3) 1.5 吨
		坩埚 14 个装(焦炭)炉		(1) 1 吨	(1) 1 吨
		坩埚 30 个装(瓦斯)炉			(1) 2 吨
	锻钢工场	4 000 磅汽锤			14 240
	弹簧工场	冷钢压延机			(1) 300
	外环工场	6 吨汽锤			(1) 3 000

（续表）

生产部门	分厂	主要设备	1901	1906	1911
副产部	硫酸铵工场				(4) 2 000
	蒸馏工场	Tar 蒸馏装置			(5) 8 900
	耐火砖工场			10 200	10 800
	石灰工场	石灰窑		(2) 4 130	(4) 9 260
	矿渣制砖工场				18 250

三、八幡制铁所实现技术适应性改造的推动因素

就钢铁产业而言，要获得外来技术的适应性，微观层面上涉及设备和生产工艺的改良，也就是技术本身的改良，上一节叙述的八幡制铁所炼铁、制钢等技术的改造就属于这一层面。而在宏观层面上，原料、人员、资金等因素是保证微观技术改造完成的必要条件。八幡制铁所之所以在创业 10 年之后，可以顺利摆脱对德国技术的单纯依赖，实现技术的适应性改造和生产的稳定提高，与以下宏观条件的达成密切相关。

1. 政府推动下的原料保障

生铁冶炼的稳定性很大程度上取决于符合质量的铁矿石和焦炭等原料的稳定供给。为保证八幡制铁所铁矿石的供应，制铁所与中国的汉阳铁厂于 1899 年首次签订互购煤焦矿石合同，其基本内容是汉阳铁政局将所属大冶铁矿优质铁矿石每年售给八幡制铁所至少五万吨，八幡制铁所则为汉阳铁政局在日本购置煤焦至少三到四万吨。这是由日本政府直接促成的合同，当时八幡制铁所的总办和田维四郎是持伊藤博文的信函与盛宣怀谈判的："日本铁厂总办和田来沪，持伊藤函面商，以彼煤焦易我铁石，令赴鄂谒见后，赴大冶看矿。彼请第一办法，系租山由其自开，已力阻不允；第二办法，只售铁石，按吨定价，改换焦煤，当可无弊。"[115] 和田在当时写道："如果日本不同意合约，中国的矿石将售给其他国家。果真如此的话，就没有办法阻止外国资本在中国建立铁厂，英国和德国早就计划这样做了。如果他们的计划得以实现，这将对日本极为不利。"[13,53] 可见日本对这份铁矿石购买合同非常重视。在日本政府的直接推动下，八幡制铁所与

中国的汉阳铁厂（之后的汉冶萍公司）相继签订了 300 万日金（1904）、600 万日元（1911）以及 1 500 万日元（1913）的预售矿石和生铁合同，每份合同均约定中方用优质的大冶铁矿石偿还贷款，而且对铁矿石在成分上有严格要求，因此从一开始就在数量和质量两方面保障了八幡制铁所铁矿石的稳定供给。

除铁矿石外，如何获得黏结性强的焦炭，以提高改善高炉的作业是八幡制铁所 1 号高炉两次停炉后亟须解决的问题，除了建设新型炼焦炉和在本国寻找合适的焦炭外，日本政府还积极地协助八幡制铁所获得中国本溪湖和开平生产的强黏结性焦炭，这是保证 1 号高炉第三次顺利开炉的重要原因之一[97] 22。

2. 技术人员的培养和保障

日本先行的工科人才培养是八幡制铁所得以实现技术适应性改造和成功摆脱对德国的依赖的重要保证因素。

日本近代工科人才培养机制可以说与其工业化进程是同时展开的。正如日本学者内田星美所说："大学拥有工学部是日本独特的制度，培养了很多毕业于大学的技术人员，这是日本技术发展的重要原因。"[116] 西方的大学自中世纪以来就没有工学传统，日本却没有历史的束缚，从创立开始就要求创建适应现实技术需要的高等教育机构。1871 年明治政府设立工部省的同时，也设立了首个工科教育机构——工学寮。1871 年岩仓使节团访问欧美，在冶金方面取得两大成果：一是以格拉斯哥大学为中心，在英国为工学寮招聘了 7 名教师；二是大岛高任于 1872 年 12 月单独前往德国弗莱堡考察，并访问了弗莱堡矿业大学，这导致了弗莱堡成为日本近代钢铁高级人才的重要培养基地。1873 年，在大岛高任的推荐下，后来任东京大学首届采矿冶金科教授的内图（Curt Netto）① 被日本政府聘为矿山技师。在雇用外籍教师的基础上，工学寮工学校预科于 1873 年成立，1875 年扩充为专科，1877 年工学寮进一步成为了工部大学校。工部大学校系按照当时新的综合工学教育机关——瑞士苏黎世工科大学模式，设置土木、机械、电气、建筑、实用化学、冶金、矿山、造船八科[22] 350—351。同年，另

---

① 内图（Curt Adolph Netto，1847—1909），1864—1868 年就学于 Freiberg 矿山大学，1869 年获得了德国冶金工程师的职业资格，1873—1886 年被日本政府聘任，最初 4 年在小坂矿山任矿冶工程师，1877—1885 年任东京大学采矿冶金科教授.

一所官办的西式学校开成学校更名为东京大学，其理学部设有采矿冶金科，据统计，1879—1885 年，工部大学校毕业学生 211 名，其中矿山 48名，冶金 5 名[117]；东京大学理学部采矿冶金学学科毕业生为 16 名[118]。1886 年，工部大学校与东京大学合并为帝国大学，1897 年改名为东京帝国大学，到 19 世纪末，东京帝国大学的理工科毕业生数量远远超过文科。1879—1910 年，东京帝国大学采矿冶金科毕业生累计共 349 人[118]。仿造东京帝国大学的模式，日本于 1897—1915 年先后设立了京都帝国大学(1897)、东北帝国大学（1907）、九州帝国大学（1910）和北海道帝国大学（1915）。因此从学科教育史来看，日本高等冶金人才的培养早在八幡制铁所创立之前就已经展开并初具规模，野吕景义、小花冬吉、今泉嘉一郎、香村小录、安永义章等八幡制铁所创建时期的主要技师都毕业于东京帝国大学。

　　值得注意的是，1877—1885 年内图被聘为东京大学理学部采矿冶金学教授，他培养了野吕景义、渡边渡等一批日本早期的冶金科学生，很多学生从东京大学毕业之后又来到弗莱堡矿业大学继续学习，他们成为日本钢铁技术领域最早的专家（表 2-35），其中大岛道太郎、长谷川芳之助、野吕景义、向井哲吉、今泉嘉一郎在八幡制铁所创建、早期生产和技术改造时期，作为技师和顾问，直接主持或参与了制铁所设备的改造，为八幡制铁所的技术自立发挥了重要作用。

表 2-35　弗莱堡矿山大学早期的日本留学生（1873—1910）①

入学年	姓名	学校出生	任职
1873	今井岩		东京大学理学部教授，住友别子铜山技师
1875	安藤清人	开成学校　矿山科	文部少书记官
1877	原田丰吉	东京外语	东京大学理学部教授，农商务省地质局次长
	岩谷立太郎	大学南校　化学	东京帝国大学工学部教授

① 表资料来源：矢岛忠正.由官营製鉄所ガベ东京帝国大学金属工学科へ.仙台：東北大学出版会，2010，63.松尾展成.ザクセンにおける日本人（1）冈山大学经济学会杂志，29（4），1998.196—201.三枝博音，饭田贤一编.日本近代製鉄技术發達史：八幡製鉄所の确立过程.東京：東洋经济新報社，1957.282.

（续表）

入学年	姓名	学校出生	任职
1878	大岛道太郎	开成学校　化学	八幡制铁所总工程师
1879	长谷川芳之助	大学南校　哥伦比亚大学　化学	农商务部次官，制铁事业调查会委员，三菱会社技师长
1882	栗本廉	工部大学校　冶金	宫内省御料局技师
	渡边渡	东京大学　采矿冶金	东京大学理学部助教授
1885	阿部正义	工部大学校　矿山	京都帝国大学教授
	春原隈二郎	工部大学校　矿山	工部省
1886	野吕景义	东京大学　采矿冶金	制铁事业调查会委员东京帝国大学教授
1887	向井哲吉	海军	制铁事业调查会委员，制铁所技师
	山田直矢	东京大学　采矿冶金	东京帝国大学工学部助教授、教授，石狩石炭株式会社社长
1889	石田八弥	东京大学　采矿冶金	东京帝国大学工学部教授
1890	的场中	工部大学校　矿山	东京帝国大学工学部助教授、教授，明治专门学校校长
1889	大岛专次郎	庆应义塾	官营小坂铁山勤务，细仓矿山董事长
	山田文太郎	东京大学　采矿冶金	小真木矿山技师
1894	今泉嘉一郎	东京大学　采矿冶金	八幡制铁所技师
1893	神田礼治	工部大学校　矿山	工部省技师
1894	内田清太郎	东京大学　采矿冶金	尾去迟矿山技师
	上山小次郎	山口高等中学	
	渡边芳太郎	东京大学　采矿冶金	三菱吉冈矿山副支配人，东京帝国大学、九州帝国大学教授
1895	北山一太郎	东京高工	日本劝业银行干部
1897	山田邦彦	东京大学　采矿冶金	京都帝国大学理工部教授
	横掘治太郎	东京大学　采矿冶金	京都帝国大学理工科教授，秋田矿专校长
1899	俵国一	东京大学　采矿冶金	东京帝国大学教授，日本钢铁协会首任会长

（续表）

入学年	姓名	学校出生	任职
1902	井上匡四郎	东京大学　采矿冶金	
	齐藤大吉	东京大学　采矿冶金	京都帝国大学助教授、教授
1903	末広忠介	东京大学　采矿冶金	
	神谷丰太郎	东京大学　理学部	旅顺工科学堂教授
1907	小池佐太郎	东京大学　采矿冶金	早稻田大学理工学部教授，藤田矿业技师
1906	大桥多吉	东京大学　采矿冶金	熊本高等工业学校教授，商工省矿山课长
1908	中川维则	东京大学　采矿冶金	农商务技师，明治专门学校校长
	后藤正治	东京大学　采矿冶金	大阪高等工业学校教授，东京帝国大学工学部教授
1909	杉本五十铃	东京大学　采矿冶金	
	日置雅章	东京大学　地质	九州煤矿技师，球田矿山教授
1910	加藤武夫	东京大学　采矿冶金	东京帝国大学讲师，教授

除了来自大学工科教育培养的技术人员外，八幡制铁所在1897年派遣了10名学生到GHH公司学习钢铁炼制（表2-14），这些学生在1900年之后大都在制铁所的主要生产部门担任技师，为八幡制铁所在生产上尽早摆脱对德国工程师的依赖发挥了很大作用。

3. 国家投入资金的保障

建设大型的钢铁厂往往投资巨大，而首次建设如此大规模的钢铁厂，不仅投资大，由于没有自主的技术能力和经验，这更是一个风险极高的项目。在引进技术之后企业往往都会经历一个因技术的不适应而产生的调整期，这一时期会需要比平稳生产时期更高的费用，八幡制铁所投产之后最初的10年就属于这一时期。从最初创建到1908年，明治政府投入制铁所的资金总额约5 015万元，其中事务费134万元，设备费高达3 044万元，原料矿山的收买费467万元，其他为1 368万元，这1 368万元中，除了450万元的运转资金和50万元的若松筑港补助金外，所剩的868万元用于填补营业亏损额[119]。实际上，到1909年八幡制铁所亏损累计达1 112万元（表2-36）。从生产费用看，制铁所投产最初5年的每年的生产费用明

103

显偏高，也体现出八幡制铁所生产初期的技术不适应而带来的不经济（表 2-37）。

表 2-36　八幡制铁所亏损表（日元）①

年度	1900	1901	1902	1903	1904	1905	1906	1907	1908	1909	合计
亏损额	23 678	1 267 252	1 349 778	981 185	990 175	963 194	1 697 512	1 694 247	1 280 683	880 963	11 128 667

表 2-37　明治时期八幡制铁所各种生产费用（日元）②

	1901 年	1902 年	1903 年	1904 年	1905 年	1908 年	1910 年
生铁	51 167	36 318		47 927	30 578	28 937	24 251
焦炭		9 751		14 465	8 224	8 366	7 501
钢块	116 552	53 138	56 866	50 393	49 522	41 455	35 005
钢材	244 955	103 696	104 608	103 531	129 034	线材 138 487	70 613
						厚板 85 117	80 467
						薄板 93 057	83 624

可以说，八幡制铁所从投产到 1910 年，为技术的不适应性和技术改造耗费了巨额的资金，而制铁所能够顺利渡过难关，除了原料保障与技术改善和积累外，明治政府在资金上给予的全力支持是一个最为基本的保障。其实，从经济学的角度看，明治政府在那个时期扮演了创业者的角色，并承担了钢铁企业这一在当时属于新兴产业的高额投资风险，这是民间资本难以做到的。

第六节　两国技术适应性改造的比较

从表面上看，汉阳铁厂和八幡制铁所都是通过一次改扩建工程，分别于 1908 年与 1910 年达到技术的适应性与合理性，并实现了盈利。但通过史实的梳理，不难发现其中存在着明显的不同。可以说，两家铁厂进行的

---

① 表资料来源：八幡製鉄所. 八幡製鉄所八十年史. 资料篇. 新日鉄株式会社，1980. 31.
② 表资料来源：八幡製鉄所. 八幡製鉄所八十年史. 资料篇. 新日鉄株式会社，1980. 32.

是不同路径下的技术改造和扩建，而在各自的技术适应性改造过程中，两家企业体现了不同层面和程度上的本土技术能力的积累。

1. 技术不适应性产生的原因不同

所谓技术适应性，对于钢铁企业而言，指的是在钢铁冶炼过程中引进和采用的设备与工艺是适应当地资源和技术条件，能够以合理代价获得质量合格的生铁和钢材。就汉阳铁厂而言，其最大的技术不适应性表现为两方面，一是高炉运作初期没有质量适合的焦炭的稳定供应；二是采用的贝塞麦转炉炼钢工艺与大冶铁矿石含磷高的特性不符合。就八幡制铁所而言，导致技术不适应性的直接原因为高炉、平炉等设备在设计上的缺陷影响了生产效率，达不到设计产能，高炉也存在使用的焦炭不适合的问题。

如果深究技术不适应性的根本原因，汉阳铁厂来自技术引进时中国决策者在钢铁冶炼方面的技术无知，八幡制铁所则因追求引进大型的先进设备，无论是设计方还是使用方都缺乏足够的经验从而导致设备设计上的不完善以及铁厂建设和运作过程的困难。

2. 实现技术适应性的不同路径

汉阳铁厂在技术上采取的是彻底放弃原来的转炉炼钢工艺，重新引进更大规模的平炉炼钢设备，并在解决了焦炭供应之后，进一步通过改造原有高炉来提高其公称产能，并新建更大规模的高炉来实现生产的规模经济性。而整个过程再一次地建立在几乎完全依赖引进设备和外籍技术人员的设计、建设和指导之下。但与第一次技术引进不同的是，这一次的技术引进是在中方决策者对国外钢铁业进行了必要的考察以及事先对汉阳铁厂的焦炭和矿石等原料进行了科学分析基础之上进行的。可以说，汉阳铁厂是通过新一轮相对合理的但完全依赖国外设备和人员的技术引进和改造，放弃原有技术，从而实现技术的适应性。

八幡制铁所没有采取放弃原有技术的方法，而是对原有的高炉和平炉等设备进行结构上的改良，获得更合理的高炉与平炉设计方案，在此基础上进行2、3号高炉以及新平炉的扩建，同时改善炼钢生产工艺，从而实现技术的适应性改造。值得注意的是，八幡制铁所初创时期雇用的外籍工程师已经在1904年之前全部离开，因此制铁所这一技术适应改造和扩建过程完全是在日本工程师的主持下进行的。也就是说，八幡制铁所技术适应性是通过本土工程师对原有设备结构和工艺进行改善和扩建而实现的。

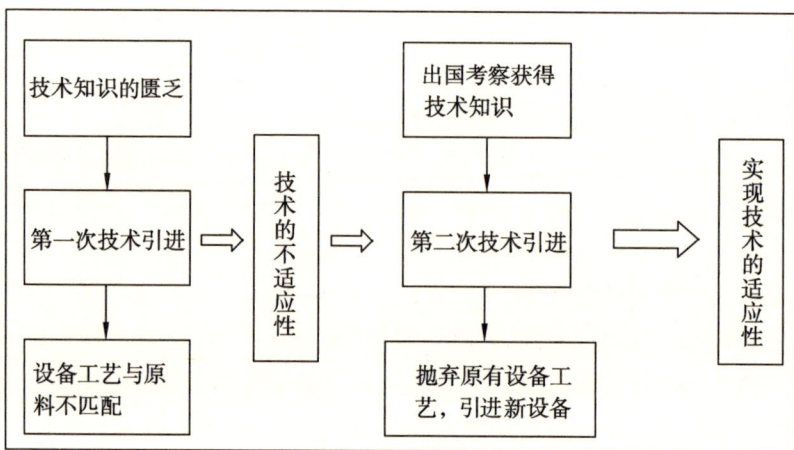

图 2-10　汉阳铁厂技术适应性改造路径

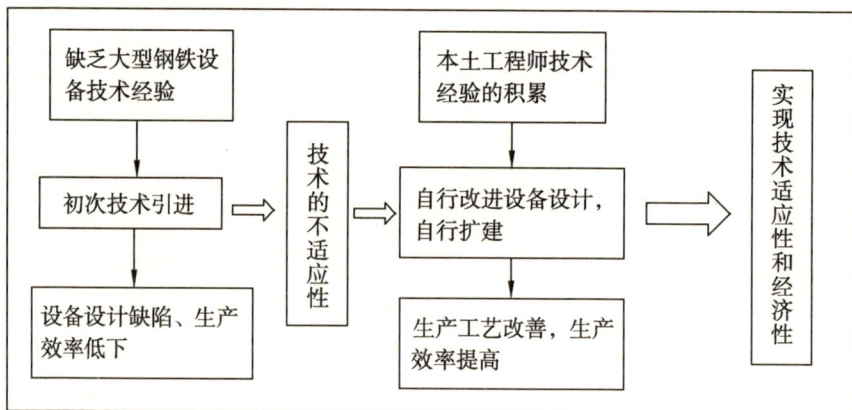

图 2-11　八幡制铁所技术适应性改造路径

两家铁厂之所以采取不同的方式进行技术适应性改造，除了两家企业在技术上遇到的问题有所不同外，两国在这一时期技术基础的差异是最根本的原因。汉阳铁厂初建时期，中国本土的新式钢铁技术基础几乎为零，因此，汉阳铁厂只能选择再一次依赖国外技术人员进行铁厂的改扩建。而日本在此时已经具有了一定数目的本土技术人员，因此其技术改造完全可以由日本本国技术力量来完成。而这一技术基础的差异，也影响到了两家铁厂在这一时期的技术适应性改造过程中获得的本土技术能力的程度。

3. 不同层面和程度上本土技术能力的形成

实际上，汉阳铁厂和八幡制铁所从初次技术引进到技术适应性改造和扩建，其最大的不同反映在两国的本土技术能力上，技术引进之前以及技术改造、扩建过程中，中日两国本土技术能力均有很大差异，而两家企业在第一轮改扩建工程完成，其积累和形成的本土技术能力在程度上仍然有很大差异。

（1）中国是先建立本土的现代钢铁企业，后培养现代钢铁冶金技术人员的。

专业技术人员的匮乏是汉阳铁厂在初创时期产生各种技术问题的根源，在此条件下，汉阳铁厂只能通过再次依赖外籍技术人员引进新的设备来进行技术改扩建。汉阳铁厂初建时，中国掌握现代钢铁技术的人几乎没有，因此其初次技术引进是一次完全单方面地依赖于技术供应方的行为，而且如前所述，这是一个在非正常的程序下进行的技术引进，直接导致了设备与原料的不匹配。当汉阳铁厂的管理者盛宣怀认识到技术上的问题之后，他仍然找不到可以帮他解决问题的本土技术人员，在这种情况下他做了两方面工作：

一是再次依靠外国技术人员，引进合适的新设备，在外籍工程师的主持下，改造高炉及建设新高炉与炼钢炉，从而在短期内使汉阳铁厂实现技术的适应性。

二是想办法培养本土的工程师。他不仅用企业资金直接送学生到欧美接受钢铁冶金专业的高等教育，为汉阳铁厂和之后的汉冶萍公司培养急需的技术人员。更重要的是，他于1895年直接创办了中国第一家以工科教育为主的现代大学：北洋西学堂。学校在创立之初将矿冶设为四个本科学科之一，成为我国最早的冶金高等教育机构。

汉阳铁厂送培国外的技术人员和其他留学归国的中国学生在1911年之后得以取代外籍工程师，在铁厂的设备建设和生产中发挥了主导作用，这说明，汉冶萍公司的本土技术能力得到了提升，从设备层面提升到人员层面，中国通过汉冶萍公司而初步获得了钢铁企业的建设和生产上的本土技术能力。

（2）由于日本先行的工科人才培养，八幡制铁所的情况较之汉阳铁厂则有很大不同。

如前所述，八幡制铁所初创时，已经有了一批在国内外接受过冶金专业高等教育的技术人员，如野吕景义、大岛道太郎等。而此前通过釜石铁厂的创建、生产和高炉的成功改造，野吕景义等日本本土技术人员也拥有了现代高炉建设和生产的技术经验。可以说，八幡制铁所并不是建立在本土人员毫无技术知识的情况下的。

最重要的是，本土技术人员从八幡制铁所创建之前的规划到设备的引进、以及制铁所的建设和投产都参与其中，技术经验在每个环节中都得到了充分的积累，八幡制铁所之所以能够在1904年之前就辞去了所有外籍技术人员，就是得益于其本土技术人员的迅速成长。因此，当八幡制铁所投产之后，发生了导致技术不适应性的一系列问题，制铁所此时已经可以依靠本国技术人员来解决这些问题，这是其与汉阳铁厂的根本不同点。本土技术人员不仅可以自行改良高炉和平炉的设计，还在此基础上自行建造了2、3号高炉，并采用了转炉和平炉双炼法来解决改善炼钢质量和效率。尤其是八幡制铁所3号高炉，其从设计、设备建造到修建和投产，完全由日本本土技术力量完成，这是一个典型的在技术引进的基础上，通过消化吸收从而实现完全独立的技术能力的过程。

因此，八幡制铁所从初次技术引进到技术的适应性改造和第一次扩建，在本土技术人员的积极参与下，通过技术引进和消化吸收改造，已经获得了同类钢铁冶炼设备的设计、制造、建设和投产的本土技术能力，这是比汉阳铁厂更高层次和程度上的本土技术能力的形成。

4. 中日贷款合同是影响两国技术适应性改造的另一关键因素

汉阳铁厂的技术改造和改扩建是在日本贷款的支持下得以进行的，这种以铁矿石来偿还贷款的合同，不仅使八幡制铁所获得了原料上的保障，更重要的是，日本通过这样的合同得以进一步向汉冶萍公司渗透，中日两国在钢铁产业上的这种密切关系，最终对汉冶萍公司和八幡制铁所后来的生产及其技术发展都具有不可忽视的作用。有关内容将在以后的章节中展开论述。

第三章 相互影响下的不同命运
——汉冶萍公司与八幡制铁所（1911—1933）

在经历了第一次技术改造和扩建工程之后，汉冶萍公司和八幡制铁所在经济上开始盈利。随之而来的是 1914 年第一次世界大战爆发，世界钢铁市场需求和价格大幅度增长，西方主要钢铁国家纷纷采取限制钢铁出口的政策，这无疑给东亚这两家新兴钢铁企业提供了绝好的发展机会，汉冶萍公司也因此进入了一个短暂的黄金时期，并开始其新一轮的扩充计划——大冶铁厂的建设。八幡制铁所从 1911 年至 1916 年进行了第二期扩建工程，紧接着于 1917 年开始实施第三期扩建，一直到 1929 年全部完成。同时，汉冶萍公司与八幡制铁所的关系因接连签订的铁矿石预借价款合同而愈发密切。

在此情况下，两家企业的扩建工程却有着截然不同的结局，汉冶萍公司在大冶铁厂的艰难投产之后迅速走向衰败，于 1925 年全部钢铁冶炼设备停产。而八幡制铁所到 20 世纪 20 年代中期钢材年产量已超过 600 万吨，远远超过了其扩建目标，而且已经初步形成了自主技术研发能力。

第一节 大冶铁厂的技术引进

一、辛亥革命发生之后的汉冶萍公司

经过汉阳铁厂的改造工程，刚成立的汉冶萍公司从 1908 至 1910 年保持了三年连续盈利的好势头，然而，1911 年 10 月辛亥革命的爆发，使刚

有起色的汉冶萍公司陷入了另一番困境中。

1. 中日合办汉冶萍公司计划及其破产

汉冶萍公司最直接的损失是地处汉阳的铁厂被迫停工，高炉等设备受损。公司掌管者盛宣怀不久逃往日本避难，盛氏的私人财产被革命军没收充公。此时刚成立的南京临时政府在财政上极度困难，欲向汉冶萍公司筹款，并承诺发还盛氏被没收的财产[120-121]。而汉冶萍公司自身仅所负公债票一项就有1 000万元，为筹集巨款还债，早在辛亥革命刚爆发之时，盛宣怀便与日本方面谋划在上海合办分厂[122]。此时，不愿得罪新政府的盛氏便趁机提出以中日合办铁厂来筹借款项。而民国政府因等巨款接济军费，也由不支持改为支持中日合办。1912年1月26日，在南京临时政府和三井物产株式会社的主导下，在南京拟定了"汉冶萍公司中日合办草约"，向日本借入1 500万日元，作为日方投资，其中500万元由公司借给南京政府，除支付一部分现金外，其余作为政府向三井购买军备之需[123]。得知南京草约签订，盛宣怀旋即于1月29日委托李维格与原日本驻上海总领事小田切万寿之助在神户签订了另一份中日合办草约，这份草约第十条约定："以上所开新公司华日合办，俟由中华民国政府电准汉冶萍煤铁厂矿有限公司，立将此办法通知股东。倘有过半数股东赞成，即告知日商，日商亦将情愿照办之意告知公司，签订正合同，立行照办。"[124]1912年3月22日，汉冶萍公司股东大会召开，80%股东到会，全体一致反对中日合办，因此神户草约中的这一条款，最终使汉冶萍公司中日合办的计划落空。

在中日合办计划被否决之前，汉冶萍公司与横滨正金银行、八幡制铁所签订了预借矿石价值300万日元合同，合同约定，汉冶萍公司在30年内以每年至多10万吨铁矿石偿还借款。在得到借款之后，公司将200万日元交给了南京政府，同时于1912年2月委任吴健为汉阳铁厂总工程师，负责铁厂高炉等设备的修复，吴健不负所托，1912年11月汉阳铁厂1、2号高炉恢复投产。

2. 1 500万日元的借款与日本最高顾问工程师和会计师的聘请

对于日本方面来说，由于八幡制铁所于1911年开始实施第二期扩建，目标为年产30万吨钢材，而汉冶萍公司的铁矿石和生铁资源是八幡制铁所扩张计划顺利实施的条件之一，因此早在1910年1月日本政府就派八幡制铁所长官中村雄次郎来华与盛宣怀密商，并于1911年3月和5月与汉冶萍公司签订了"预借生铁价值正合同"以及 1 200 万日元借款的"预借生铁价值续合同"的草合同。但续合同还未来得及正式签订，就爆发了辛亥革命。革命爆发之后，当盛宣怀向日本提出借款之时，日本趁机积极鼓动汉冶萍公司的中日合办，中日合办计划落空之后，日本旋即向汉冶萍公司提出了"废除合办草约后办法"，办法中提出："此约废后，汉冶萍亦不能与他外人合办。"以及"汉冶萍如欲以厂矿抵押托外国银行代借款项，或代售债票，须先尽与日本横滨正金银行商办。"[125] 由此可见日本控制汉冶萍公司的急切愿望。1913 年 3 月，盛宣怀重新当选汉冶萍公司董事长，为厂矿生产和扩充，公司再次向日本横滨正金银行提出 900 万日元的借款（1 200 万元减去已借的 300 万元）。这一要求正好投合了日本进一步控制汉冶萍公司的企图，1913 年 10 月 14 日，日本内阁会议确定了向汉冶萍提供 1 500 万日元的贷款及其条件，主要条件有[126]：

　　一、事业改良及扩充费为九百万元，高利旧债转换新债费为六百万元，均分三年支付；

　　二、本利还清，主要以铁矿及生铁购价充当，约四十年还清；

　　三、以公司之全部财产，作为担保品；

　　四、日本政府推荐日本人为采矿技术顾问（一名）及会计顾问（一名），由公司聘请，以监督公司事业及会计事务。

1913 年 12 月 2 日，汉冶萍公司、八幡制铁所以及日本横滨正金银行签订了 900 万日元和 600 万日元的借款合同，以 40 年为期限，汉冶萍公司以矿石和生铁价值偿还，并规定如果汉冶萍公司以后要向外国银行贷款时，必须首先向正金银行商借，如果正金银行不能商借，公司才能另行筹措[127]。并同时签订了第三份合同（别合同），约定汉冶萍公司必须聘请日本工程师一名为最高顾问工程师，由八幡制铁所代为选择，聘日本人一名为会计顾问，由正金银行代为选择[128]。

1913 年 12 月 15 日，汉冶萍公司分别与八幡制铁所第一任总工程师大岛道太郎、正金银行的池田茂幸签订了"聘请最高顾问工程师合同"[129] 以及"聘请会计顾问合同"[130]。"最高顾问工程师职务规程"规定："公司于一切营作改良、修理工程之筹计及购办机器等事，应先与最高顾问工程师协议而实行。至于日行工程事宜，该顾问工程师可随时提出意见，关照一切。"[131] 日本对汉冶萍公司的控制由此进一步加深。

二、汉冶萍公司大冶铁厂的建设（1914—1923）

1. 大冶铁厂的筹划

大冶铁厂的建设计划始于辛亥革命之前，由于 1908 年至 1910 年公司连续三年盈利，汉冶萍公司的钢铁不仅在国内供不应求，还与美国西雅图西方钢铁公司于 1909 年签订了生铁销售合同，每年销售给西方钢铁公司 3.6 万吨到 7.2 万吨的生铁[132]，而汉阳铁厂当年的生铁产量只有 7.4 万多吨，在此情况下，盛宣怀决定进行钢铁厂的进一步扩充。1910 年，汉冶萍公司向日本横滨正金银行提出筹措事业扩张经费二三千万两[133]，当时汉阳铁厂计划新建 4 号高炉，所需费用不可能如此巨大，因此，修建新的铁厂是盛氏当时主要考虑的目的。

1911 年 3 月汉冶萍公司与横滨正金银行签订"预借生铁价值正合同"之后，盛宣怀旋即向正金银行以在大冶建设铁厂为由提出 1 200 万的借款请求[134]，但随即发生的辛亥革命打断了盛宣怀的借款和扩张计划。

至 1913 年 3 月盛宣怀重新执掌汉冶萍公司，铁厂扩充计划再次被提起。1913 年 5 月汉冶萍公司在上海召开股东大会，通过了借款议案和扩建计划，在大冶建设新厂一事被正式确定下来[135]。同月，李维格赴汉阳、大冶、萍乡等地考察，与各厂矿工程师筹划扩充方案。同年 7 月，李维格向汉冶萍公司董事会呈报"筹建汉冶萍厂矿事宜清折"，提出大冶铁厂的建厂方案[136]：

（1）炉二座连附属品，约银三百五十万两。

（2）厂基两百亩，每亩五十两，约银十万两。

（3）填土五百亩十五万方，每方一两，约银十五万两。

（4）铁路车辆、挂线、趸船、修理厂、栈房、房屋驳岸等，约银七十五万两。

汉冶萍公司董事会批准了建设大冶新厂计划和其他扩充方案。1913 年 12 月汉冶萍公司与八幡制铁所、日本横滨正金银行签订了 1 500 万日元的借款合同，合同约定其中 900 万日元用于"湖北大冶地方新设熔矿炉二座，且扩充改良湖北省汉阳铁厂、大冶铁路、电厂并江西省萍乡煤矿电厂、洗煤所等项"[127]。合同约定聘请的日本最高工程顾问大岛道太郎于 1914 年到任，大冶铁厂建设计划也于当年 9 月开始实施。

2. 出国考察和高炉设备的订购

1914 年 9 月，公司董事会委任汉阳铁厂坐办吴健与工程顾问大岛道太郎一同赴美洲订购大冶铁厂的高炉，由于事关重要，在委托书中开列了办法十八条如下[136]：

一、此次赴美，阁下为主，顾问为宾，一切均由阁下与顾问讨论后主持定夺。

二、化铁炉每炉每日二十四点钟，出铁以三百五十吨至四百吨为度。

三、以化铁炉多余煤气，用于煤气机为原动力，须达到厂矿不用蒸汽之目的。

四、此次赴美，以格利（Gray Plant）、多勒（Duluth）二新厂为考察根据之地。

五、考查格利、多勒二厂机炉，系何厂承造，亦即向何厂开标，直接交易，不必用居间商家。

六、筹画全局绘图开单，如能不再用专门名家帮助最好，否则帮助费若干，须请公司核准而行。

七、制造煤气机，美国经验较浅，如向英购，又恐交货难恃，须审慎后行。

八、炉之内膛，照汉厂三、四号炉，是否尚可改良，请携带矿石、焦炭及三、四号炉图样与美之名家再一研究。

九、函致彭脱，约其同时到美会商一切。

十、自编一洋文密电码，交与公司。

十一、每日须有日记抄寄公司，惟工程名词恐华文不能传达，恐有错讹，即用洋文抄寄。

十二、每一机定一洋文密电码，开标后，即将原标寄至公司，由公司择妥，电复订定。

十三、新炉地基已有详图，须带往美国，目前二炉如何先尽容易之法布置，将来陆续加添，以八炉为度，均须绘入图中，钢厂亦须预为位置。

十四、钢厂以造轨为主，车桥为副，造轨必用直行一线到底之法，请先考察，以便计画。

十五、公司拟派专科毕业生数人学习工师，中学毕业生数人学习领工，簿计毕业生一二人学习钢铁簿计，开标订定时，此事须作一条件，以便入厂学习。

十六、如欧战早了，英、德亦须问价。

十七、装船保险等事仍由彭脱经理，款项系由正金银行经付。

十八、机炉订定后，其地脚图即须先行赶寄来华，以便直做地脚，其机炉必须有详图三份，一存公司，一存厂，一存伦敦事务所。

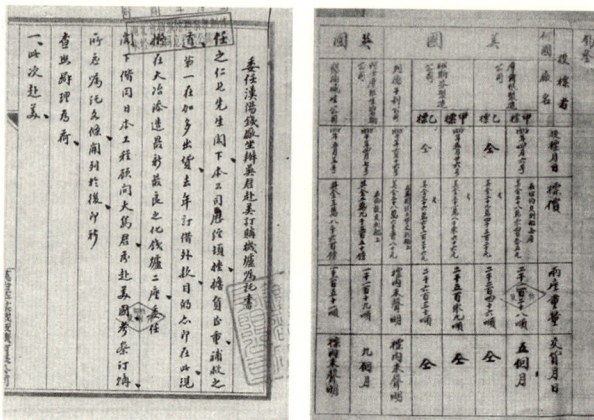

图 3-1　汉冶萍公司董事会致吴健赴美订购设备委托书（左），大冶铁厂设备投标者一览（右）①

从以上十八条可知，此次赴美订购的设备以日产 350—400 吨的高炉为主，由吴健、大岛道太郎和彭脱三人共同经办，以吴健为主。公司为了节约经费，仍然采取直接向厂家招标的形式，不打算通过中间商。而且公司有一个大冶铁厂的远景规划，即建设八座高炉和钢厂，用连轧的方式制造钢轨。

但是，汉冶萍公司的这一招标计划最终仍然受到了来自日本的影响。吴健与大岛道太郎在美期间，收到 2 家英国厂家和 3 家美国厂家的投标书，经过比对，美国摩尔根公司出价最廉，而且美国在一战中为中立，不会影响交货，公司董事会于 1915 年 7 月提出议案，向摩尔根厂订购高炉设备[138]。但这一议案并未落实。1915 年 8 月三井洋行代表另一家投标的美国厂家列德干利公司（Riter—Conley Company）函致盛宣怀和公司董事王子展，请求将标盘推后两三个星期，待该公司将详细清单交来再作比较[139]。在三井洋行通过王子展的一再干预下，汉冶萍公司最终与列德干利公司签订了高炉（热风炉除外）的供货合同，计价 223 500 美元，高炉的热风炉由位于汉口的洋子机器厂制造，运料车另购[140]。

---

① 图来源：湖北省档案馆藏档案：LS56—2—97.

3. 大冶铁厂的设计、建设和投产

1916 年汉冶萍公司任命大岛道太郎为大冶铁厂建厂时期的总工程师，并兼任工程股股长。大冶铁厂的总体布局和高炉的设计是在大岛道太郎主持下进行的，有关大冶铁厂设计的档案资料笔者在现存的汉冶萍公司档案中没有找到。据《汉冶萍公司志》称，大岛为汉冶萍公司设计了一个由炼铁厂、炼钢厂和轧钢厂三部分组成的一个大型的新式钢铁厂，其中包括日产能为 450 吨的高炉 2 座，日产 200 吨钢和 75 吨钢的炼钢炉各 2 座以及 3 座 1 600 吨的混铁炉。从技术上来说，这是一个非常具有风险的大胆的设计方案。因为这远远超出了中日两国原有的和在建单个钢铁设备的规模。仅就高炉而言，此前无论是汉冶萍公司还是八幡制铁所，最大的高炉是汉阳铁厂的 3、4 号高炉，日产 250 吨，八幡制铁所 1911—1916 年实施的第二期扩建工程中，建设的东田 4 号高炉也为日产 250 吨，即便是 1917 年开始实施八幡制铁所第三期扩建中建造的 5、6 号高炉规模也仅为 270 吨。可以说，无论是日本还是中国，在当时都没有设计和建造 450 吨高炉的经验。而就大岛道太郎本人而言，他在八幡制铁所任总工程师的时间是 1896 年至 1908 年，1908 年起任东京帝国大学教授，虽然是一名在日本很有威望的钢铁冶金专家，但他也完全没有 450 吨高炉的设计经验。

由于没有足够的资金，大冶铁厂只进行了两座高炉及其配套设备的修建。1917 年两座高炉同时破土动工兴建。大冶铁厂的建筑工程亦由大岛道太郎负责，据《汉冶萍公司志》记述，工程项目大部分由日本各洋行总承包，再转包给日本包工头或中国包工头负责施工。日本大仓洋行承包了两座高炉和其他钢筋混凝土结构的建筑工程，指挥施工的主要技术人员大多是由大岛推荐的日本人[135] 86。

由于正值一战期间，由美国列德干利公司提供的钢铁机件一再推延交货时间，两座高炉的机件于 1920 年底才陆续交齐，所缺的部分零配件，由汉冶萍公司自行铸造配置[135] 85。1921 年底，大冶铁厂主要工程项目竣工，但由于供应高炉生产用水的 1 500 吨水塔崩塌，致使开炉计划落空。1922 年 6 月 22 日，大冶 1 号高炉才正式开炉，但开炉不到一个月，7 月 5 日高炉因炉盖开关失灵导致铁水凝结在炉的下部，1 号高炉停炉。

美国人霍德（Lansing W. Hoyt）① 曾于 1922 年考察了大冶铁厂，当

---

① 霍德（Lansing W. Hoyt）时任美国驻上海商务代表，此前曾在美国联合钢铁公司、印度塔塔钢铁厂任职。1922 年受中国商业部的委托考察并撰写关于中国钢铁企业现状的报告.

时正值大冶铁厂1号高炉开炉，他亲眼目睹了大冶1号高炉开炉后遇到的困难和失败。霍德认为大冶高炉包含了太多的超前的试验性要素，他把大冶高炉比喻为设计者大岛道太郎的"试验室"，他认为正是这些对于亚洲来说过于超前的因素导致了大冶高炉开炉后的困难：

> "加料系统采用的是'斗式'系统，许多专家认为斗式系统可以使加料更均匀，但不论这是不是真的，（至少在中国）使用传统可靠的吊桶提升机会更好一些。（站在中国的立场上）大冶铁厂的设备有非常多的试验性要素，但由于缺乏经验或不到位的建设，这些试验性要素中的许多成为导致最近发生在大冶铁厂的灾难性局面的因素之一。

> 高炉由汉冶萍公司的技术顾问大岛道太郎设计，大岛先生在日本有多年的冶金项目的经验，长期效力于日本帝国制铁所。在对世界上各种形式的高炉进行了考察之后，他设计了大冶目前的这一'试验室'并向匹兹堡的列德干利公司订购。"[141]

大岛道太郎于1921年10月去世。1号高炉停炉之后，2号高炉在中国工程师吴健和郭承恩等人的主持下继续修建，于1923年4月开炉，至1924年底因焦炭供应不上而停产。1925年5月，1号高炉在修整后重新开炉，但于当年10月因焦炭供应不上而停产。

从产量看，大冶铁厂的1号高炉第一次开炉平均日产量仅为83吨，2号高炉开炉后，其平均日产量为323吨，1号高炉1925年重开后，平均日产量为342吨①。均未达到其设计日产能。

图3-2　大冶铁厂高炉远眺②

---

① 根据刘明汉等编.汉冶萍公司志.武汉：华中理工大学出版社，1990年第88页表65数据计算.
② 图来源：吕柏回忆录.

三、汉冶萍公司的衰败与技术发展的停滞

1. 汉冶萍公司的衰败

1919年以后,随着战争的结束,钢铁市价大跌,欧洲钢铁再次涌入中国,在没有国家任何保护措施的情况下,汉冶萍公司钢铁产品遭受前所未有的竞争,加之企业受到日本借款合同的束缚,以及自身管理上的欠缺,致使公司很快由盛到衰,以1925年汉阳铁厂停产为标志,汉冶萍公司由钢轨制造商变成了为日本提供铁矿石的原料基地。以下是1919年以后汉冶萍公司衰败过程。

1919年2月,汉阳铁厂的工字钢、槽钢、角钢销售困难,暂停炼钢。1920年2月复工,改产钢轨。同年,汉阳铁厂1、2号高炉停炼。

1920年大冶铁矿矿石创开采以来的最高产量。

1921年12月,民国政府改变钢轨样式,汉阳铁厂库存钢轨48 000吨报废,炼钢厂停工。

1923年9月,汉阳铁厂4号高炉停炼。

1924年10月,汉阳铁厂3号高炉停炼,至此,汉阳铁厂全部冶炼设备停炼。

1924年12月,大冶铁厂2号高炉停炼。

1925年10月,大冶铁厂1号高炉停炼。同年,萍乡煤矿因铁厂停工,焦炭无销路,生产压缩。

1927年,武汉政府交通部成立整理汉冶萍公司委员会,同年,决定接管萍乡煤矿。

1928年11月,江西省政府接管萍乡煤矿,萍乡煤矿脱离汉冶萍公司,汉冶萍维持生产的厂矿仅剩大冶铁矿一家。

2. 汉冶萍公司的技术发展轨迹

从理论上说,产业技术的发展体现在两个层面上,一是设备层面,后进国家可以通过技术转移获得先进的设备,这是最直接和表层的技术发展。二是人员层面,即后进国家通过技术转移不仅获得设备,还培养了本土人员的技术能力。而本土人员的技术能力又可分为生产运作能力和创新能力,即后进国家在技术转移的过程中,通过本土人员的技术能力的培

养，实现技术的消化吸收，从而获得与本土资源相适应的技术开发能力。

从 1889 年汉阳铁厂的创建，到 20 世纪 20 年代初大冶铁厂的高炉建设投产，汉冶萍公司经历了三次钢铁设备的建设和技术转移，其技术发展轨迹体现出如下特征：

（1）就设备而言，三次钢铁设备的技术引进和建设带给汉冶萍公司最显著的技术变化是高炉的大型化。

通过汉阳铁厂第一、二期的建设和大冶铁厂的建设，到 20 世纪 20 年代初期，汉冶萍公司实际上拥有了当时亚洲最大和先进程度最高的高炉，汉阳和大冶两地高炉的总的公称日产能力达到 1 500 吨，而日本八幡制铁所经过第二、三期扩建后，其六座高炉公称日产能总和为 1 375 吨[①]。但高炉的大型化并不意味着产量的最大化，由于大冶铁厂高炉在投产之后遇到一系列技术上的问题，两座高炉未能同时开炉，而且平均日产量只有350 吨左右，未达到设计能力。汉冶萍公司 1924 年的生铁产量达到最大，仅为 179 128 吨，这远远小于八幡制铁所 1924 年的 48.9 万吨的生铁产量。因此，虽然建造了最大型的高炉设备，但汉冶萍公司的高炉生产能力未得到真正的实现。

（2）从技术发展的方向看，日本借款改变了汉冶萍公司的生产重心，其企业的技术发展方向也随之改变。

汉冶萍公司由原来的钢轨生产转变为生铁冶炼和矿石开采，炼钢技术的发展止于汉阳铁厂的 7 座 30 吨平炉，在高炉大型化的同时，钢材生产设备没有得到发展。技术发展的不均衡可以由生产的不均衡体现出来，汉冶萍公司的生铁冶炼设备产能远高于炼钢设备的产能。仅就汉阳铁厂的生产而言，1908 年之后所有年份的生铁产量均大大超过了钢的产量，超过 50％的生铁用于外销（图 3-3），主要是用来偿还日本的巨额借款。美国人霍德在报告中认为，汉阳铁厂的生铁高炉的运作好于中国境内其他任何高炉，但炼钢和轧钢车间是不成功的[141]。事实上，1913 年之后，汉冶萍公司几乎所有的资金都投入到了铁矿石开采和生铁冶炼设备的扩充上，花巨资兴建了大冶高炉，扩充大冶铁矿，炼钢和轧钢方面不再有新的发展。

---

① 根据下川义雄. 日本鉄鋼技術史. 第 95 页第 2.9 表的数据计算.

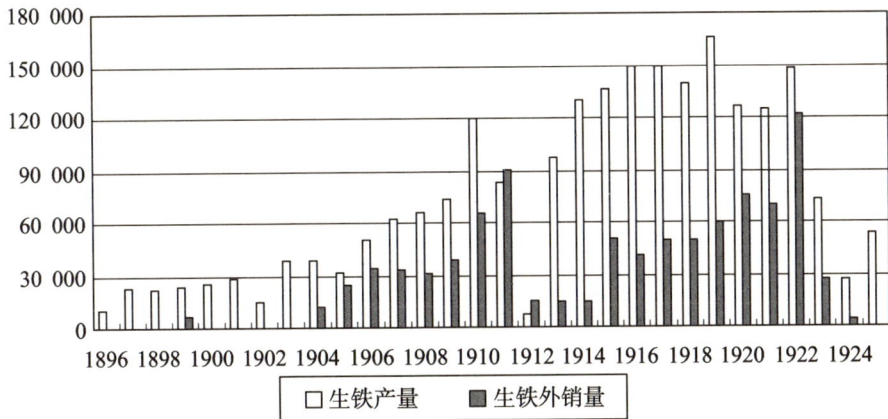

图 3-3　汉阳铁厂历年生铁产量及出口销售（吨）[1]

（3）从企业的本土技术能力来看，汉冶萍公司技术引进是失败的。

在经过了汉阳铁厂的第二期技术引进和建设之后，汉冶萍公司的本土技术人员也积累了相当的技术经验，中国本土钢铁工程师已经能够独立自主地进行钢铁联合企业的建设和运作，可以想象，如果大冶铁厂的设计和建设能够由中国工程师独立进行的话，这将极大地推动中国本土钢铁技术能力的进一步提高。但由于日本势力的渗透，中国本土技术人员始终没有机会进行高炉等钢铁设备的设计，中国本土技术经验也止于钢铁设备的建设和运作，从这一角度而言，虽然大冶铁厂建设了亚洲最大的高炉，但与之相关的本土技术能力没有培养起来，这是一次相对失败的技术引进活动。

第二节　八幡制铁所第二、三期扩张

虽然日俄战争以日本胜利告终，但1907年起日本经历了一个较长时期的经济不景气，虽然当中有所反弹，但这种状况一直持续到1914年第一次世界大战发生。尽管如此，削减军备扩充并没有影响日本国内钢铁市场需求的扩大，铁道、造船、工场道路港湾的修造需要大量的钢材，加之感受

---

[1] 图数据来源：刘明汉. 汉冶萍公司志. 武汉：华中理工大学出版社，1990.

到中国对日本的抵制，以及欧美对日本在钢铁贸易上越来越强的戒备心态，日本政府觉得有必要对八幡制铁所进行更大的扩充，以满足更多的钢铁需求。

一、八幡制铁所的第二、三期扩张

1911 年，日本第 27 次议会通过了八幡制铁所第二期扩张计划，八幡制铁所再次实施扩建。此次扩建以建设 250 吨的 4 号高炉为中心，并进一步增设炼钢平炉和轧钢设备，以年产 30 万吨钢材为目标，投资总额1 615万日元，大部分工程于 1916 年完成。

1914 年爆发的第一次世界大战极大地刺激了钢铁需求，虽然当时八幡制铁所已初具规模，但仍有 60% 的钢材需要进口。由于战争需求，西方各国采取了限制钢铁出口的措施，这使得钢铁市场出现了严重的供应不足，钢材价格暴涨，这对于日本正处于发展阶段的造船等行业影响巨大。在这种情况下，日本第 37 次议会通过了八幡制铁所第三期扩张计划，此次计划预算为 3 450 万元，以修建东田 5、6 号高炉为中心，以钢材年生产能力增至 65 万吨为目标，于 1917 年开始实施，原计划 6 年完成，但受到战争对价格和机械设备进口的影响，加上钢材年产目标增至 75 万吨，整个工程最终于 1929 年完成。值得注意的是，向军工军舰提供钢板和铸钢品是这次扩建的主要目的。表 3-1 所示为第二、三期扩建工程的主要内容。

表 3-1　八幡制铁所第二、三期扩建工程 [①]

扩建工程	第 2 期扩建工程	第 3 期扩建工程
实施年份	1911—约 1916	1917—约 1929
炼铁部	东田 4 号高炉，250 吨	5、6 号高炉，270 吨
	炼焦炉及其副产物工场：Copper 式 8 吨炼焦炉120 座，生产能力 400 吨/日；硫铵 16.4 吨/日，沥青 36 吨/日，焦油 114 吨/日，粗制萘 3.6 吨/日	黑田式炼焦炉 100 窑（50 窑 2 组），黑田式炼焦炉 100 窑（100 窑 1 组）
	第 2 洗煤工场：Baum 式洗煤机一座	新建第 3 洗煤工场
	扩建耐火砖、矿渣砖、高炉水泥工场	生铁流铸机 1 座

① 资料来源：八幡製鉄所.八幡製鉄所八十年史.総合史.新日本製鉄八幡製鉄所，1980.45，56.

（续表）

扩建工程	第 2 期扩建工程	第 3 期扩建工程
炼铁部	苯制造设备：苯及甘油 约 2 700 吨/年	增设焦油蒸馏工场
	第 2 炼钢工场： 50 吨碱性平炉 6 座，200 吨预备精炼炉 1 座，煤气发生炉 15 座	第 2 炼钢工场： 200 吨预备精炼炉 1 座，60 吨碱性平炉 4 座
	电炉工场： 豪塞尔（Howsell）式诱导式电气炉 1 座	新建第 3 炼钢工场：200 吨预备精炼炉 1 座，60 吨碱性平炉 7 座，200 吨塔尔博特（Talbot）式平炉 2 座
		坩埚钢工场扩张，增设 3 座
制品部	第 3 分块工场	第 5 分块工场
	第 2 中形工场	第 3 大形工场
	第 3 小形工场	第 4 分块工场
	第 2 厚板工场	第 2 大形工场
		第 6 分块工场
		第 7 分块工场
		锻钢工场及弹簧工场扩张
		第 2 中板工场
		硅钢板工场、薄板及锡板工场新设
其他	排气发电所及其煤气发电机：3 000 千瓦发电机 2 座，利用高炉煤气的 1 000 千瓦发电机 1 座	交流中央发电所、排气发电所、变电所新设
	新设从海边矿石堆放场到高炉的 600 米索道	南枝光汽罐场新设：水管式锅炉 12 座
	石灰工场，白云石工场，储煤场设备，给排水道，铁道，电灯电话工程，矿渣搬出设备	给水设备：远贺川抽水泵，厂内海水循环用水泵设置
		储矿场、储煤场、索道搬运设备的整治，码头的修整，3 栋枝光产品仓库的新建
		白云石工场新设，耐火砖场、菱镁工场、矿渣炼砖厂的转移和改造，产品材料试验所的移设，新购工场用地 40 万坪

1. 第二期扩建工程

概括地说，第二次扩建工程的主要内容为三个方面：

一是生铁冶炼方面，以4号高炉的兴建、旧高炉的改造为主，配合以炼焦设备的扩建和副产物工场的建设。4号高炉的高炉本体、倾斜塔送料方式、卷扬塔和装入装置由德国德玛格（Demag）公司设计，热风炉及周边钢构件的设计由八幡制铁所工作科完成。高炉、热风炉及高炉工场的其他构造物均由八幡制铁所制造和安装建设。高炉的形制与2、3号高炉相似，有效容积和日产能力有所增大（表3-2）。在兴建4号高炉的同时，还对1到3号高炉进行修改，值得注意的是，这一次并没有增大高炉的有效容积，反而有所缩小，但通过提高原燃料的品质和将送料设备改为倾斜塔方式，使高炉原料装入能力和生产效率提高，从而使出铁比上升。1916年在总结1号高炉作业的基础上，按照"宽腔、矮腹和大炉腹角"的原则，逐渐将1、2、3号高炉的基本结构进行改造[97] 31—33。

二是炼钢方面，兴建第2炼钢厂和电炉炼钢厂以提高钢产量。第2炼钢厂计划建设50吨平炉4座和1座200吨的混铁炉（预备精炼炉）。据推测，第2炼钢厂是以鲁尔奥特的芬尼克斯公司（A. G. Phonix in Ruhrot）1902年建设的平炉工场布局为模仿蓝本的，这是因为八幡制铁所炼钢主任今泉嘉一郎曾于1895年、1903年4月和1909年7月三度访问霍德公司（Hutten Verein Horde）（该厂与芬尼克斯公司合并为同一企业），并作为客座技师在其设备设计室工作长达10个月[98] 101。50吨平炉和高炉一样由德玛格公司设计，喷出口为弗里德里希式。1916年1月底一座50吨平炉开炉，1917年4座平炉先后开炉，到1920年6座全部建成投入生产。而200吨精炼炉到1925年才建成使用[98] 94—95。此外，为加强特殊钢的生产能力，八幡制铁所还兴建了豪塞尔（Howsell）式诱导式3吨电气炉1座，1919年6吨倾注式平炉建成，随即采用平炉电炉合并炼钢法，大大提高了特殊钢材产量，主要用于制造枪用线材、钢丝绳材等[142]。

表 3-2　八幡制铁所（东田）4、5、6 号高炉主要尺寸（毫米）（第一次开炉）[①]

	全高 a	有效高 b	c	d	e	f	g	h	α	β	有效容积（立方米）	风口数	风口直径
4 号	24 000	21 000	4 200	6 800	4 600	2 500	4 300	1 520	73.11	85.03	522.04	10	120
5 号		22 200	4 700	6 900	4 800	2 600	4 100	1 860	74.59	85.36	594.8	12	
6 号		22 200	4 700	6 900	4 800	2 600	4 100	1 860	74.59	85.36	594.8	10	

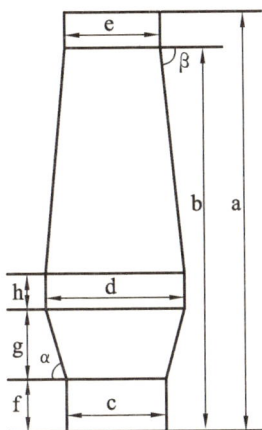

图 3-4　建设中的第 2 炼钢工场（1914 年）　图 3-5　第 2 炼钢工场平炉（造块侧）

---

① 资料来源：下川義雄. 日本鉄鋼技術史. 東京：株式会社アグネ，1989. 108.

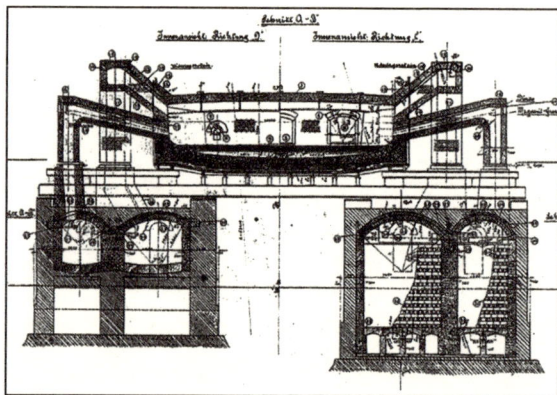

图 3-6　第 2 炼钢工场 50 吨平炉设计图（德玛格公司绘制）[①]

三是轧钢方面，新建了第 3 分块、第 2 中形、第 3 小形、第 2 厚板工场，分别于 1916 年 4 月、6 月，1917 年 7 月，1920 年 12 月竣工投产。第 2 分块厂主要设备为二重逆转式轧机和二重连续式轧机各一台，10 000 马力蒸汽机和 1 320 千瓦电动机各一台，用于钢坯和钢片的压延。所有轧机均由德玛格公司设计制造，蒸汽机由 GHH 公司制造，电动机由西门子公司制造。

可见，从技术上看，第二次扩建工程的特点在于：在总结旧设备操作问题的基础上，一次以增产为目的的扩建，无论是高炉还是平炉生产的产能都有所增大，高炉、平炉和轧钢机等主要设备的设计来自德国德玛格公司，设备的建设安装全部由制铁所负责完成。

2. 第三期扩建工程

1917 年开始实施的第三期扩建工程，则在更多方面体现了八幡制铁所在技术上的自主创新，以及为满足电力、军工发展的需要而实现特殊钢材自给的迫切愿望。

在生铁冶炼方面，兴建有效容积为 595 立方米、日产能 270 吨的 5、6 号高炉。两座高炉的主要设备的设计、制造、建设施工全部由八幡制铁所完成，送风机和煤气罐外包制造。在高炉的结构设计上，采用了对 1 到 3 号高炉改造时总结的"宽腔、矮腹和大炉腹角"的原则，与 4 号高炉相比较，5、6 号高炉的炉床直径增大，炉腹高缩小，炉腹角有所增大。高炉的

[①] 图 3-4—图 3-6 来源：清水泰等. 八幡製鉄所の設備・技術の変遷. 第三分册（北九州市産業技術史調査研究報告）. 2008. 102.

炉体支持构造也较 4 号高炉有所改善，增大了炉前作业空间。并且建造了一座储存非常冷却水用的高架水槽，确保停电时高炉的供水。

黑田式炼焦炉的建设是此次扩建工程中一项重要的自主创新技术的应用。黑田式炼焦炉是八幡制铁所工程师黑田泰造于 1916 年在考察了欧美的炼焦炉之后发明的一种适应八幡制铁所所用原料煤的炼焦炉，于 1917 年获得专利许可[143]。黑田式炼焦炉的特点是设有空气预热室，煤燃烧室面积增大，产出时间缩短，50% 的剩余气体得到循环利用，除了节约能源，单位时间的产量增加外，炼焦炉产出单位焦炭所消耗的煤也有所降低[144]。八幡制铁所于 1920 年建成两座 50 炉的黑田式单式炼焦炉，1923 年另一座 100 炉的黑田炼焦炉建成。此后，黑田式炼焦炉在日本的钢铁厂得到广泛应用，到 1929 年，虽然日本钢铁企业使用的炼焦炉中，黑田式炼焦炉炉数为第二位（少于科伯式焦炉），但其焦炭的生产能力已居首位（表 3-3）。

表 3-3　日本钢铁企业（含满洲）各类炼焦炉炉数和产能（1920—1928）①

炉式	1920	1921	1922	1923	1924	1925	1926	1927	1928	年焦化能力（吨）	年产能（吨）
Solvay	150	150	150	150	150	150	150	150	150	262 800	176 000
Koppers	310	310	310	190	190	220	220	340	345	669 400	435 000
Miike	0	0	0	0	30	60	60	60	60	195 000	120 000
黑田	100	100	155	255	255	255	315	315	315	1 186 300	813 800
Wilputte	50	50	50	50	50	50	50	50	75	300 000	215 700
合计	610	610	665	645	675	735	795	915	945	2 613 500	1 760 500

炼钢方面，继续扩大产能，第 2 炼钢厂 50 吨平炉数量增至 6 座，并增设了 4 座 60 吨平炉，于 1921 年之前全部投产使用，2 座 200 吨的预备精炼炉分别于 1922 年、1925 年建成使用。并新建了第 3 炼钢厂，有 60 吨固定式平炉 7 座和 200 吨塔尔博特式（Talbot）炉两座。这一时期，八幡制铁所最重要的炼钢技术进展是用"熔铁矿石法"代替"屑铁法"炼钢。八幡制铁所最初的平炉炼钢采用"屑铁法"，而屑铁大都依赖进口，因此在

---

① 表资料来源：Taizo Kuroda（黑田泰造）. On Blast Furnace Coke and Fire Bricks for the Iron and Steel Industries in Japan. Proceedings of World Engineering Congress Tokyo 1929. Vol. XXXIII. 1931. 138.

第2炼钢厂设计之初，八幡制铁所就以摆脱对进口屑铁的依赖为目的之一，在第2炼钢厂投产时开始对"熔铁矿石法"进行研究。"熔铁矿石法"就是先利用预备精炼炉（混铁炉）除去熔融生铁的部分硅、炭、磷、锰元素，然后送至平炉精炼成钢的操作工艺。经过约10年的努力，1925年第2炼钢厂开始采用混铁炉和平炉共同炼钢的"熔铁矿石法"，一方面在生产上弥补了第1炼钢厂转炉停工后的减产损失，另一方面达到了减小对进口屑铁的依赖程度的目的[98] 93—104。在设备上，第3炼钢厂还安装了当时较先进的塔尔博特式平炉，该炉在提高钢材质量和生产稳定性上有较大优势，但设备购置费和燃料消耗较大。

八幡制铁所这一时期炼钢技术进展的另一特点在特殊钢生产方面。在第二期电炉炼钢的基础上，制铁所进一步扩大了特殊钢生产规模，新建坩埚炼钢设备，并将电炉炼钢改为平炉电炉双炼法，提高了生产能力。1922年弧光式电炉开始使用，八幡制铁所已经能够生产出优质和平价的镍钢、锰钢、硅钢等特殊钢材（表3-4）。

表3-4　八幡制铁所主要特殊钢材的生产（1923）[①]

品种	生产开始年份
镍钢板的轧制	1914 年
高速钢的轧制	1915—1916 年
精轧钢，磁钢的轧制	1916 年
硅钢板的轧制	1917 年
不锈钢的锻造	1921 年
锰钢锻造和薄板压延	1923 年
工具中空钢的轧制	1923 年
电热钢的锻造、轧制和制线	1923 年
钢琴线的制作	1923 年
不锈钢的轧制	1923 年

成型技术方面，硅钢板和锡板压延工场的兴建，使日本开始可以自产

---

① 表资料来源：八幡製鉄所.八幡製鉄所八十年史·総合史.新日本製鉄八幡製鉄所，1980.71.

锡板和硅钢板，这对于当时大力发展的电气产业来说是一个重要的进步，八幡制铁所产的硅钢板很快被三菱电机为制铁所生产的发电机使用，这在对欧美产品非常崇拜的日本起到了打开国产特殊钢板销路的作用。值得注意的是，硅钢板和锡板的压延对于当时的日本来说属于全新的技术，因此八幡制铁所于 1922 年聘请了德国工程师 Ruuosuki 进行指导，在德国工程师的帮助下克服了生产技术上的困难，如锡板生产时容易偏离轨道等问题[144] 60 72—73。

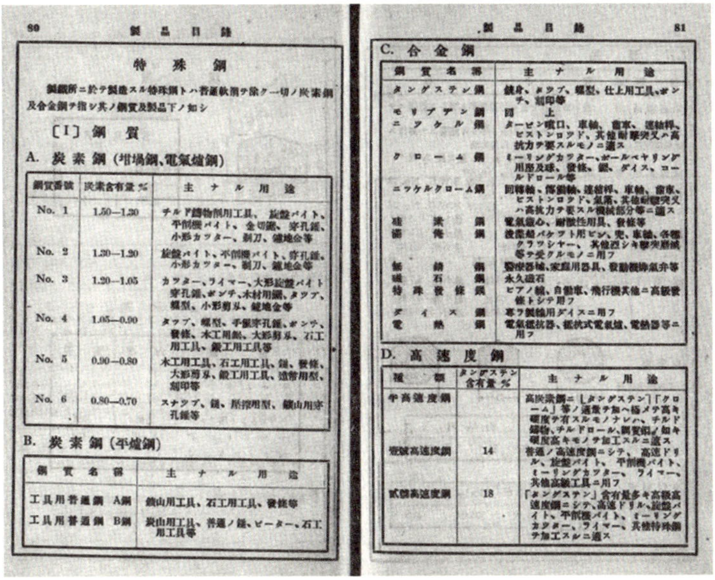
80　製品目錄

特殊鋼

製鐵所ニ於テ製造スル特殊鋼トハ普通軟鋼ヲ除ク一切ノ炭素鋼及合金鋼ヲ指シ其ノ鋼質及製品下ノ如シ

〔I〕鋼質

A. 炭素鋼（坩堝鋼、電氣爐鋼）

鋼質番號	炭素含有量％	主ナル用途
No. 1	1.50—1.30	チルド鑄物削用工具、旋盤バイト、平削機バイト、金切鋸、穿孔錐、小形カッター、剃刀、鏟地金等
No. 2	1.30—1.20	旋盤バイト、平削機バイト、穿孔錐、小形カッター、剃刀、鏟地金等
No. 3	1.20—1.05	カッター、ライマー、大形旋盤バイト、穿孔錐、ポンチ、木材用鋸、タップ、螺型、小形剪刀、鏟地金等
No. 4	1.05—0.90	タップ、螺型、手鑽穿孔錐、ポンチ、發條、木工用鉋、大形剪刀、石工用工具、鍛工用工具等
No. 5	0.90—0.80	木工用工具、石工用工具、鑿、發條、大形剪刀、鍛工用工具、造幣用型、刻印等
No. 6	0.80—0.70	スナップ、鑿、壓搾用型、鑛山用穿孔錐等

B. 炭素鋼（平爐鋼）

鋼質名稱	主ナル用途
工具用普通鋼 A鋼	鑛山用工具、石工用工具、發條等
工具用普通鋼 B鋼	炭山用工具、普通ノ鑿、ビーター、石工用工具等

製品目錄　81

C. 合金鋼

鋼質名稱	主ナル用途
タングステン鋼	鑢身、タップ、螺型、仕上用工具、ポンチ、刻印等
モリブデン鋼	同上
ニッケル鋼	タービン喉口、車軸、齒車、連結桿、ピストンロッド、其他耐衝突又ハ高抗力ヲ要スルモノニ適ス
クローム鋼	ミーリングカッター、ボールベヤリング用壓及球、發條、鑢、ダイス、コールドロール等
ニッケルクローム鋼	回轉軸、傳動軸、連結桿、車軸、齒車、ピストンロッド、弧系、其他耐衝突又ハ高抗力ヲ要スル機械部分等ニ適ス
硅素鋼	電氣鐵心、耐酸性用具、發條等
滿俺鋼	浚渫船バケット用ピン、兜、車軸、各種クラッシャー、其他烈シキ衝突磨滅等ヲ受クルモノニ用フ
無銹鋼	醫療器械、家庭用器具、發動機排氣弁等
磁石鋼	永久磁石
特殊發條鋼	ピアノ線、自働車、飛行機其他ニ高級發條トシテ用フ
ダイス鋼	専ラ製線用ダイスニ用フ
電熱鋼	電氣抵抗器、抵抗式電氣爐、電熱器等ニ用フ

D. 高速度鋼

種類	タングステン含有量％	主ナル用途
中高速度鋼		高炭素鋼ニ「タングステン」「クローム」等ノ適量ヲ加ヘ極メテ高キ硬度ヲ有スルモノナレバ、チルド鑄物、チルドロール、鋼質鋼ノ如キ硬度高キモノヲ加工スルニ適ス
普通高速度鋼	14	普通ノ高速度鋼ニシテ、高速ドリル、旋盤バイト、平削機バイト、ミーリングカッター、ライマー、其他高級工具ニ用フ
試製高速度鋼	18	「タングステン」含有量多キ高級高速度鋼ニシテ、高速ドリル、旋盤バイト、平削機バイト、ミーリングカッター、ライマー、其他特殊鋼ヲ加工スルニ適ス

图 3-7　八幡制铁所特殊钢制品表（1925）①

二、八幡制铁所技术发展保障体系的建立

1. 职工教育系统的建立

1910 年随着八幡制铁所技术适应性改造和第一期扩建的完成，制铁所各生产环节的机械化程度明显提高，制铁所各生产部门对熟练劳动力的需求增大，要求随之提高，管理层认识到劳动力在生产技能上的专门化和熟练化的必要性。在此情况下，八幡制铁所创立了日本最早的近代企业学校——幼年职工养成所，于 1910 年 4 月正式开所。由炼铁部主任服部渐兼任

① 图来源：製鉄所编. 製品目録. 大正 13 年.

所长，同时任命制铁所两名助理工程师（技手）石贺亮教、同高木纹寿为讲师。该幼年职工养成所的教育被称为"生产教育"，据称，是建立在对一般的实业教育和徒弟教育批判的基础之上，以职工教育为目的，与生产现场密切联系，为各生产部门培养技工。招收 14 岁以上 17 岁以下的青少年，培养成为制铁所优秀的技能拥有者。入学后第一学年和第二学年上半期进行一般教育，第二学年后半期按炼铁、炼钢、成型三科进行分科教育，学习专门技术，第三学年全期在工场进行实习。学生在学习期间享有一定的津贴，学成后必须在制铁所指定部门工作至少六年[2] 645—649。幼年职工养成所从 1910 年开所到 1914 年共培养学生 163 名[145]。

1913 年以后，八幡制铁所已经初步形成了以培养青少年技术工人的职工养成所本科、别科以及对职工进行再教育的补习部为内容的职工技术教育体系。1913 年，幼年职工养成所改称职工养成所，原来的幼年职工养成所教育由三年制改为二年制，称为"本科"，同时增设"别科"和"补习部"，别科学制为一年，招收高小毕业生，制铁所职工的子弟优先录用，旨在培养青少年熟练工，学习内容为基础学科加上工场实习[146]。1913—1921 年，养成所"本科"共培养了 491 名工人，"别科"培养人数为 345 名[145] 162。补习部属"继续教育"范畴，利用业余时间对企业职工进行技术知识的教育，1913—1921 年约 2 600 名职工参加了补习部的学习[146] 501。八幡制铁所这一职工教育体系不仅对制铁所扩建时期所需技术工人提供了保障，其作为日本近代企业内部教育的先驱，在日本产业教育史上也有着非常重要的意义。

1920 年，职工养成所进行改革，将"本科"和"别科"废止，设立"徒弟部"，将学制改为四年，工场实习时间大大增加。学生入所后前半年先在工场见习，之后的一年半上午学习基础和专门科目，下午工场实习，后期两年以生产实际作业为主。1920—1925 年，徒弟部共培养了 383 名学生。在徒弟部的基础上，1923 年新设了全日制一年的"补习部"，目的在于对徒弟部毕业的技术工人进行再培训，使他们掌握日益更新的技术知识，成为制铁所的"中坚熟练工"。1923—1927 年，补习部共培养中坚工 315 名，补习部的设立为八幡制铁所的动力由蒸汽向电力化转变等技术的进步在劳动人力资源上提供了保证[146] 502。

表 3-5 八幡制铁所职工教育系统的演变（1910—1926）①

年份	机构名称		毕业学生
1910—1014	幼年职工养成所		163
1912—1920 或（1921）	职工养成所	本科	473
		别科	345
		补习部第一部（一般工）	1 578
		初习部第二部（役付工）	1 021
1920—1926	职工养成所	徒弟部	383
		补习部	315（1923—1937）
		专修部（一般工）	1 956
		讲习部（缺期讲座）	
		技术员养成所	315（1920）

除了技术工人的教育制度，八幡制铁所于 1920 年还设立了"技术员养成所"，选拔本科、补习部和工业学校毕业的，在制铁所有一定时间工作经验的优秀职工进行全日制一年期的培养，教学科目分共通科目和专门科目，专门科目有炼铁、炼钢、制材、制品和机械等，1920—1921 年共培养了 30 名学生，后因一战后的萧条而中断，技术员养成所到 1927 年转变为制铁所教习所高等部[146] 502—503。

图 3-8 八幡制铁所职工养成所外景

---

① 资料来源：八幡製鉄所. 八幡製鉄所八十年史·资料篇. 新日本製鉄八幡製鉄所，1980. 162.

图 3-9　八幡制铁所职工养成所 ①

2. 钢铁技术教科书和制铁用语字典的编写

1911 年，八幡制铁所组织生产一线的技术人员，为职工养成所编写了一套钢铁生产技术方面的教科书（表 3-6）。这套教科书积累了八幡制铁所创业 10 年的生产经验，加上编写人员的理论积累，成为日本近代钢铁技术手册化、体系化的标志。

此外，由于八幡制铁所初期的设备技术大都依靠西方尤其是德国的输入，在生产中常常遇到技术用语混乱而带来的不便，因此，制铁所于 1910 年成立了铁冶金相关术语统一委员会，开始着手编纂《独英和、英独和制铁用语字典》，字典于 1916 年完成，这是日本第一部钢铁冶金术语辞典，也成为刚成立不久的日本钢铁协会制铁用学术用语选定运动的成果[144] 47—48。

表 3-6　八幡制铁所编写的职工养成所教科书 ②

书名	执笔者	所属部门
钢铁制造术	葛藏治	钢材部
钢铁制造术	饭岛懿男	钢材部
钢铁加工术及钢材论	荻原时次	监查课
钢铁加工术及钢材论	布目四郎吉	钢材部
焦炭及炉材制造术	三好久太郎	生铁部

① 图 3-8、图 3-9 来源：製鉄所購買会编. 製鉄所写真帖. 1914.
② 表资料来源：八幡製鉄所. 八幡製鉄所八十年史·资料篇. 新日本製鉄八幡製鉄所，1980.

（续表）

书名	执笔者	所属部门
焦炭及炉材制造术	黑田泰造	生铁部
铁冶金术概论及操护术	向井哲吉	钢材部
生铁制造术	濑尾巧	工务部
生铁制造术	川合得二	生铁部
电气学概论	岸原重治	工务部
机械学概论	铃木定一	庶务课

3. 技术研究机构的逐步建成

第一次世界大战中，西方普遍采取对外技术封锁的政策，这使得日本痛感产业技术自给自足的重要性。战后出现了官营、民营研究机构设置的一个高潮，1917 年理化学研究所设立。同时，1915 年日本钢铁技术协会成立，协会杂志《铁与钢》发刊，都体现了钢铁产业和技术界实现自主技术研发的强烈愿望。在这种思想下，八幡制铁所于 1916 年设研究课，1919年设研究所。研究所作为八幡制铁所常设机构，以制铁所技术进步改良为最终目的[146] 72。

研究所最初设四部，第一部继承了旧研究课的炼铁和炉材方面的研究，第二部进行炼钢、钢材的材质及温度计的检测、修理和补正，第三部主要研究燃烧、动力机械、研究所设备等，第四部主要进行前三部的综合研究以及分析、显微镜调查、试验装置制作等工作。1926 年，研究所扩展为八个部，分别是原料生铁铸物、耐火物副产物、炼钢、钢材、特殊研究、动力、化学、试验装置制图[146] 73。

从研究所的工作来看，从研究课设置到昭和初年，研究所开始从以下几个方面展开[146] 74—75 130：

一是旨在有效利用国内资源的各种炼铁原燃料的性质和处理方法的研究。包括日本国内矿石、砂铁作为烧结原料及其物理性状的调查与研究，硫酸滓（酸渣）的烧结试验；日本和中国产的煤和焦炭性能的调查和研究，洗煤法的研究等。

二是高炉的测定研究，包括高炉作业中的煤气量、煤气中的含尘量、高炉作业后的内容物、高炉与热风炉使用后的炉砖性能的测定和调查。

三是对炉材性状及其研究方法的确定，包括炉材热力学性质的分析，各部门使用的非金属材料质量评价，矿渣性状的调查，矿渣的利用，砖损伤实验室模拟实验法的开发等等。

四是旨在提高炼钢质量的研究，主要是精炼反应的物理化学研究，以及平炉作业的改善。

五是利用各种试验设备对各种钢材的材质进行测定，尤其是特殊钢材的快速分析、燃烧的热精算、比热、热膨胀率、热传导率等。

可见，八幡制铁所第二、三期的扩建期也是其技术研究工作开始建立的时期，这一时期的重点集中在研究方法的确立上，一些相关的物理化学等基础性研究，以及旨在解决日本国内炼铁原燃料资源问题和炉材制造等炼铁基本保障技术研究工作开始着手。除此之外，对钢铁生产现场的测定及其方法研究也是这一时期另一重点，这是保障高炉等设备正常运作和冶炼质量与效率的必要手段，由研究所进行现场物理量的测定逐渐成为八幡制铁所生产现场的管理手段之一[146] 74。

总的来说，1910 年之后的近 20 年，是八幡制铁所在技术适应性改造完成后第一个大规模扩建期，通过前期 10 年的积累，这一时期制铁所在技术经验上逐渐成熟，如果说第二期扩建是以德国设计加上本国建设和运作为主的，以原有设备的规模扩张为目的的话，那么第三期扩建则更多地体现在技术上自主创新的实现，以及特殊钢等新产品的技术引进和消化上。此外，这一时期的八幡制铁所经历了钢铁生产的显著机械化和动力由蒸汽向电气化的转变，到 1926 年，制铁所钢材年产量达 651 万吨[145] 58，远远超过了其扩建目标。更重要的是，这一时期是八幡制铁所内部技术发展保障体系开始确立的时期，以职工养成所为主体的企业内部职工教育体系从工人的技能上保证了生产扩建和技术进展的需要，第一套系统的钢铁生产技术教科书和第一部德英日钢铁词典的编写和出版，不仅标志着日本钢铁技术步入了手册化、规范化的阶段，而且对八幡制铁所的职工培训、生产运作和技术发展都起到了直接的推动作用。而企业内部技术研发机构的建立，使八幡制铁所开始进入有组织的自主研发的阶段，虽然这一时期还未产生大规模的研发成果，但在方法和体制上为八幡制铁所进一步的发展提供了保障。

第三节　比较：技术的不同发展轨迹与命运

汉冶萍公司和八幡制铁所在经历了第一次技术改造和扩建后，都进入了一个较好的发展时期。首先，两家企业都首次实现了盈利；其次，两家企业分别作为中日两国最大的钢铁企业，随着 20 世纪 10 年代中期一战的爆发以及钢铁需求和价格的不断上升，都有着很好的发展前景。在这种情况下，汉冶萍公司和八幡制铁所都希望通过进一步的扩建来获得更好地发展。汉冶萍公司大冶铁厂的建设以及八幡制铁所第二、三期扩建正是在这样的情况下展开的，但两家企业的进一步扩建却有着截然不同的结局。如何去比较和解释汉冶萍公司和八幡制铁所经历的技术发展历程及其不同的命运，可以说是一个非常复杂的命题，因为那是一个历经纷繁复杂的社会变化的动荡年代，两家企业的技术发展历程不仅交织在一起，而且这一历史已经不是单纯的企业和钢铁技术发展的历史，更多的社会政治因素在其中起着极其重要的作用。在这一节中，笔者将在两个层面上来比较和解释两家企业技术发展的不同轨迹和命运：一方面在技术转移的层面来概括两家企业的技术发展的不同路径和模式；另一方面从技术以外的层面来分析导致两家企业技术发展不同命运的因素。

一、20 世纪 20 年代末汉冶萍公司与八幡制铁所的技术状况比较

1. 设备与生产技术状况

大冶铁厂两座 450 吨高炉建成之后，汉冶萍公司拥有的钢铁生产设备如下：

（1）高炉 6 座，其中日产 100 吨、250 吨、450 吨高炉各两座。汉阳铁厂的 4 座高炉在正常情况下运作正常，可以达到设计产能，但大冶铁厂的两座 450 吨高炉在实际作业中未能达到设计产能（100 吨高炉各配 3 座热风炉，250 吨高炉各配 4 座热风炉，450 吨高炉各配 3 座热风炉）。

（2）西门子—马丁炼钢平炉 7 座，设计容量为 30 吨，为汉阳铁厂第二期建设的设备。汉阳铁厂初建的 1 座 10 吨的马丁炉在第二期建设时被拆除。

（3）轧钢设备主要为分为轻轨和小型钢部、开坯及钢板部、重轨及大型钢部三部门，可轧制从 85 磅重轨到 20 磅以下的各种轻轨、各种型钢、钢板。驱动设备以蒸汽机为主，功率从 400 至 12 500 马力不等，并配有当时较为先进的辅助设备，如电力滚轴剪钢机、修光机等。

（4）汉阳铁厂不设炼焦设备，大冶铁厂建设了蜂巢式土煤焦炉数座。

八幡制铁所经过第二、三期扩建后，其拥有的钢铁生产设备如下：

（1）高炉 6 座，其中日产 200 吨 3 座，日产 235 吨 1 座，日产 270 吨 2 座。

（2）25 吨平炉 12 座，50 吨平炉 9 座，60 吨平炉 11 座，200 吨预备精炼炉 2 座。公称年产能约为 1 270 000 吨。

（3）特殊钢炉有：1.3 吨坩埚炉 5 座，2.3 吨弧光式电炉 1 座，6 吨弧光式电炉 2 座。公称年产能为 27 715 吨。

（4）成型设备可以轧制各种钢轨，大型、中型、小型钢材，以及线材、各种厚板、中板和薄板，以及高级特殊钢板等钢材，公称年产能达 1 392 350 吨。

从设备来比较，到 20 世纪 20 年代末，汉冶萍公司虽然拥有比八幡制铁所更大型的高炉，但因其在汉阳铁厂第二期建设之后不再有炼钢和轧钢设备的建设，而八幡制铁所在第二、三期扩建中大力扩张平炉炼钢和轧钢设备，并且引进了生产特殊钢的电炉及其轧钢设备，因此八幡制铁所在 20 世纪 20 年代其炼钢和轧钢设备无论在规模还是先进程度上都远远超过了汉冶萍公司，而且具备了生产特殊钢材的能力，这是汉冶萍公司不具备的。

而从生产技术上来看，由于汉冶萍公司的炼焦炉与高炉和炼钢设备没有在一个地点，因此炼焦炉副产物不能在钢铁生产环节得到充分利用，没有实现合理的技术经济性。八幡制铁所的炼焦炉、高炉与炼钢环节做到了相互配合，经过二、三期的扩建之后，八幡制铁所不仅拥有了从生铁到钢材的大规模生产和技术能力以及特殊钢生产能力，而且还拥有具有自主知识产权的炼焦设备，以及炉砖、焦油等副产物生产和技术能力。

可以说，到 20 世纪 20 年代后期，八幡制铁所的钢材生产和技术能力已经远远超过了汉冶萍公司，汉冶萍公司随着高炉和炼钢设备的停产，最终沦落为一个只出产铁矿石和煤焦的原料供应商。

2. 企业本土技术能力

如前所述，汉冶萍公司大冶铁厂在规划、设计和建设上没有充分发挥本土工程师的作用，企业本土技术能力主要为高炉和平炉等设备的建设，以及钢铁设备的运作能力。八幡制铁所的技术能力则不仅体现在设备的修建和运作能力上，还具备了200吨至270吨高炉的设计能力，以及平炉的设计改造能力。不仅如此，八幡制铁所于1916年开始设立技术研发机构，开展了低品质矿石原料的预处理等研究和开发，并开发出具有高生产效率的黑田式炼焦炉，到20世纪20年代后期，八幡制铁所已经初步具备了开展与钢铁生产有关的技术研发能力，而这是汉冶萍公司不可能达到的。

可以说，20世纪20年代的八幡制铁所在设备设计、建造、生产运作和技术研发上积累了的本土技术能力，是汉冶萍公司所不及的。

二、技术转移和技术发展的不同路径

汉冶萍公司与八幡制铁所的生产和技术能力是在几次扩建中逐步形成的，通过史实的梳理，可以发现两家企业所经历的技术转移进程并不相同，因此也形成了不同的技术发展轨迹。

1. 汉冶萍公司的技术发展模式

技术发展首先体现为设备水平和生产能力的提高，汉冶萍公司的设备层面上的技术发展是通过三次相对独立的技术转移和建设实现的，即汉阳铁厂的第一、二期建设以及大冶铁厂的建设和技术转移。之所以称之为相对独立的三次技术转移，是因为三次技术转移之间没有明显的技术消化吸收的环节，即后一次的设备建设未能建立在对前一次转移的技术进行消化吸收的基础之上。

具体地说，汉阳铁厂的第一次技术转移是从英国引进设备，完全在来自英国和比利时的工程师的指导下进行，当出现了技术的不适应性时，汉阳铁厂自身没有本土技术人员可以对其进行适应性改造，而是通过第二次的技术引进来实现设备工艺的适应性，同时提高生产能力，实现盈利。汉冶萍公司的第三次大规模建设即大冶铁厂两座450吨高炉的建设，这是一次由日本人主导的更加独立的设备建设，高炉的设计者大岛道太郎在设计上不太考虑中国本土的技术能力和特点，而是在考察和参考当时世界上先进的高炉的基础上，设计了两座具有诸多试验性要素的大型高炉，因此高炉在技术上与前两次汉阳铁厂的高炉建设完全没有关系。

因此，汉冶萍公司通过三次相对独立的技术引进，扩大了设备产能，提高了设备的先进程度。

但汉冶萍公司的三次技术引进所形成的本土技术能力及其作用的发挥

非常有限。本土技术人员对引进的设备进行消化和吸收，应该是获得本土技术能力的必要一环。汉冶萍公司在汉阳铁厂第二期建设进程中，其实也经历了一个本土技术能力提高的过程，即辛亥革命之后，汉阳铁厂本土工程师接替外籍工程师继续进行 4 号高炉以及 7 号平炉的建设，从而使本土技术人员获得了高炉和平炉建设的宝贵技术经验，遗憾的是，这一次形成的本土技术能力，没有在第三次的高炉建设中发挥作用。汉冶萍公司投入巨资所进行的大冶高炉的建设，仅仅成了日本人建设大型高炉的试验场，汉冶萍公司自身并没有形成与之对应的高炉设计和建造能力。

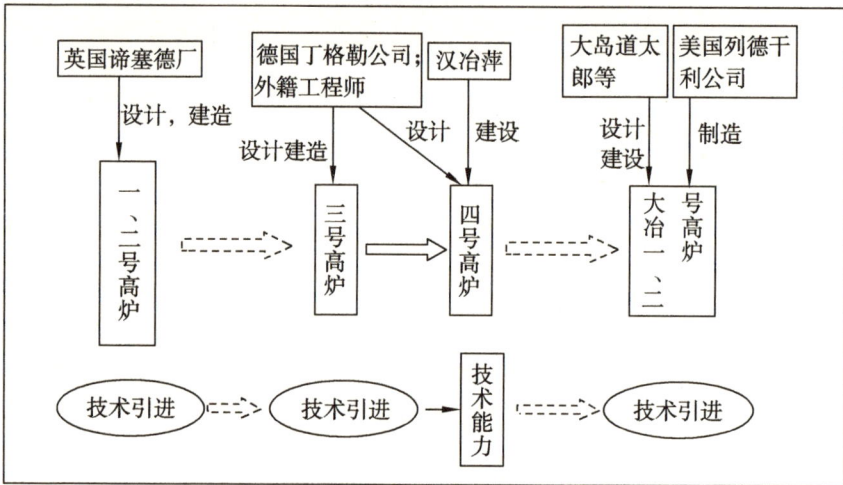

图 3-10　汉冶萍公司高炉技术发展路径

2. 八幡制铁所的技术发展模式

八幡制铁所的技术发展是通过在四次建设工程中从技术引进到消化吸收和改造创新的循环递增过程而实现的。

以高炉的建设为例，八幡制铁所初建 1 号高炉由于设计上的缺陷，导致产出率低而停炉。为重开高炉，野吕景义和他的学生服部渐一起改进高炉的设计并使之成功开炉。而八幡制铁所的 2、3 号高炉的设计和建设完全是建立在 1 号高炉改进后的方案基础之上，到 3 号高炉建设的时候，八幡制铁所已经完全可以自行设计和建造了。而在第二次扩建工程中，制铁所总结了高炉"宽腔、矮腹、大炉腹角"的原则，又一次对 1、2、3 号高炉进行改进，将其公称日产量提高到 200 吨，这可以说是对高炉技术的又一次消化吸收和创新。在改造 1 到 3 号高炉的同时，又建造了 250 吨的 4 号高炉，对于 4 号高炉，制铁所再次请德国公司设计主体部分，而热风炉等设备由制铁所自行设计，全部设备的制造则由制铁所自行完成，由于又一次在 4 号高炉的建设中获得了足够的技术经验，到第三次扩建工程中 270 吨的 5、6 号高炉的建设，八幡制铁所完全可以自行设计、制造和建设了。

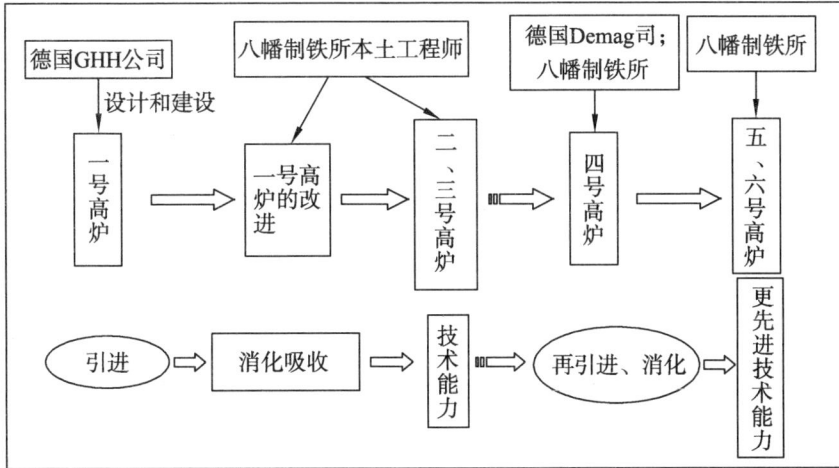

图 3-11　八幡制铁所高炉技术发展路径

可见，八幡制铁所的高炉技术的发展，不是多次技术转移的简单叠加，只有 1 号高炉的建设是完全依靠外国技术的引进，之后每一次的建设都充分吸取了前一次高炉建设中消化吸收的经验，在没有完全的技术把握时，如 2 号和 4 号高炉的设计，制铁所会再次选择由国外公司代为设计，并迅速地将获得的设计转化为自己的技术能力，从而在下一次的高炉建设中实现自行设计。八幡制铁所炼钢等其他技术的发展也同样是经历了引进、消化吸收、再引进和再消化的路径，从而提高设备水平和技术能力的。

两家企业之所以有如此不同的技术发展路径，也与中日两国和两家企业的本土技术能力的差异有很大关系，与中国比较，同时期的日本拥有更多的本土技术人员和更系统的技术养成体系，只有在这样的情况下，才有可能在几次的技术转移过程中实现引进、消化吸收、再引进和再消化的模式。

除此之外，技术以外因素的作用和影响也是影响两家企业不同的技术发展命运的关键。

三、技术以外因素的作用和影响

对于汉冶萍公司与八幡制铁所来说，其技术发展的不同命运是与技术以外因素的影响密切相关的，其中最为直接和突出的影响来自长期以来汉冶萍公司与日本之间形成的复杂关系。

1. 汉冶萍公司与日本的关系及其影响

汉冶萍公司与八幡制铁所都是两国第一家大型的钢铁联合企业，这样的钢铁企业需要有技术之外的两方面投入作为保障：一是巨额的资金投入，二是铁矿石和焦炭的长期稳定供应。汉冶萍公司拥有令人羡慕的铁矿石资源，但资金缺乏始终困扰着企业；八幡制铁所的情况则相反，其一直得到政府在资金方面的大力支持，但日本国内缺少优质的铁矿石资源，因此，如何从国外获得优质廉价的铁矿资源是八幡制铁所必须解决的问题。在此情况下，汉冶萍公司于1899年与八幡制铁所签订的首个互购煤焦矿石合同，这无疑给日本提供了一个渗透到中国钢铁业中，获得中国铁矿资源的绝好机会，之后的史实证明，这成为影响近代汉冶萍公司与八幡制铁所的企业和技术发展的重要因素。

汉冶萍公司与日本的关系始于1898年，时任日本驻上海总领事的小田切万寿之助听说盛宣怀担心中国铁矿缺乏煤焦，愿从日本获得，即将此事向日本国内做了详细报告。同年10月伊藤博文访问中国，在汉口与张之洞会晤时，谈及愿意以日本焦炭换购大冶铁矿石，张之洞让其直接与盛宣怀商议[147]。

1898年11月至1899年3月，小田切受日本外务大臣之委托，与盛宣怀展开了关于大冶铁矿石的商谈，日本人一开始提出在大冶铁山某一区域内单独进行开采的要求，遭到盛氏的拒绝，经过几个月的谈判，最终于1899年签订了煤铁互售合同，汉阳铁厂同意向八幡制铁所提供每年至少5万吨大冶铁矿石，日本则向盛宣怀掌管的汉阳铁厂和招商局、纺织厂提供每年至少三四万吨煤焦。此外，八幡制铁所派二三名代表常驻大冶石灰窑、铁山两处，经理购买矿石等一切事宜[148]。

煤铁互售合同签订后，日本将从大冶铁矿获得原料作为一项国策，以确保八幡制铁所的长期发展。1903年日本外务大臣致信上海总领事小田切万寿之助：

"总之，我国对大冶铁矿方针，在于使其与我制铁所关系更加巩固，并成为永久性者；同时，又须防止该铁矿落入其他外国人之手。此乃确保我制铁所将来发展之必要条件。"[149]

1902 年 12 月，日本为达到长期获得大冶铁矿资源的目的，希望用贷款来换取铁矿利益，委托小田切万寿之助见机与盛宣怀进行商谈，1903 年 2 月至 1904 年 1 月，小田切万寿之助在日本外务省的直接支持下，与盛宣怀展开 300 万日元预借大冶矿石矿价合同的谈判，最终于 1904 年 1 月 15 日签订了《大冶购运矿石预借矿价正合同》，由日本兴业银行向汉阳铁厂大冶矿局提供 300 万日元，以 30 年为期，汉阳铁厂以每年 7 万—10 万吨大冶铁矿石偿还借款，价格每十年商定一次，日本向矿山派日本矿师，受盛宣怀和大冶总矿师节制[150]。

以 1904 年 300 万日元贷款为蓝本，从 1904 年至 1927 年日本先后向汉冶萍公司提供了长期或不定期款项 32 批，共计日金 50 601 800.84 元，规元银 390 万两，洋例银 82 万两，汉冶萍公司则向日本出售矿石和生铁，以偿还本银和利息[135] 127。

表 3-7　汉冶萍公司所借长期、不定期日债①

借款日期	债权人	借款数额	还本方法	截至 1948 年 9 月止结欠款
1903.12.14	大仓组	洋例银 20 万两	1 年为期	
1904.1.15	兴业银行	日金 300 万元	30 年为期，1924 年改为自 1927 年 3 月停止还本，以后 25 年间摊还	日金 2 051 551.8 元
1906.2.28	三井物产会社	日金 100 万元	3 年为期，后展至 1914 年 6 月 30 日	
1907.12.13	大仓组	日金 200 万元	7 年为期，前 3 年付息，后 4 年分 4 期还本	
1907.12.13	汉口正金银行	日金 30 万元	5 年为期	

---

① 资料来源：刘明汉等编. 汉冶萍公司志. 武汉：华中理工大学出版社，1990.128—133.

（续表）

借款日期	债权人	借款数额	还本方法	截至 1948年 9 月止结欠款
1908.6.13	横滨正金银行（第一批）	日金 150 万元	10 年为期，前 3 年付息，第 4 年起分 7 年还债。1913 年起还本日期一再延展	日金 150 万日元
1908.11.14	横滨正金银行（第二批）	日金 50 万元	同上	日金 50 万元
1909.3.21	汉口正金银行	洋例银 50 万两	1909 年 4 月 19 日起分两年还清	
1910.9.10	横滨正金银行（第三批）	日金 100 万元	原定两年为期，后改为1911 年起分 3 年归还	
1910.11.17	横滨正金银行（第四批）	日金 612 730 元	1915 年起分 5 年归还，1925 年起改为从 1924—1927 年仅付利息，以后25 年间本利均等摊还	日金 612 730 元
1910.11.17	横滨正金银行（第五批）	日金 614 395 元	同上	日金 614 395 元
1910.12.28	三井物产会社	日金 100 万元	1 年为期，1911 年 10 月起延期 1 年，加息 1 厘	
1911.3.31	横滨正金银行（第六批）	日金 600 万元	15 年为期，1915 年期分11 年还本，1925 年修改原约，同第四批	日金 600 万元
1912.2.8	汉口正金银行（第八批）	洋例银 12 万两	1913 年和 1914 年各归还一半	
1912.2.10	横滨正金银行（第七批）	日金 300 万元	30 年为期，1925 年修改原约，同第四批	日金 2 976 059.95元

（续表）

借款日期	债权人	借款数额	还本方法	截至1948年9月止结欠款
1912.6.13	横滨正金银行（第九批）	日金50万元	1915年起分两年归还	日金50万元
1912.12.7	上海正金银行（第十批）	规元银250万两	1914年起分3年归还，1925年修改，同第四批	规元银250万两
1912—1913	上海正金银行	规元银120万两	不定期	
1913.4.10	三井物产会社	规元银10万两	不定期	
1913.4.11	同上	规元银5万两	同上	
1913.5.19	同上	规元银5万两	同上	
1913.11.30	同上	日金50万元	同上	
1913.12.2	横滨正金银行（第十一批）	日金600万元	40年为期，1919年起分34年还本，1925年修改原约，1924—1927年仅付利息，以后32年间本利均等摊还	日金600万元
1913.12.2	横滨正金银行（第十二批）	日金900万元	同上	日金900万元
1917.9.7	安川敬一郎	日金125万元	自九州制钢公司开炉起，第六年分10年均等摊还	
1919.4.25	同上	日金125万元	同上	
1925.1.21	横滨正金银行（第十三批）	日金850万元	分35年归还，前3年仅付利息，后4年起，按年均等摊还本息	日金6 398 050.98元
1927.1.27	横滨正金银行（第十四批）	日金200万元	分32年均等摊还	日金200万元
1930.5.28	横滨正金银行（甲借款）	日金116 681.62元	自1930年6月1日起，分15年均等摊还	

（续表）

借款日期	债权人	借款数额	还本方法	截至 1948 年 9 月止结欠款
1930.5.28	横滨正金银行（乙借款）	日金 117 375.56 元	同上	
1930.5.28	横滨正金银行（息款）	日金 504 142.16 元	自 1945 年 6 月 1 日起按年摊还，金额与甲乙借款金额同	日金 504 142.16 元
1930.5.28	兴业银行（息款）	日金 26 501.50 元	自 1930 年 6 月 2 日起，分 15 年偿还	日金 14 501.50 元
总计		日金 50 351 825.84 元规元银 390 万两	洋例银 82 万两	日金 38 671 431.39 元规元银 250 万两

汉冶萍公司与日本之间不仅存在巨额的借款关系，如前所述，1913 年的 1 500 万借款合同签订后，八幡制铁所和横滨正金银行向汉冶萍公司派最高工程顾问和会计顾问，日本因此更加深入地渗透到汉冶萍公司的管理之中。可以说，汉冶萍公司与日本之间的关系对两家企业的技术发展均有着重要影响。

（1）对于汉冶萍公司来说，日本的借款改变了其生产重心，企业的技术发展方向也随之改变。

由于借款需要以铁矿石和生铁来偿还，因此汉冶萍公司将大量资金和注意力都投入到铁矿石开采和生铁冶炼上，尤其是 1913 年获得的 900 万日元借款，除新建一座西门子马丁平炉外，其余用于汉阳铁厂的 4 号高炉以及大冶铁厂两座高炉的新建、大冶铁矿和萍乡煤矿的扩充，此次扩充工程完全以扩大产量为目的，没有任何旨在提高产品技术含量和附加值的投入，这是与八幡制铁所第二、三期扩张非常不同的一点。可以说，正是由于大量的日本借款，使一战之后的汉冶萍公司逐渐沦为一个生铁和铁矿石的原料生产商，炼钢和轧钢技术未能得到充分发展。

日本借款不仅改变了汉冶萍公司的技术发展方向，1913 年后日本向汉冶萍公司在技术管理层面上的渗透直接阻碍了汉冶萍公司本土技术能力的进一步发展，日本工程师大岛道太郎直接主导大冶高炉的设计和建造，中国工程师的作用没有得到发挥，汉冶萍公司没有通过大冶铁厂的建设获得应有的本土技术能力。实际上，大冶铁厂成了没有大型高炉建造经验的日本工程师大岛道太郎的试验场。

（2）日本与汉冶萍公司的密切关系，从原料上保障了八幡制铁所的长期发展。

据统计，一战之前八幡制铁所高炉使用的铁矿石中，大冶铁矿石所占份额一直保持在 60％—70％，一战之后随着大冶铁矿产量的增大，大冶铁矿石的份额继续增大[151]。汉冶萍公司方面，从 1893 至 1938 年，大冶铁厂的铁矿石出产量为 14 009 989 吨，其中 9 239 868 吨销往日本，占大冶铁矿石总产量的 66％[135] 50—51。

不仅如此，由于借款合同约定每十年商议生铁和铁矿石价格一次，这使得八幡制铁所能够以远低于市场价的价格获得汉冶萍公司的铁矿石和生铁，虽然一战期间经过汉冶萍公司的据理力争，价格有所提高，但仍然低于市场价，而且由于这一时期日元对中国银元的比价是贬值的，因此虽然供给日本的矿石和生铁价格有所提高，但实际上是越来越低。八幡制铁所因此在一战期间获得了高额利润。据统计，一战期间汉冶萍公司共销往日本矿石 150 万余吨，八幡制铁所因压低价格直接获利 1 078 万日元[135] 143。可以说，不合理的铁矿石价格一方面使八幡制铁所可以在财政上轻松解决原料问题，并获得高额利润和进一步的发展空间，另一方面，使汉冶萍公司即使是在市场看好的时期也不能获得合理的利润，在很大程度上扼杀了公司生产和技术发展的动力。

2. 两家企业与政府的不同关系是另一重要的影响因素

两家企业虽然初创时都是官营企业，但汉冶萍公司很快转为商办企业，无论是晚清还是民国政府都没有能力也无暇对其提供充分的支持，与之相比，八幡制铁所作为日本农商务省直接创办官营企业，一直得到来自日本政府的全力支持。政府的不同态度是导致两家企业不同命运的另一重要原因。

中国方面，汉阳铁厂初创时是由晚清地方督抚创办的官办企业，虽然是官办，但当时的清廷中央政府能给予的支持十分有限。除了铁厂建设之初户部拨银 200 万两，以及之后奏拨盐厘银 30 万两外，清廷再未能给予铁厂更多的财政支持。除了极其有限的资金支持外，汉阳铁厂的接管者盛宣怀是以获得官方支持为条件接管铁厂的，盛氏由此被举荐组织中国铁路公司，督办卢汉铁路，1897 年 1 月中国铁路总公司成立，盛宣怀为督办。这一任命使汉阳铁厂与中国铁路总公司之间形成了特殊关系。之后，凡是中国铁路总公司督办的铁路，在其借款合同中均有优先购用汉阳铁厂钢轨部件的条款。如修建卢汉铁路时，与比利时的借款详细合同的第二十五款规定：营造汉保全路，及行车后所需制造材料，除汉阳各厂所能先尽购办外，皆归比公司承办[152]。

中日甲午战争之后，清政府的财政更加困难，汉阳铁厂也因财政拮据而由官办改为官督商办，铁厂的接管者盛宣怀在向民间筹集资金有限的情况下，转而向国外寻求借款，这才使得日本有机会以借款的方式一步步渗透和控制汉冶萍公司。

如果说汉冶萍公司在晚清时期还可以借助盛宣怀作为中国铁路总公司督办和邮传部大臣的身份获得一些来自官方的关照，辛亥革命则使汉冶萍公司的特殊地位彻底消失，加上没有国家关税的保护，使得汉冶萍公司直接处于进口钢轨的强大竞争之下。不仅如此，新成立的民国政府不仅在财政上不能提供支持，财政拮据的新政府反而为了筹集军费而向汉冶萍公司筹款，并导致汉冶萍公司陷入中日合办的危机之中。此外，辛亥革命之后汉冶萍公司常常为钢轨销售与政府部门发生摩擦。如民国三年，交通部向汉冶萍公司替陇海、吉长等铁路购轨时，民国政府以前清时期曾预支邮传部轨款为由，拒不付现，而以旧欠作抵，以致汉冶萍公司向政府发出"矢绝道穷，不亡何待"的哀鸣。

我们当然不能把汉冶萍公司的失败完全归于政府的不支持，但从理论上说，创办一个新兴的钢铁联合企业在当时属于风险极高的创业行为，新兴行业的产品成本往往会高于先进国家的产品，汉冶萍公司的钢轨成本亦是如此，在这种情况下，来自国家的财政和关税上的支持往往非常重要，而这正是汉冶萍公司所欠缺的。

日本方面，八幡制铁所是日本农商务省直接创办的企业，在 1933 年之前企业名称为"官营八幡制铁所"。作为当时唯一的官营钢铁联合企业，八幡制铁所一直处于日本政府的全力支持下，体现在以下几个方面：

一是资金上的支持。八幡制铁所在初创时期和之后的连续大规模扩建都耗费了巨额资金。如前所述，从初创到 1908 年，明治政府投入制铁所的资金约 5 015 万日元，除了高额的设备费用、事务费等之外，还用于填补高额的营业亏损，而八幡制铁所第二、三期的扩建工程预算总额达 5 065 万日元，都由日本国家财政预算投入。

二是农商务省直接管理企业，直接任命和组织企业机构，为八幡制铁所提供技术和管理人员上的支持。八幡制铁所初创时期的主要事务和技术官职人员大都由农商务省的官员和技师担任，1897—1902 年担任八幡制铁所长官的和田维四郎，此前为农商务省地质调查所代所长，1902—1914 年制铁所长官中村雄次郎一直在日本军方任高级官员，这也体现了八幡制铁所越来越明显的军事目的。

三是日本政府直接推动与汉冶萍公司的各项借款，保障八幡制铁所的原料供应。汉冶萍公司的借款虽然来自横滨正金银行和兴业银行，但据代鲁、张国辉等人研究，日本对汉冶萍公司的重大借款活动，都是经过日本内阁会议通过，由内阁总理大臣作出裁决，日本对汉冶萍公司贷款的绝大部分来源，也是出自日本大藏省的资金[153]。

美国经济学家查默斯·约翰逊（Chalmers Johnson）这样描述农商务省与八幡制铁所的关系："19 世纪末，农商务省承担了一个更为重要的职责，那就是经营国家所有和经营的八幡制铁所……农商务省兴建并经营八幡制铁所使该省与大钢铁企业融为一体，这一状态延续至今……新闻界时常提出，八幡公司对政府影响甚大，甚至于给通产省①起了个绰号叫'八幡钢铁公司东京办事处'。"[154]

正是由于官营八幡制铁所获得了来自政府在资金、人员、原料保障等方面的大力支持，使得八幡制铁所得以顺利度过初创时亏损期，也得以使历次制铁所的扩建在充足的资金、原料保障下顺利进行，从而使八幡制铁所有了更大的技术发展动力，这是汉冶萍公司不可能得到的。

纵观两家企业的历史，可以说汉冶萍公司是一个创办于风雨飘摇的晚清社会，在政权交替的时局中艰难维持的中国唯一的大型钢铁联合企业，在得不到政府支持的情况下，依靠对大冶铁矿垂涎已久的日本人的借款而求发展的钢铁企业，最终也因日本人的渗透而丧失了发展空间，沦落为以

---

① 通产省：日本战后成立的主管产业工商贸易的行政省，其前身可追溯到明治时期成立的农商务省。

生产生铁和铁矿石为主的原料供应商。汉冶萍公司以衰败告终，但其对于近代中国钢铁技术发展有着不可忽视的意义，中国最早的本土钢铁生产和技术能力是由汉冶萍公司才得以真正建立起来的，在中国尚缺乏培养本土钢铁工程师的时期，汉冶萍公司依靠自己的资金送培了中国第一代钢铁工程师，这些工程师在汉冶萍公司近30年的建设和生产中获得了钢铁企业生产和建设的技术能力，虽然中国近代钢铁技术发展因汉冶萍公司的衰败而停滞不前，但钢铁技术体系得以在中国初步确立。

八幡制铁所则是一个由明治政府在追求西方文明的现代化进程中全力创办的官营钢铁联合企业，在日本中央政府的大力资助和直接管理下，依靠来自中国和韩国的铁矿石原料而发展成为二战之前东亚最大规模和最先进的钢铁企业。对于日本近代钢铁技术的发展来说，八幡制铁所的建设与成长和由技术引进到消化创新的进程，不仅意味着产业技术的不断提高，也推动着日本近代钢铁技术研发和创新能力的不断加强，使得日本钢铁产业技术水平和能力在20世纪30年代初已经远远超过了中国。这是明治以来日本政府全力实现西化和工业现代化的一个典型范例。

第四章　工业化进程与技术发展

——宏观的视角

产业技术是通过企业生产而最终实现的，因此一个国家的钢铁工业是其钢铁技术的重要载体。中日两国近代除了汉冶萍公司和八幡制铁所之外，在第一次世界大战前后都经历了一个其他钢铁企业的创建时期，但从整体上看，两国钢铁工业及其技术发展有着截然不同的命运。本章就中日两国近代钢铁工业及其技术发展历史进行系统梳理，进而从整体上来分析和比较导致两国近代钢铁工业及其技术的不同命运的原因。

第一节　中国钢铁工业的兴办与技术

除汉冶萍公司外，一些新式钢铁企业在民国初期尤其是一战时期得以创办，一战使钢铁市场需求和价格持续上涨，加之中国有较为丰富的煤铁矿资源，这激发了来自日本和中国国内资本在中国投资兴办钢铁事业。本溪湖煤铁公司和鞍山铁厂分别于 1911 年和 1916 年开始兴建，这两家企业虽然规模较大，但实际上完全被日本控制。1914 年之后，由一战带动的国内资本陆续投资兴建了扬子机器厂、上海和兴钢铁厂、阳泉铁厂、龙烟公司铁厂，但随着欧战结束钢铁市场急剧疲软，这些小规模的国资企业无法与国外钢铁企业竞争而衰落。

一、一战带动下的中国国内资本投资创办的新式钢铁企业

受到一战时期钢铁生产高额利润的刺激，扬子机器厂高炉、上海和兴钢铁厂、保晋公司阳泉铁厂、龙烟公司高炉在 1917 年以后相继开工建设。

1. 汉冶萍公司的"衍生"效应：扬子机器公司及其高炉

扬子机器公司的创办与汉阳铁厂关系密切，汉冶萍公司在扬子机器公司创办和发展过程中起到了"种子"的效应。

1907 年，汉阳铁厂以合资的形式，在汉口发起创办了扬子机器厂，厂址位于汉口谌家矶。汉阳铁厂总办李维格为公司的发起人，以制造汉阳铁厂所不能产之铁路桥梁、车辆等钢件为目的："前在铁厂各路来订钢轨，并有订桥梁、叉轨、车辆等，惟此项桥梁等亦外国专门，厂中不能办。中国开无此厂，惟有到外洋去办，彼时即有就厂开办桥梁厂之意。"[155]公司由商人宋炜臣、顾润章等集银 40 万两，由汉阳铁厂搬出旧机器，提银 5 万两作股本，以李维格的名义创办，所用的钢铁材料，购自汉阳铁厂[135] 101。

第一次世界大战导致铁价飞涨，1919 年扬子机器厂决定建造炼铁高炉。高炉由一直担任印度塔塔钢铁厂设计者的纽约佩林马歇尔（Perin & Marshall）公司设计，铁厂于 1919 年 1 月开始兴建，由于战争导致进口材料紧缺，铁厂的很多设施或由扬子机器公司自己生产，或由国内厂商提供，如高炉鼓风机的动力部分购自美国，而鼓风部分则由扬子机器公司根据美国查姆斯（Allis Chalmes）的设计仿制，而高炉内衬所用炉砖，系由开滦矿务局提供[141]。

扬子机器公司的高炉设计日产能为 100 吨，高炉的有效高度约 66 英尺（20.1 米），其中炉缸高 6 英尺（1.83 米），炉缸直径 7 英尺 9 英寸（2.36 米），炉腹高约 10 英尺（3.05 米），最大直径 12 英尺 6 英寸（3.81 米），炉身高约 50 英尺（15.24 米），上口直径 9 英尺（2.74 米）。高炉炉顶为双盖式，小盖在上，大盖在下。高炉配有 4 座热风炉，为旁燃式，高炉运作时使用 3 座，热风温度在华氏 1 400 度之间[156]。

图 4-1 扬子机器公司铁厂高炉（约 1922 年）[①]

高炉于 1920 年 7 月 26 日开炉，而此时一战结束，铁价大跌，虽然从钢铁冶炼的角度来看，高炉的运作良好，但问题在于高炉生产规模太小，从成本的角度来说不能实现生产的经济性[141]。此外，扬子机器公司没有自己的焦炭和铁矿石基地，高炉冶炼的原料需要外购，焦炭来自六河沟、萍乡等处，矿石购自安徽当涂和湖北铁政局的大冶象鼻山铁矿，因此原料成本也较高。这使得高炉在开炼初期不能盈利，无法抵偿公司债务，于是公司于 1923 年将铁厂出租给六河沟煤矿公司，此后由国民政府外交部的王正廷和李晋增资 50 万元，聘请原汉阳铁厂陈廷纪为总工程师，恢复生产，改称六河沟铁厂。

作为扬子机器公司创办的发起者，汉冶萍公司的"衍生"效应不仅体现在为扬子机器公司提供部分股本，更重要的是，扬子机器公司创办的初衷是弥补汉冶萍公司的产品空缺。此外，一些汉冶萍公司的技术人员在后来加入了扬子机器公司铁厂，如王宠佑曾任炼铁部主任、技术部主任、技术顾问等职，炼铁工程师陈廷纪担任了扬子铁厂的总工程师[135] 101，吴健也曾担任扬子铁厂管理处常务委员[155]。通过人员的流动，汉冶萍公司积累的钢铁技术经验得以向其他企业扩散。

2. 龙烟公司石景山高炉的兴建

龙烟公司是北洋政府于 1918 年成立的官商合办企业，最初由烟筒山铁

---

① 图来源：Lansing W. Hoyt. Blast Furnaces and Steel Mills in China. The Far Eastern Review，1923（5）.

矿和龙关铁矿公司合并。成立时股本 500 万洋银，官商各半，官股分别由交通部出 122 万，农商部出 128 万。250 万商股的股东包括了黎元洪、徐世昌、冯国璋、段祺瑞、曹汝霖、陆宗舆等北洋政府要员以及汉冶萍公司总经理盛恩颐等资本家和银行家。成立时任命陆宗舆①为公司督办，丁士源②为会办，张新吾③为总经理。

为了抓住一战钢铁上涨的有利时机，龙烟公司在初创时便开始筹建铁厂。1919 年龙烟公司将出产的铁矿石运往汉阳铁厂，用其 4 号高炉进行试炼，供炼铁矿石 40 000 吨，据称结果甚佳[158]。试炼之后，公司于 1919 年 2 月着手进行铁厂的选址，聘请佩林马歇尔公司为顾问，在"宽敞高燥、煤和水适宜敷用、运输便利、战时安全"的四项原则下，选定石景山为厂址。1919 年 6 月，由佩林马歇尔设计的铁厂平面图完成[159]。

龙烟公司的高炉设计日产能为 250 吨，同样由佩林马歇尔公司设计和承办工程及安装设备，佩林马歇尔公司还派了一名安装工程师格林（G. G. Green）为驻厂安装工程师。高炉于 1921 年初开始建设地基[160]，于 1923 年铁厂全部完工[161]。霍德认为，从高炉的设计及其附属设施来看，龙烟公司铁厂在亚洲称得上是最佳的[160]。炉有效高度约 85 英尺（25.9 米），炉腹高约 18 英尺（5.5 米），炉缸高 13 英尺（3.96 米）[160]，其余尺寸不详。高炉炉体和热风炉等主要设备均购自美国，高炉内衬的炉砖据称吸取了扬子机器公司高炉的经验教训，不使用中国国产炉砖，使用美国哈宾森伍德兰公司（Harbinson Woodland）生产的炉砖[162]，热风炉则使用开平一号耐火砖[160]。

虽然设计和建造精良，但龙烟公司的高炉在建成之后，因资本耗尽，

---

① 陆宗舆（1876—1941），字润生，浙江海宁人。幼年从张謇读书学问，1899 年自费赴日本早稻田大学攻读政经科。1912 年任北洋政府财政部次长、总统府财政顾问。1913 年底任驻日公使。1916 年后任交通银行股东会长、中华汇业银行总理。1919 年起任龙烟铁矿督办.

② 丁士源（1879—1945），字文樵，浙江吴兴人。北洋水师学堂及上海圣约翰大学毕业，后留学英国。清末历任陆军部军法司长、高等巡警学堂总办。民国成立后，历任段祺瑞副官长、京绥及京汉铁路局长、《日日新闻》主笔、国内公债局总理、天津中华汇业银行经理等。1932 年后任伪满洲国驻日公使、伪满洲国驻国联代表等.

③ 张新吾（1879—1976），上海龚路镇人，早年入天津北洋大学堂，后官费留学日本东京帝国大学。1903 年回国创办天津工艺学校，清末在京创办丹凤火柴公司，任技术顾问。民国初年，任商务部代理次长，代理总长。在农商部任职期间，主持筹建龙烟铁矿及其所属的石景山炼铁厂。与吴蕴初、范旭东等创办中华化学会，历任九届会长.

始终未能投产。1921 年，公司预计高炉开炉之前尚有 200 万元的缺口，可以说能否筹集到这笔款项关系到铁厂能否顺利开炉。1921 年 9 月，陆宗舆与日本东亚兴业公司拟定销铁垫款合同草案，这一草案对于龙烟公司在财产担保、生铁销售、工程师和会计师的聘用以及铁价方面都有非常苛刻的约束，草案条款经当时的《京报》登出，遭到了中国国内的一致反对，合同因此被废弃[162]。这一时期北洋政府内部矛盾不断激化，引发直皖、直奉战争，龙烟公司在军阀角逐之中不断被易手，但始终没有再得到资金投入，石景山铁厂因此一直处于瘫痪状态，直到二战期间日军占领北京，强占铁厂并使高炉开炉产铁，但此时高炉出产的铁已经不再为中国人所拥有。

图 4-2　龙烟公司石景山铁厂高炉（约 1922 年）①

3. 和兴钢铁厂：民族资本创办的小型钢铁企业

和兴钢铁厂是由民族资本家陆伯鸿在一战期间创办的新式钢铁企业。在和兴钢铁厂之前，陆伯鸿在上海创办了华商电气股份有限公司、和兴实业公司等企业。一战前夕，钢铁价格开始上涨，1913 年 3 月，陆伯鸿委派在华商电气公司任职（一说在德国西门子洋行任职[163]）的德籍工程师高翕（E. Hocher）到安徽太平府宝兴公司矿区，考察其铁矿石是否可以作为钢铁厂的原料，在得到肯定答复后，陆伯鸿撰写了《化铁炉说略及预算》一文，在上海实业界、金融界广为宣传，为钢铁厂筹集到股本规银 12.5 万两，发起成立了和兴化铁厂，在上海浦东周家渡西村购地二十余亩作为厂址[164]。

---

① 图来源：Lansing W. Hoyt. Blast Furnaces and Steel Mills in China，2. The Far Eastern Review，1923（6）.

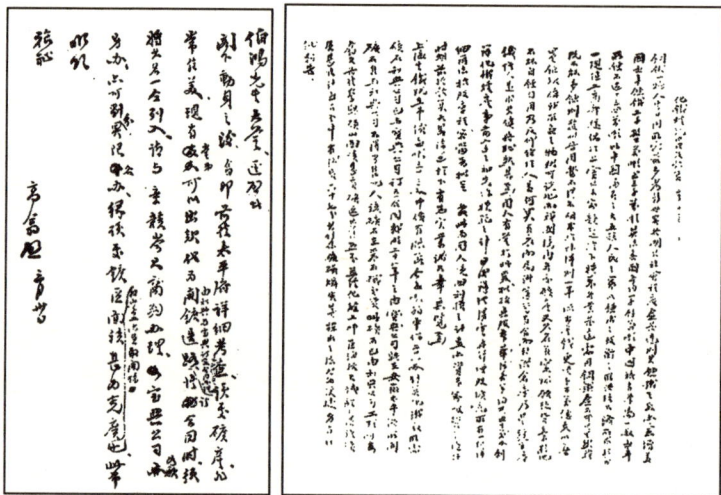

图 4-3　高翕致陆伯鸿信函；以及陆伯鸿撰写的《化铁炉说略及预算》

　　1917 年陆伯鸿委托德国西门子洋行代为订购一座 10 吨的小高炉（一说 12 吨），开始建厂。1918 年 4 月竣工。1918 年 8 月 18 日铁厂正式投产，主要生产铸造用木炭生铁[163]4。原料铁矿石来自安徽当涂宝兴公司、芜湖益华公司和浙江长兴青山公司，燃料开始使用浙江鸿兴号木炭，后改为焦炭炼铁后，使用开滦焦炭，电力由浦东电气公司供应[164]。由于铁价高涨，和兴铁厂投产之后 3 个月就收回成本，这大大刺激了铁厂的积极性，股东们决定不分红，用铁厂盈余增加铁厂股本，于 1920 年再次向西门子洋行订购了一座日产 25 吨（一说为 33 吨）的高炉，造价 15.4 万两银，1921 年 1 月 16 日高炉建成投产[163]5，使和兴铁厂生铁日产量增至 35 万吨。

　　由于一战结束铁价暴跌，和兴铁厂在价格上无法与进口生铁竞争，于 1921 年 7 月 7 日停工。1922 年，陆伯鸿等股东开始筹划增资扩充和兴铁厂，这次扩充以添置炼钢炉和轧钢设备为主，希望通过向钢材转产而挽救企业。此次不仅向国内商人筹措到资金近 50 万两银，还与德国吕桑埠陶蒙城矿务钢铁股份有限公司签订了以机器入股的协议，约定德方以轧钢机 1 套、10 吨碱性平炉两座以及 1200 匹马力电动机一台作价 25 万两银，其中 5 万两由和兴厂以现银交付，其余 20 万两作为股本入股。1923 年和兴化铁厂更名为和兴钢铁厂，按照德国钢铁厂提供的设计图纸，新建 2 座平炉和直径 500 毫米的轧钢机一座，工程于 1924 年底基本竣工，陆伯鸿从汉阳铁厂招聘了部分技术工人。1925 年初，炼钢平炉投产，2 月轧钢机投产，炼钢部日出钢约40吨,轧钢部日产钢材30吨左右。主要产品有硬钢和竹节钢两类,质量和销路都看好。但这时进口钢材在中国采取了压低价格的倾销策略,迫使和兴钢铁厂不得不以低于成本价销售钢材,1925—1927年,和兴共生产钢材11 000吨,累计亏损353 636两银。1927年2月,股东会议不得不忍痛决定再次停产。

1928年国民政府成立之后,和兴钢铁厂曾多方努力试图争取到国民政府的支持,陆伯鸿于1929年9月和11月分别呈函中华实业团体国定税则研究委员会和国民政府工商部、财政部,要求对进口钢铁至少征收50%的税额,但终无成效。在既得不到资金支持,也得不到政策保护的情况下,和兴股东于1930年组成租办和兴钢铁厂筹备会,希望将全厂出让或出租,或投资合办,来摆脱债务困扰。几经周折之后,新和兴钢铁股份有限公司于1935年成立,生产逐渐恢复正常,1935—1936年,公司度过了短暂的黄金时期,可好景不长,1937年8月随着日军炮火临近,公司被迫停产[163]5-11。1925年扩建之后,和兴钢铁厂设备再无扩充。

4. 保晋公司阳泉铁厂

保晋公司的全称是"山西商办全省保晋矿务有限公司",由晋商祁县人渠本翘发起,为收回矿权,维护晋商利益而创建于1907年。1907年12月保晋公司与英国福公司正式签订协议,约定收回矿权需向福公司缴纳赎银275万两,公司随即发行股票,历经七年共筹银洋286万元[165]。

1917年冬,保晋公司经股东会决议,建设铁厂,厂址选择在阳泉车站旁桃河北岸,并向日本和美国订购设备。1919年设备陆续运到,1921年秋天工程全部完工。阳泉铁厂的设备有15吨高炉一座,系向日本订造,高炉配有热风炉3座;此外还有熔炼生铁炉一座,用来改炼土铁。铁厂原计划以炼制生铁为主,但建成之时一战结束,阳泉铁厂积压生铁甚多,非制成熟铁不易销售,因此铁厂用自铸铁件和自造的火砖,建成西式5吨的搅炼炉(炼熟铁炉)和10吨的打条铁炉各一座,1920年秋季开炉试炼成功后,又建造同样的搅炼炉4座,5座搅炼炉共能炼制熟铁15—16吨。除了炼铁设备之外,铁厂还配置了各种铣床、钻床、车床等,均购自日本和美国,用来制造各种机器,如锅炉、蒸汽机、车床、磅秤、煤车、布机、齿轮等,以供出售。除此之外,铁厂还建造了两座砖窑,以平定的坩土为原料,生产耐火砖,替代原购自日本唐山的耐火砖。[166]

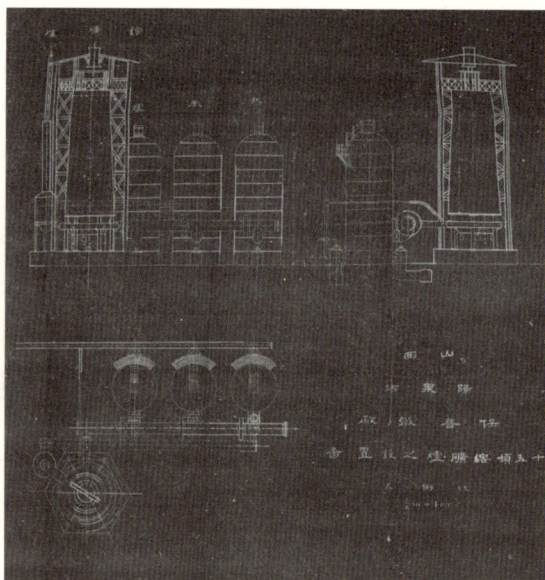

图 4-4　保晋公司阳泉铁厂 15 吨高炉设计图①

据农商部矿政司的调查报告，阳泉铁厂高炉因生铁市价过低，投产之后暂未开炉，直到 1926 年 7 月才开炼生铁。铁厂主要以锻炼熟铁、制造机器、烧售火砖为主，并用坩埚炼制坩埚钢（罐钢），专供刃器之用[166] 101。铁厂自 1921 年正式营业之后，三年盈利洋 50 783 元[167]。

5. 国内资本创办的钢铁工业技术概况

表 4-1　中国主要新式钢铁厂设备和产品状况

企业名	创建年份	企业性质	主要设备	技术来源	主要产品
汉冶萍公司汉阳铁厂	1894	商办	100 吨高炉 2 座；250 吨高炉 2 座；30 吨炼钢平炉 7 座；各式轧机 16 座	英国、德国	生铁、钢轨及其他各式钢材
汉冶萍公司大冶铁厂	1914	商办	450 吨高炉 2 座	日本人设计，美国制造	生铁

---

① 图来源：虞和寅. 矿业报告第一册：平定阳泉附近保晋煤矿铁厂报告. 北京：农商部矿政司，1926.

（续表）

企业名	创建年份	企业性质	主要设备	技术来源	主要产品
扬子机器公司铁厂	1919	商办	100 吨高炉 1 座	美国佩林马歇尔公司设计、建设	生铁、桥梁、车辆等钢材构件
龙烟公司铁厂	1919	官商合办	250 吨高炉 1 座	美国佩林马歇尔公司设计、建设	没有生产
和兴钢铁厂	1913	商办	12 吨、33 吨高炉各 1 座；10 吨平炉 2 座；轧钢机 1 套	德国公司设计	生铁、竹节钢、硬钢等钢材
保晋公司阳泉铁厂	1917	商办	15 吨高炉 1 座；炼熟铁炉 5 座；10 吨打条铁炉 1 座	高炉由日本设计制造，炼熟铁炉为企业自己建造，其他设备来自日本或美国	生铁、熟铁、各种机器部件、坩埚钢
宏豫公司铁厂			25 吨高炉 1 座		生铁
上海钢铁机器股份公司（原江南制造局炼钢厂）	1926	官商合办	15 吨平炉 2 座	各种钢材	

　　以上述钢铁企业的创办为标志，中国钢铁产业在一战时期形成了一次创业高潮，除汉冶萍公司之外的钢铁企业由此有了一个短暂的发展时期，但在一战之后随着市场疲软和进口钢铁的强大竞争而很快走向衰落。从技术的角度来看，这些国内资本创办的钢铁企业呈现以下特点：

一是由于资金有限，所以钢铁冶炼设备规模偏小，无论是单个设备还是企业规模都远小于汉冶萍公司。创办的企业中，龙烟公司铁厂的 250 吨高炉是最先进和大型化的，这是由于龙烟公司是北洋政府要员发起的官商合办企业，资金不仅来自北洋政府，还来自当时资金相对充裕的各大资本家和银行家，但即便如此，龙烟公司的高炉最终还是因资金短缺和时局动荡而没能开炉，而其他铁厂的高炉都在 100 吨以下。炼钢设备亦是如此，汉冶萍公司的 7 座 30 吨平炉始终是我国近代最大的炼钢设备，其余企业只有和兴钢铁厂的 2 座 10 吨平炉，以及上海钢铁机器公司的 2 座 15 吨平炉。由于设备规模偏小产量偏低，不能实现生产的经济性，尤其是在一战之后铁价迅速下跌之时，这些刚建立起来的钢铁厂不足以抵御进口钢铁的低价倾销，因而导致了企业的衰落。

二是设备与技术以引进为主、自造为辅。从高炉来看，扬子机器公司和龙烟公司的高炉都由美国佩林马歇尔公司设计，即使是和兴钢铁厂的 12 吨小高炉也由德国人设计。但另一方面，由于这些铁厂的建设都在一战时期，欧美进口材料相对紧缺，而此时中国国内无论是钢铁还是耐火材料都具备了一定的技术和制造能力，因此扬子机器公司、和兴钢铁厂以及阳泉铁厂的高炉和其他设备都采用了相当部分自造材料和部件。

三是虽然设计来自国外，但钢铁厂的建设和生产营运，大都由中国技术人员主持进行。如扬子机器公司铁厂早期王宠佑为技术主管，之后聘陈廷纪为总工程师；龙烟公司铁厂在建设时，除了佩林马歇尔公司派驻的一名工程师外，还有毕业于美国麻省理工学院的中国工程师胡博渊主持铁厂建设安装；阳泉铁厂由曾留学英国学习冶金的赵铮担任厂长和总工程师，其下从炼铁、工程、化验、测绘和矿务科也都由中国人主持[166] 18。这说明，随着 19 世纪末期中国新式工科教育的兴起以及赴国外留学人员的增多，中国在 20 世纪 10—20 年代已经有了一定规模的本土冶金技术人才，为有限的钢铁企业的创业和发展发挥着他们的作用。

从钢铁市场的销售看，由于国内钢铁企业设施不足，加之汉冶萍公司炼钢设备的停工，中国的钢铁企业无法满足国内市场需求，到 20 世纪 30 年代，我国近代钢铁市场仍然以进口钢材为主（图 4-5）。

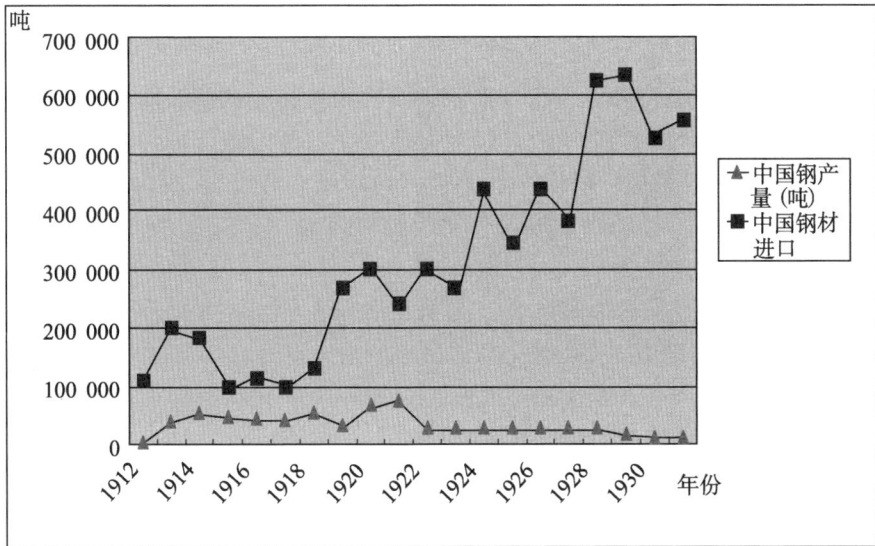

图 4-5　中国国内钢产量与钢材进口量（1912—1931）①

二、国家兴办钢铁厂的计划及其失败

民国时期至抗战之前，国家兴办钢铁厂的计划曾数次被提出并着手实施，但终因时局等方面的影响而全部流产。主要有北京政府时期农商部拟定的钢铁厂建设计划，以及南京政府时期的两次中央钢铁厂计划：即实业部主持的马鞍山中央钢铁厂计划和资源委员会主持的湘潭中央钢铁厂计划。

1. 北京政府的国营钢铁厂计划

北京政府的国营钢铁厂计划源于一战时期，中国政府对德宣战，为获得美日经济上的支持，由农商总长张国淦主持编订了《参战后新建设之计划大纲》，这一计划"拟先在长江下游浦口附近，以四五千万资本办一铁厂，采用南京凤凰山、安徽铜官山桃冲之铁，中兴峄县及贾汪之煤，先炼铁，再炼钢"[168]。张国淦在计划中称："此项浦口附近钢铁厂设计，已密嘱本部矿政司司长新任江苏实业厅长张轶欧，根据计划，向英、美商洽购置机器，暂指定新建设公债作抵，以五千万元为准。"[168]

---

① 数据来源：谢家荣. 第二次中国矿业纪要. 北京：农商部地质调查所，1926. 第四次中国矿业纪要. 北京：农商部地质调查所，1932.

为实施浦口铁厂计划，张国淦与时任总理段祺瑞密商过数次，并内定以周学熙为督办，翁文灏为总经理[168] 191。

但当时的北洋政府并无财政能力投资这样大的钢铁厂，段祺瑞原欲用参战后美国补助给中国的出兵费修建铁厂，日本得知后，遂向段氏游说，承诺日本不干涉款项的用途，段祺瑞大为所动，即以浦口铁厂五千万计划，与日本合办。并与日本签订了合办浦口铁厂的合同，合同仅五条：

一、本铁厂设于浦口，名曰浦口铁厂；

二、本铁厂由中日两国以五千万元合资办理，中日各出资二千五百万元，中国二千五百万元为凑足前，由日本先行垫付；

三、督办一员由中国政府派充；

四、技术人员，延用日本人；

五、本契约自签字之日发生效力[168] 191。

但合同遭到农商总长张国淦的强烈反对，他拒绝在合同书上签字，并致信段祺瑞批驳中日合办铁厂之事：

"在我固不承认英美势力，但日本势力在长江尚无根据，如浦厂合办，一旦有事，彼以兵舰驶入，借口保护，岂非英美势力尚未驱除，而日本势力又复侵入。汉冶萍仅仅借款关系，公平时尚言盛某卖国，此事比之汉冶萍孰轻孰重？……以世界之竞争，中国之脆弱，竟无一自办钢铁厂，可为痛心，公亦时时与国淦言之。今何以变更此项计划，而贸然与外人合办？须知铁业乃自强之根本，倘不先事审量，授人以柄，则中国于自强上，永无立足之日。"[168] 191

在张国淦的坚持抵制下，中日合办的合同书未能签署。而农商部的浦口铁厂的计划也在军阀混战、政府轮换的动荡时期，始终未能实施。

2. 南京政府的马鞍山中央钢铁厂计划

南京国民政府刚成立不久就把规划全国钢铁事业提上日程。1928年国民党二届五中全会上，工商部提交了关于提高国内钢铁产量，规划全国钢铁事业的议案[169]。1930年，农矿部和工商部合并为实业部，由孔祥熙任部长，创建钢铁厂的计划由实业部进行。1930年3月至6月，德国实业考察团来华考察[170]，得知中国有一个大型钢铁厂的计划后，通过蒋介石的德国军事顾问鲍尔表达了合作意向，在获得实业部的同意后，由喜望公司（Gute—Hoffnungs）牵头，联合六家钢铁企业组成"德国喜望钢铁公司及其钢铁联合会"，帮助中方筹备中央钢铁厂[169]。

1931年4月，实业部组成国营中央钢铁厂筹备委员会，与德方就垫付款项、购机、设厂等方面进行磋商。于 1932 年 1 月 26 日中德双方签订了建设国营钢铁厂的初步合同[171]。之后，实业部组成勘察团，与喜望公司技术代表一起，就钢铁厂选址和原料等进行勘察，在考察了芜湖、当涂、浦口、六合、浦镇之后，初步选定当涂之马鞍山和浦口下游之卸甲甸两处为最宜。并与喜望公司商定试探安徽宿县雷家沟煤矿和勘探萍乡高坑煤矿。1933 年夏，实业部派技术人员赴马鞍山、卸甲甸勘探，7 月，将厂址择定为马鞍山。

中央钢铁厂的设计、图样及其预算，是由德国喜望公司拟就，经实业部国营钢铁厂筹备委员会提出修改意见。1933 年秋，双方就《钢铁厂正合同草案》达成初步意见，12 月，钢铁厂筹委会召开会议，出席者有翁文灏、朱谦①、张轶欧、刘荫茀、黄金涛、吴任之、王宠佑、胡庶华、梅哲之、胡博渊等十人，就《钢铁厂正合同草案》进行讨论[172]。1934 年 5 月 6 日，实业部矿业司司长黄金涛携中央钢铁厂的方案赴欧美考察，请美国钢铁顾问工程师勃拉受特（Brassert）对中央钢铁厂的方案和报价进行重新审核，在此基础上最后拟定出中央钢铁厂的全部设计。其设计大略为：

（1）高炉：一座日产 250 吨的高炉，炉内容积为 342 立方米，炉的总高度为 31.62 米。拟建 3 座热风炉，每座热风炉面积为 6 600 平方米，工作时只用 2 座，另外 1 座备用。

（2）炼焦炉厂：建奥托式副产物炼焦炉②30 座，将来可续建 30 座。30座炼焦炉每 24 小时可炼成焦炭 350 吨，炼焦所需瓦斯，或为焦炉自身的瓦斯，或为高炉瓦斯。并设氨水还原厂、轻油还原厂、黑油蒸馏厂，生产炼焦副产物。设洗煤厂、焦炭运送及筛分压碎厂。

（3）原动力厂：设汽炉房、发动机房以及附属设备，为钢铁厂提供动力。

（4）炼钢厂：设 125 吨调和炉一座，35 吨固定式碱性马丁炉两座。计划采用类似于融铁铁矿法的炼钢，80%—85% 的炼钢原料为热融生铁，先送入调和炉内初炼，然后移入马丁平炉内与废钢合并炼成钢。两座炼钢炉每 24 小时可炼钢 310 吨。

（5）轧钢厂：设大型轧钢厂、中型轧钢厂、小型轧钢厂。大型轧钢厂制造钢轨及建筑钢材、钢板，设轧机两组，每组有轧辊 3 个，动力机为 3

---

① 朱谦，字伯涛，浙江吴兴人，毕业于德国柏林工业大学矿冶专业。回国后先后担任过建设委员会技正、经济部技正.

② 奥托式（otto）炼焦炉即德国奥托公司设计的炼焦炉的总称.

相式 2 000 匹马力电动机 1 台。中型轧钢厂制造轻便钢轨、圆条、角钢等中型建筑钢材。有轧机 3 组，每组 3 个轧辊。小型轧钢厂轧制钢线、小圆条、小方条。有轧机 5 组，每组轧辊 3 个。

（6）机器厂：分设机器修理厂和钢辊厂、钩钉厂、铆工厂、修管厂、翻砂厂、电机修理厂、木模厂等。

此外，钢铁厂拟设物理试验室、炼焦炉厂试验室、金组试验室、化学试验室等设施。

德国喜望公司对于整个钢铁厂的报价为 41 900 000 马克，黄金涛在考察之后给出的报价为 35 012 153 马克[171]。黄金涛回国之后，实业部将修改后的钢铁厂价格和设计报告书呈送国民政府行政院审核，但却被批复"正式合同暂缓签字"，筹备工作因此被迫停止。1935 年 3 月，资源委员会接管了马鞍山钢铁厂的全部卷宗，正式宣告实业部创办的中央钢铁厂计划流产[169]。

3. 资源委员会湘潭中央钢铁厂计划

湘潭中央钢铁厂计划源于资源委员会于 1936 年制定的《重工业建设五年计划》。资源委员会全称为"国民政府军事委员会资源委员会"，其前身是 1932 年创设的国防设计委员会，1935 年 4 月国防设计委员会改称资源委员会，直属军事委员会，其任务是主持调查全国矿业与工业情形，拟定各项工业建设方案，开发全国资源，经办国防工矿事业[173]。

1936 年资源委员会拟定《重工业建设五年计划》，国民政府于建设事业专款预算中指定"的款"（确实之款项），专供建设重工业之用。当时先拟定了三年计划，包括设钢铁厂、煤、电冶厂等 12 项，重点在湘、鄂、赣三省地区[173] 105。考虑到战争因素，该计划将国营钢铁厂的厂址选在湖南湘潭县下摄司地区。1936 年中德两国签订了中德信用借款合同，合同约定，德方向中国提供信用贷款 1 亿金马克，中国用这笔借款向德国购买军火、兵工厂及重要设备。在这笔贷款中，资源委员会分得 9 819 114 马克，有了这笔贷款，资源委员会的重工业计划才得以开始进行[174]。

1936 年，中央钢铁厂筹备委员会成立，翁文灏任主任委员，黄柏樵、程义法任常务委员，郑葆成、严恩械为专门委员。1937 年 6 月 25 日，翁文灏在柏林与合步楼公司①签订了"关于筹设中央钢铁厂之契约"[175]。契

---

① 合步楼公司：德国政府为办理 1 亿马克贷款事宜，特别设立了一个以克兰为首的合步楼（Hapro）公司，常驻中国.

约规定，中央钢铁厂所有设计建造事宜由德国克虏伯公司负责，德方向中国提供钢铁厂所需洗煤、炼焦、熔铁、炼钢、铸造、修理、动力等全套设备，主要设备如下：

（1）日产铁 200—250 吨的高炉两座。

（2）日洗 1 600 吨的洗煤厂。

（3）炼焦炉 60 座，每日炼焦 65 吨。

（4）副产物提炼厂，以能提炼炼焦炉全数副产物为准。

（5）炼钢厂，设 200 吨调和炉 1 座，旋转式马丁炼钢炉 4 座，每座容量 60 吨。电气炼钢炉 2 座，每座容量 7 吨。

（6）轧钢厂设大型轧钢机 2 组、中型轧钢机 5 组，小型轧钢机 5 组[176]。

钢铁厂的设计生产能力为年产钢材 10 万吨，在此基础上再扩充至年产 50 万吨。为培养技术人员，筹委会从国内挑选了 12 人，同时在德国的中国留学生中挑选 8 人，进入德国各厂实习炼铁、炼钢、轧钢、电力、机械铸造、化工等专业，这 20 名赴德学生是：靳树梁、王之玺、邵象华、丘玉池、杨树棠、毛鹤年、谭振雄、孙德和、史通、李松堂、杨尚灼、许声潮、刘纯琰、孔祥鹏、郁国成、刘刚、吴子风、张匡夏、齐熨、郑葆成[177]。这些人回国后，成为钢铁行业各部门的主要技术骨干[174]34—35。正如恽震所言："这一次虽未建成正规的钢铁厂，人才却已训练了一批。"[178]

图 4-6　资源委员会中央钢铁厂赴德国学习考察全体人员合影①

第二排左一为靳树梁，第一排左四为严恩棫，左五为邵象华，左八为李松堂，第二排左五为王之玺，左六为杨树棠，后排左二为毛鹤年。

---

① 图来源：靳国强. 忆我祖父近四十年的工作经历. 东北大学天津校友会网站. http://neutianjin. com/ShowNews. asp？id＝62）

表 4-2　资源委员会为筹建中央钢铁厂派送德国学习钢铁冶金的部分学生简历

姓名	简历
靳树梁	冶金专家，中国科学院院士。1919 年至约 1936 年，扬子机器公司化铁股工程师，期间曾到汉阳铁厂实习，1936 年到资源委员会工作，1937 年初至 1938 年 3 月，派往德国克虏伯等厂学习，回国后参与钢铁厂迁建委员会工作，参加大渡口钢铁厂规划工作。1939 年 10 月，调至云南钢铁厂任工程师兼化铁股股长，完成 50 吨高炉设计。1940 年 12 月任威远铁厂厂长，1946 年 5 月任鞍山钢铁公司第一协理，1949 年 4 月任本溪钢铁公司总工程师兼计划处副处长，1950 年任东北工学院院长。
王之玺	钢铁冶金专家，中国科学院院士。1924—1931 年，北洋大学矿冶工程系学习，1932—1934 年任汉口六河沟铁厂工程师，1934—1936 年，在英国谢菲尔德大学钢铁冶金系学习，1937 年任资源委员会中央钢铁厂筹委会矿冶专门委员，5 月在德国克虏伯厂学习炼钢技术，1939—1943 年，筹建云南钢铁厂，任工程处副处长、副厂长，1946 年任资源委员会钢铁组副组长，1947 年任鞍山钢铁公司协理，1949—1950 年，任鞍山钢铁公司计划处工程师，1950—1952 年任东北人民政府工业部计划处副处长，1952—1967 年，任重工业部生产技术司副司长、冶金工业部技术司副司长、钢铁司副司长等职，1978—1984 年任中国金属学会常务副秘书长。
邵象华	冶金工程专家，中国科学院院士。1932 年毕业于浙江大学化学工程系，1932—1934 年上海交大化学系任教，1934—1937 年，英国伦敦大学帝国理工学院学习，1937 年参加资源委员会中央钢铁厂工作，40 年代设计并主持了我国第一座新型平炉。新中国成立初期，为鞍钢恢复生产和建立技术管理体制作出了重要贡献。先后开发超低碳不锈钢、含稀土和铌的钢种及新型合金的生产工艺，创立了从废钢渣和铁水中提取铌的独特工艺，开发了用氧气转炉冶炼中碳铁合金、转炉炼钢底吹煤氧等项重大工艺。
丘玉池	特殊钢专家，我国特殊钢事业的开拓者。1934—1936 年，英国伦敦大学矿冶学院冶金系学习，获冶金工程一级荣誉学士学位，1936—1938 年，在德国亚琛工业大学冶金系获博士学位，1938—1939 年，德国克虏伯钢铁厂实习工程师。30 年代从事的钢中氢气行为研究取得开创性成果。40 年代试制成功纯钨，并用坩埚法炼高速钢、模具钢、不锈钢、磁钢等，有力地支援了抗战时期的军工生产，50—60 年代倡导建立符合我国资源条件的特殊钢系统，取得成效。

（续表）

姓名	简历
孙德和	冶金学家，钢铁工程设计专家，中国科学院学部委员（院士）。1935—1938年，先后在德国柏林工科大学钢铁冶金系和亚琛工业大学矿冶系学习，1939—1940年，在德国克虏伯钢铁厂任炼钢工程师，1940—1943年，德国亚琛工业大学钢铁冶金系博士研究生，获工程博士学位。我国钢中氢气行为规律研究领域的先驱者之一，氧气转炉炼钢和炉外精炼等技术工业化的开拓者之一。以他任工程设计总工程师的大冶钢厂由普碳钢厂改扩建为大型特殊钢厂的设计达到国内一流水平。
杨树棠	炼钢专家。1934年毕业于北洋工学院矿冶系。1937年赴德国实习，1939年回国。曾任重庆第二十四工厂炼钢部技术员、主任，资渝钢铁厂、炼钢厂工程师兼主任，鞍山钢铁有限公司协理。建国后，历任鞍山钢铁公司总工程师、副经理、高级工程师，中国金属学会第一至第三届理事。1939年试验成功用钨矿石代替钨铁炼制枪筒钢，获得成功。1943年在国内首先试验用酸性侧吹转炉炼钢获得成功。1965年提出并参加了鞍钢380吨平炉采用双床平炉氧气炼钢，亦获成功。
毛鹤年	电力工程专家，中国科学院院士。1933年毕业于北平大学工学院电机系，留校任助教。1936年获美国普渡大学工程硕士学位，1936—1938年在德国西门子公司电机制造厂及克虏伯钢铁厂爱森电厂任见习工程师。1939年回国后曾任昆明电工器材厂工程师、重庆大学电机系教授、冀北电力公司技术室主任、鞍山钢铁公司协理兼动力所长。1948年后历任东北电业管理局总工程师，燃料工业部设计管理局总工程师，电力建设总局、电力建设研究所、水利电力部规划设计院总工程师，电力工业部副部长，中国电机工程学会理事长等职。
谭振雄	1934年毕业于北洋大学采矿冶金系。1937年赴德国克虏伯钢铁厂实习，1939年回国。曾任昆明钢铁厂工程师、石景山钢铁厂厂长。建国后，历任冶金工业部包头钢铁设计院副院长、总工程师，冶金部北京冶金设备研究所负责人、高级工程师，内蒙古自治区第四届政协副主席。

（续表）

姓名	简历
李松堂	轧钢专家。1935 年 6 月毕业于上海国立同济大学机电系，1937—1939 年，就读于德国柏林工业大学。曾任鞍钢设计院副院长，1989 年任轧钢教授级高级工程师。1935—1941 年，曾负责修复了当时被视为禁区的复线机床、600 毫米直径轧机。1941—1946 年，负责设计、制造、安装了一套三架 430 型钢轧机，产品质量被美国专家誉为中国的最佳产品。1948 年 12 月—1949 年 6 月，按他建议实施的对日本人设计的单机架三辊式管坯机增设一架立辊轧机。1952—1953 年，负责组织了鞍钢三大工程（大型轧钢厂、无缝钢管厂、7 号高炉）的技术工作。1956—1957 年，组织参加了中板厂的设计。1958 年组织了鞍钢 10 号高炉的全套设计等，以后又多次解决过冶金方面的技术难题。70 年代，组织了焊管厂的镀管车间改造，实现了自动化连续镀管，他还领导了半连轧厂现代化改造设计，获得成功。
杨尚灼	1934 年留学美国，1938 年获博士学位，同年赴德国埃森克虏伯钢厂实习轧钢。1940 年在云南钢铁厂、云南大学从事技术和教学工作。抗战胜利后，任教于上海交通大学。1948 年，赴香港策文书院任教授。1951 年初在华北大学工学院任教。1952 年，任教于北京钢铁学院，任院务委员会委员、钢铁机械系主任、压力加工系主任、工艺系主任、金属材料系主任等职。

1937 年七七事变爆发，中央钢铁厂建设工程仍然于同年秋破土动工。契约约定，中央钢铁厂将于 1940 年 1 月 1 日开工生产。但随着淞沪会战、徐州会战、南京保卫战的相继爆发，中日战争在大半个中国全面铺开，在确认战争不可能于短期内结束后，1938 年 4 月 14 日，德方致函翁文灏，称："在目前情况下，该厂应暂行搁置，无须急急设立。"武汉会战之后，湖北大部沦陷，湖南临近战区，1938 年 7 月行政院下发指令，中央钢铁厂厂地各工程暂停进行，所有机械工具拆卸，运存湘西。至此，湘潭中央钢铁厂工程宣告终结[179]。

民国之后国营钢铁厂计划的屡次流产，究其原因有以下三方面：

一是国家财政困难，三次大的计划都建立在举借外债的基础之上，这不仅使历次钢铁厂计划受制于人，也是导致北洋政府时期浦口钢铁厂计划不能实现的直接原因。

二是时局动荡，北洋政府时期不仅财政匮乏，而且军阀混战，政权更迭频繁，当政者无钱也无暇专心致志地进行国家建设，钢铁厂计划只能流于形式。南京政府虽然有近十年的相对稳定时期，但钢铁厂计划最终还是被日本侵华战争毁于一旦。

三是各部门的权利之争，实业部的马鞍山钢铁厂计划最后没有获得行政院的通过，其直接原因遭到来自其他部门的反对，比如主持国防设计委员会（资源委员会）的翁文灏认为：在未对全国工业作统一规划之前，不宜耗费巨资，匆忙搞一个钢铁厂[179]。实业部原为主持全国经济工作的职能部门，但之后成立的资源委员会亦负有规划全国重工业的职责，其对主持国营钢铁厂这样的重工业的争夺自然在所难免。

三、日本在中国投资兴建的钢铁企业与技术状况

民国时期，除了国内资本创办的钢铁厂之外，日资投资和控制的中国境内钢铁厂有本溪湖煤铁公司和鞍山制铁所。在汉冶萍公司停产后，日资企业出产了90％以上的生铁，并在中国建成规模最大的炼钢炉。由于两家企业由日本人控制，其产品主要为日本所用，因此不是真正意义上的中国钢铁企业，而日本人不仅通过贷款，更通过在中国东北殖民地的钢铁厂，进一步达到了依靠中国资源来实现本国钢铁事业发展之目的。

1. 中日合办本溪湖煤铁公司

本溪湖煤铁公司是日本大仓财阀在中国投资的最大企业，其创办始于1904年日俄战争爆发，大仓财阀凭借与日本军政界的关系，派出勘察人员，沿安奉铁路（今沈丹铁路：沈阳至丹东）进行资源勘探，发现了本溪湖煤矿和庙儿沟铁矿的开采价值。1905年9月，日俄战争以俄国失败告终，中国东北长春以南地区被划为日本的势力范围，大仓于同年10月再次派人勘察本溪湖煤矿，12月，在日本关东总督府的支持下，开始建设本溪湖矿。之后，中国政府就本溪湖煤矿的主权展开了长达数年的交涉，1910年5月，奉天①交涉司韩国钧、大仓喜八郎、日本驻奉天总领事小池张造签署《中日合办本溪湖煤矿合同》[180]。

合同约定，合办期为30年，资本总额为银元200万元，双方各出资

---

① 奉天：清代光绪末置行省名，今辽宁省地.

100 万元，日方以煤矿机械折价 100 万元，中方以矿产资源作价 35 万元，另缴股金 65 万元。公司总办由中日双方各委任一人[181]。1911 年 6 月，中日双方分别派员共同对庙儿沟铁矿进行复勘（日方勘探技师为八幡制铁所的大岛道太郎和服部渐，中方为开平煤矿候补道吴仰曾、京师大学毕业生严恩械），并确认开发铁矿并经营制铁业，同年 10 月签订了《中日合办本溪湖煤矿有限公司合同附加条款》，将公司改称为"本溪湖煤铁有限公司"，兼办采铁制铁事宜，增资北洋大龙元 200 万元，中日各出一半[181]。

本溪湖公司的合办时期为 1910 年至 1931 年，由中日双方各派一员任公司总办，其余职员由中日平均酌派。据顾琅① 1916 年的统计，当时公司的职员总计约 200 人，中国人占 1/3，日本人占 2/3[181] 28。公司分采炭部、制铁部和营业部，从采炭部和制铁部的主要工程师来看，10 名工程师中，有 6 名日本人，4 名中国人，其中中国人顾琅任采炭部长兼制铁部长。

设备方面，本溪湖公司在合办时期共建设了 2 座日产 130 吨的高炉，1 号高炉于 1915 年 1 月建成，2 号高炉于 1917 年 12 月建成[182]。1 号高炉由英国伦敦皮尔森厂（Pearson Knowlos）制造，有效高度（炉底至炉顶）20.3 米，炉缸直径 2.97 米，炉口直径 3.39 米，进风口 9 个，预备进风口 9 个，放渣口 2 个，流生铁口 1 个，配 McClure 三焰道式热风炉 3 座。卷扬塔为德国 J. Pohlg 式自动斜卷扬机，所有矿石及焦炭石灰石等材料，悉自卷扬机借电力起上，送入高炉内[181] 75—78。2 号高炉由日本人设计，以 1 号高炉为蓝本，由满铁大连沙河口工厂制造，一些重要设备向欧洲订货[182] 43。除高炉外，制铁部还拥有洗煤厂、筛煤工场、炼焦炉、铸铁场等设施。设备由英德两国进口，制铁部设计由德国人进行。此外，1918—1919 年，公司还建设了 2 座炼纯生铁的 20 吨小高炉，但它们的生产只进行了很短时间，分别为 1 年和 7 个月[182] 45。

---

① 顾琅（1880—?），原名芮体乾，字石臣，号硕臣，江苏南京人。他是鲁迅在南京矿路学堂、日本弘文学院时的同学。在弘文学院期间，曾与鲁迅合作编著《中国矿产志》（上海普及书局1906 年出版）。曾就读于日本东京帝国大学，毕业后任天津直隶高等工业学堂教务长，奉天本溪湖煤矿公司技师，农商部第二区矿务监督，实业部参事、专门委员等.

图 4-7　本溪湖煤铁公司股东大仓喜八郎和张作霖

图 4-8　本溪湖煤铁公司高炉全景①

制铁部工程技术方面的指导，依靠八幡制铁所，由该厂的大岛道太郎和服部渐担当，大仓方面派出的初任总办岛冈亮太郎也是由八幡制铁所转入大仓的[182] 43。

生产方面，本溪湖公司最大的便利是炼铁所需的铁矿石、煤、石灰石三种原料都能自产，而且原料产地相距较近。本溪湖公司的生铁冶炼方面的特点是贫矿的预处理，以及低磷生铁的生产。

（1）为了处理庙儿沟的贫矿，公司在庙儿沟铁山附近的南坟修建了选

---

① 图 4-7、图 4-8 来源：日本国立国会图书馆藏. 商办本溪湖煤铁有限公司创立二十周年纪念写真贴.

矿厂，利用磁力选矿制成含铁 60％以上的精矿粉，选矿厂于 1918 年 12 月建成投产，并在本溪湖修建了团矿厂，将精矿粉烧结成团矿。不仅如此，庙儿沟的富矿非常脆弱，在入炉冶炼之前，也需要进行团矿化处理。矿石的预处理使本溪湖公司逐渐摆脱了早期混合使用朝鲜产矿石和自产矿石的状况，到 20 年代后半期，已经能够专门使用庙儿沟磁铁矿和普通团矿了[182] 46。

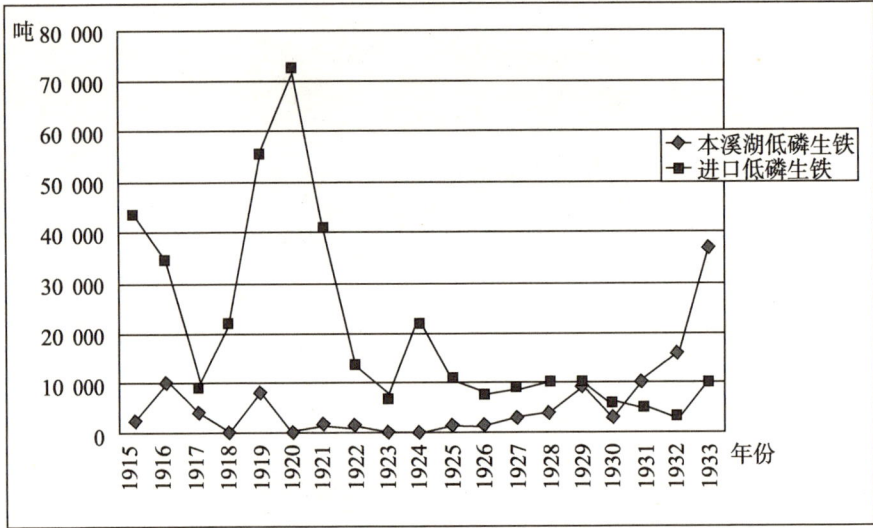

图 4-9　本溪湖低磷铁产量与日本低磷铁进口量比较（1915—1933）

（2）为日本海军炼制高级低磷生铁（纯生铁）是本溪湖公司的另一特点。纯生铁即低磷低硫的生铁，其特点是因具有高的韧性而有很高的冲击强度，因此很适合用来制造武器，尤其是大口径炮身材料。在本溪湖公司之前，日本武器生产依靠瑞典产的纯生铁，为了军工独立，日本海军与大仓组于 1915 年签订了建立纯生铁炼铁厂的协定。但大仓在日本国内的炼制纯生铁的炼铁厂因战争和战后华盛顿裁军协议而没有建成[182] 48。之后，大仓决定将纯生铁的研制移到本溪湖。低磷生铁的生产最重要的条件是原料矿石和燃料本身杂质含量少，本溪湖公司利用其团矿设备成功生产出低磷团矿，并在本溪湖煤矿的最上层发现了理想的低磷煤，将这种煤炼成焦炭，于 1921 年试制出含磷 0.012％、含硫 0.006％的生铁，质量高于进口瑞典生铁。此后，本溪湖公司按照海军标准一级品进行试制，分别于 1925 年生产了约 2 500 吨，1927 年生产了 4 000 吨，产品被送往日本海军吴工厂，横须贺、午鹤等工厂，神户制钢厂，住友铸管厂等。这使得日本特殊武器材料的自给率大大提高（图4-9）[182] 49。

除低磷铁外，公司还生产普通生铁，从1915年到1931年，共产生铁838 090吨，其中最大年产量为1930年的85 060吨。

销售方面，公司的生铁主要销往日本，占产量的60%—80%。20%—30%在朝鲜和中国东北销售，另有很少部分销往中国青岛、天津等地[183]。

从技术及其发展而言，本溪湖煤铁公司有以下特点：

（1）公司虽然是中日合办，但其生产主要是为满足日本在原料和生铁方面的需求，因此，公司以煤矿开采、炼焦和炼铁设施为主，没有炼钢和轧钢等设备。此外，公司在技术发展的决策上，也主要以满足日本需要为主，如为满足日本海军的需要开发纯生铁。

（2）从技术能力的本土化来看，本溪湖公司在炼铁事业初创时期，在一定程度上同时发挥了中日两方面的技术能力，如1911年中日两国技术人员共同对庙儿沟铁矿进行勘探，顾琅也曾担任公司制铁部和采炭部部长。但更多的时期，是日本工程技术人员发挥主导作用，所有重大工程由日本包办，聘请技师、采购机器和原料由日方总办主持。之所以如此，是因为虽然本溪湖公司采用的是双重管理人员制，但"实际上经营权是日本人独占的，中国管理人员几乎不参与经营，只拿俸禄，不过是对日本人经营进行旁观而已"[182] 103。民国时期，公司总办的任命权收归中央政府，农商部曾于1914年想要任命技术人员为中方总办，以代替当时的总办赵臣翼，但遭到大仓和日本外务省的强烈反对而作罢。

因此，无论从生产、产品销售还是从技术发展来看，本溪湖煤铁公司即便是在中日合办时期，也更体现出日本化特征，可以说是一家日本人控制下的利用中国煤铁资源来满足日本国内钢铁需求的企业。

2. 鞍山制铁所

鞍山制铁所的成立源于日本人对鞍山铁矿床的勘探。1914年一战爆发，日本对德宣战，出兵占领了德国在中国的势力范围——山东半岛。1915年1月，日本向袁世凯政府提出"二十一条"，其中包括"中国允将在南满东蒙各矿开采权许与日本"。5月8日，袁世凯宣布承认"二十一条"中的一至四号条款，其中包括承认日本对南满州和东蒙各矿的开采权。1915年8月至10月，八幡制铁所的平川技师和内野技工等，对鞍山铁矿床进行勘探，并写出《南满铁矿调查报告》，指出有望在当地建设以鞍山铁矿为原料的炼铁厂。1915 年满铁[①]总裁中村雄次郎作出一个 2 000 万日元的炼铁厂投资计划，提交给日本政府，1916 年 3 月，满铁和中国人于汉冲[②]共同成立了中日合办振兴铁矿无限公司，取得东鞍山等 7 个矿区的开采权。1916 年 4 月 4 日鞍山制铁所计划得到批准[184]。

1916 年 7 月，在八幡制铁所的协助下，满铁写出《第 1 期创业计划调查书》，1916 年 12 月满铁公司组成制铁所创建委员会，1917 年 4 月 3 日鞍山制铁所举行奠基仪式，开工兴建[184] 2。

鞍山制铁所的工厂设计由八幡制铁所的工程师八田郁太郎承担，并在满铁沙河口工厂的协助下进行。建厂的具体工作由满铁沙河口工厂承担。1916 至 1933 年的鞍山制铁所时期（1933 年之后为昭和制钢所时期），建设投产的主要设施为高炉三座（日产能 300 至 500 吨），利用还原焙烧专利技术建设的日处理贫矿 2 200 吨的选矿厂，以及炼焦炉，硫铵、焦油等副产物工厂。

鞍山制铁所时期的设备主要以炼铁为主，1919 年和 1921 年第 1 代的1、2 号高炉分别建成投产，两炉炉型相同，设计日产能为 200 吨[184] 115，炉式由日本本土人员仿造八幡制铁所同样容积的高炉设计，炉体为德国式铁带式，大部分由德国制造[185]。卷扬塔为斜塔式电动卷扬机，每炉配三烟道式热风炉为 4 座[156]。两座高炉在第 1 代时期运作并不顺利，其主要原因是对鞍山的硅酸质贫矿的特殊性认识不足，以致高炉炉体设计不能适应矿石的冶炼[184] 116。霍德称无论从经济上还是冶金的角度，高炉的设计都是不成功的[160]。1921 年 11 月 16 日，1 号高炉因炉内发生剧烈爆炸而停工。2 号高炉从 1921 年开炉到 1925 年 3 月停炉，炉底破损次数达到 42 次[184] 118。

此后，鞍山制铁所根据高炉生产的问题，对 1、2 号高炉分别进行了两次大的改造，形成第二代 1、2 号高炉，日产能均提高到 300 吨，以及第三代 1、2 号高炉，日产能提高到 350 吨（1 号）和 400 吨（2 号）。1930 年，鞍山制铁所建成 500 吨的 3 号高炉，该炉由美国佩林马歇尔公司设计，开

① 满铁：南满洲铁道株式会社，简称"满铁".
② 于冲汉（1871—1932），字云章。辽宁省辽阳县人。通日、俄、朝三国语言。1897 年留学日本。其间任东京外国语学院教师。1904 年日俄战起，随日军回到东北，任日军的满洲军总部高等翻译。从事汉文文牍、中日交涉和刺探军事情报工作。被日本天皇授予二等宝瑞勋章。战后由日军司令部向清廷保荐为辽阳州提调，后改为交涉局长。不久升任奉天交涉司随办、辽阳州知州。1912 年后，任外交部奉天特派交涉员、奉天巡按使署外交顾问、张作霖的外交顾问.

炉和生产由美国人舒尔负责。但该炉由于炉内材料呈碱性，对炉底的耐火砖影响很大，破损严重，鞍山制铁所因此于1932年7月将3号高炉停炉进行改造，第二代3号高炉很快于1932年10月开炉，运行稳定。

　　3号高炉投产后，取代了1号高炉，年产量达28万吨，焦比也降低到1.1或1.1以下[185] 149。

表4-3　鞍山制铁厂1号（第2代）与3号高炉（第1代）的主要尺寸（米）①

	有效高 b	c	d	e	f	g	h	α	β	有效容积（立方米）
1号	20.9	4.6	6.8	4.5	1.94	4.3	1.5	75.39		525
3号	20.9	5.6	6.8	5.2	3.35	3.2	3.0	79.13		693

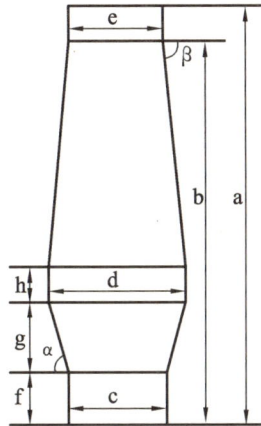

图4-10　鞍山制铁所1、2号高炉（1925年5月）

① 资料来源：下川義雄.日本鉄鋼技術史.東京：株式会社アグネ，1989.110.

图 4-11　鞍山制铁所 1 号高炉点火仪式（1919 年 4 月 29 日）①

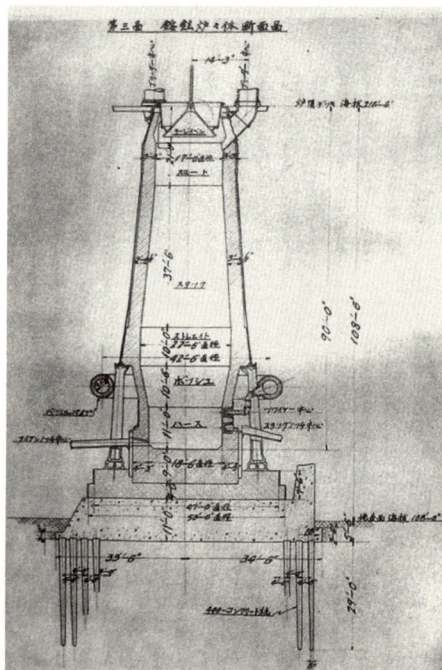

图 4-12　鞍山制铁所 3 号高炉炉体结构图（松林义显　绘）②

从技术及其发展的角度看，在鞍山制铁所时期呈现以下特点：

（1）鞍山制铁所主要技术活动的开展和技术引进完全由日本人进行，

---

① 图 4-10、图 4-11 来源：鞍山档案馆藏，鞍山製鉄所写真帖. 1925.
② 图来源：鞍山製鉄所庶務課. 鞍山製鉄所事業概覧. 1930.

这与在日本国内的钢铁企业没有差别，因此从这一意义上说，这是一家纯粹的日本企业。

（2）在高炉的建设和改造中，依然体现出日本所擅长的由模仿、改造到创新的模式。从1、2号高炉来看，其第1代的设计模仿了八幡制铁所的4号高炉的形制，针对第1代高炉的问题，第1次改造的要点是加强炉底结构以及扩大炉内形状，减少送风口和增大送风口径，并在送风机上安装新的涡轮鼓风机，从而改善冶炼状态和提高生产。第2次改造也是针对前代遗留的问题进行，主要是对炉顶和炉腹进行改造，并废除全部增设的送风口。其次，对除尘器、瓦斯通道系统和热风炉进行改造，进一步提高了高炉的生产能力。此外，2号高炉的改造是在1号高炉的经验基础上进行的。3号高炉兴建之时，日本国内还没有500吨大型高炉的建造经验，因此采用了引进的办法，由美国公司进行设计和负责建造，2年半之后则由制铁所技术人员针对生产中出现的问题进行改造，主要是更换炉砖和加固炉底构造，调整送风口设置和冷却板，提高送风效果，改造后的高炉运作非常稳定[184] 117—121。

可见，鞍山制铁所高炉技术进步路径与八幡制铁所非常相近，即：如果建设的高炉已经有了先前的经验，就采取仿制的办法自主设计和建设，但对于更大型的没有技术经验的高炉，则先进行引进，在引进中学习和消化，在积累了经验之后，依靠本土的力量进行高炉的适应性改造，在改造中进一步积累经验，从而实现高炉运作的不断改善和技术进步。

（3）鞍山式还原焙烧法的发明是实现炼铁技术进步的另一重要手段，也是日本本土钢铁技术研发能力在殖民地企业发挥作用的一个典型案例。鞍山一带的铁矿石含铁量大都在30％—40％之间，属于贫矿。一般的，贫矿需要经过预先处理成富矿之后，才用于生铁冶炼，通常需要三个工序：粉碎（粉碎到矿石的夹杂物和铁矿颗粒分离为止）、挑选（利用磁性、比重等将含铁量高的分离出来）、烧结（做成砖的形状经火烧加固后成为团矿，把燃料和媒介物混合起来经过特殊装置烧结后成为烧结矿）。但鞍山一带的铁矿石具有不利于用上述工序处理的缺点，主要为：太过坚硬，很难实施第一道粉碎工序；矿粒过细，矿粒大都小于0.1毫米，因其过细，增加了粉碎难度，且利用磁性、比重等选矿法也很困难；缺乏磁性，不能直接用磁性选矿法。因此鞍山制铁所前期的生铁冶炼使用的是含铁60％的樱桃圆富矿与含铁40％的西鞍山贫矿混合原料。

173

为了充分利用鞍山的铁矿资源，鞍山制铁所于 1920 年 1 月 9 日设立临时研究部，厂长井上匡四郎为部长，首席研究员为梅根常三郎，研究鞍山贫矿的处理法。1921 年邀请美国明尼苏达大学的阿特普鲁比等 6 人，在矿区进行了为期 40 多天的实地勘察，并在厂内安装了美国带来的磁力选矿机等作为实验场，进行研究。美国人走了之后，日本人继续进行试验，发明了针对鞍山赤铁矿的磁力选矿法和还原焙烧炉，分别于 1922 年 6 月 30 日和 7 月 11 日获得日本政府颁发的专利。

该方法的基本原理是，在矿石粉碎之前，用还原焙烧的方法将赤铁矿磁化，因为这时是在炉内加热进行，使得坚硬的矿石非常容易变脆，这让原本非常困难的粉碎变得容易了。

接着，1922 年 8 月 4 日，鞍山制铁所在日暮山北端开始兴建选矿试验工场，进行工业化实地试验。1922 年 12 月，试验工程机器开始试运行，整体的选矿方法已经初具雏形。1923 年 6 月，满铁技术审查委员会设置鞍山贫矿处理法审查特别委员会，进行选矿法的研讨，到 1923 年 11 月形成了鞍山特有的贫矿处理执行方案。

1923 年 8 月，日本业界专业人士大河内正敏、斋藤大吉、本多光太郎、俵国一、向井吉哲等五人历经一周时间，对鞍山的贫矿处理展开调查。同年 10 月，满铁公司作出第一期以生铁年产 200 000 吨为目的的计划方案，计划从 1924 年起连续两年投入事业费 11 000 000 日元，运转 700 吨高炉两座，并决定建设选矿工场。

1923 年 12 月，还原焙烧试验取得了预想的成绩，遂结束试验。1924 年 2 月，烧结试验工场建成，开始进行大规模的实地烧结试验。产出的烧结矿于 1924 年 10 月在第二高炉首次装炉，效果良好。1925 年 5 月，第一高炉也试用了烧结矿，效果良好。1925 年 9 月 17 日烧结试验宣告结束，选矿试验全面完成。

1924 年 1 月，鞍山制铁所的选矿工场动工兴建，于 1926 年 3 月建成，移交制造科。5 月 22 日第一还原炉点火，26 日开始昼夜运转，并出产烧结矿 100 吨，鞍山制铁所的第一选矿工场诞生。第一选矿工场的主要设备如下：

还原焙烧设备：

    还原焙烧炉   10 炉

选矿设备：

    球磨机   6 台

　　管磨机　　　　12 台

　　磁力选矿机　　60 台

烧结设备：

　　烧结机　　　　4 台

　　到 1930 年，第一选矿场经过一次扩建，烧结矿的平均日产量为 1 100 吨，年产量 40 万吨[184] 64—66。

　　（4）设立专门研究机构是鞍山制铁所解决重大基础性问题的主要方式。首先是 1920 年为解决贫矿处理问题而设临时研究部，据称当时的实验室有 4 名日本人和 2 名中国员工，1924 年 9 月研究达到预期目的后，临时研究部解散，随之改为研究部，主要为制定炼钢计划进行调查，以及与炼钢计划相关的实验研究，研究问题之一是在满铁地质调查所的协助下，对烟台地区的黏土进行调查和实验，对其进行耐火材料的研究。二是以海绵铁为原料的研究，但这一阶段的实验因炼钢计划的流产而中断。1926 年 1 月研究部改为研究室，这一阶段的研究仍然以两方面为主，一是与炼铁相关的选矿烧结试验、瓦斯还原试验等；二是围绕烟台黏土进行耐火砖以及以烟台黏土为主体的矾土化学提炼试验。1927 年 10 月，鞍山制铁所为了提高经营效率，对编制进行了大精简，研究室合并到了制造科，组成材料试验部门，将矾土提炼试验放到满铁中央实验所继续进行。制造科试验组主要在物理化学方面就提高炼铁和副产物生产效率上进行实验，并对数百种耐火材料进行试验分析[184] 308—310。

图 4-13　鞍山制铁所研究室①

---

① 图来源：昭和製鋼所廿年誌. 鞍山：昭和製鋼所，1940. 309.

图 4-14　鞍山制铁所耐火物分析室①

　　1939 年之前，鞍山制铁所共获得 12 项专利，这些专利集中于两方面，一是贫矿预处理，二是海绵铁的利用和加工（表 4-4）。这些专利也体现了日本作为一个贫矿国家，希望通过技术研发实现充分利用殖民地资源来发展其钢铁企业的强烈愿望。

表 4-4　鞍山制铁所（昭和制钢所）专利一览表（1939）②

专利名称	发明者	专利号	备注
赤褐铁选矿法	梅根常三郎	42972	正在选矿厂实施
还原焙烧法	梅根常三郎	43099	正在选矿厂实施
磁石分离器	梅根常三郎 久米哲夫 中黑义郎	39608	
液化瓦斯饱和爆破药包	久留岛秀三郎	83566	专利授权实施：本溪湖煤铁公司、三菱矿业公司、大孤山采矿场爆破使用
磁力矿粉洗涤器	久米哲夫	117935	正在选矿厂使用
贫矿湿法选矿法	秋本千秋 井上克己	124173	正在研究所试验

① 图来源：鞍山製鉄所写真帖.1925.
② 表资料来源：昭和製鋼所.昭和製鋼所廿年誌.1939.26.

（续表）

专利名称	发明者	专利号	备注
交直磁石选矿机	古泉光男	76406	
接触面扩大装置	大野二夫	77654	
交流磁石选矿机	古泉光男	66562	
铁及非铁金属氧化矿的制炼法	弗里德里茨菲，尔凡辰	125230	
氧化铁矿石及其含铁物连续加工成铁法	弗里德里茨菲，尔凡辰	121561	
把海绵铁加工成炼铁块的方法	弗里德里茨菲，尔凡辰	125399	

（5）除有形的研发组织外，鞍山制铁所从1921年起成立鞍山铁钢会，并出版《鞍山铁钢会杂志》，成为鞍山制铁所研发成果的发表和技术信息交流的载体，这从一个侧面说明了日本发展殖民地钢铁企业技术能力的积极性。但另一方面，鞍山铁钢会的会员全部由日本人组成，说明鞍山制铁所建立起来的技术系统，只是一个存在于殖民地的"技术飞地"，其作用在于更有效地利用殖民地矿石等原料资源和廉价的劳动力来为日本钢铁事业和技术发展服务，对于中国来说，除了资源被大量消耗外，在伪满时期没有换回任何本土钢铁技术的进步。

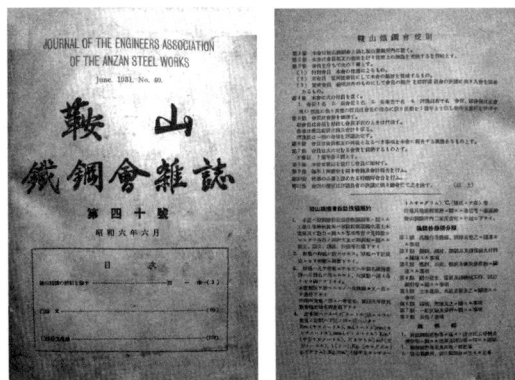

图4-15　鞍山铁钢会杂志封面及其刊登的铁钢会规则①

① 图来源：鞍钢档案馆伪满时期档案.

4. 小结：中国近代钢铁工业的技术状况

由史实可知，对于近代中国来说，钢铁产业的发展有三种情况，一是中国本土资本投资建设的钢铁企业，二是中央政府对国营钢铁厂的筹划和失败，三是日本以合办和独资的方式在东北建设的铁厂。

从技术层面来说，无论是设备还是技术能力上，日资控制的企业都远远领先于中国本土资本投资的企业。到 20 世纪 30 年代，中国境内的钢铁企业中，鞍山制铁所拥有最大的也是最为先进的高炉设备，鞍山制铁所和本溪湖煤铁公司的生铁产量占中国生铁总产量的 70% 以上。在昭和制钢所建立之前，中国境内的炼钢设备陈旧，规模很小，产量极为有限。从企业技术能力上看，鞍山制铁所和本溪湖煤铁公司均远远高于中国本土资本投资的钢铁企业，这分别体现在研发能力和高品质低磷生铁的开发能力上。

从技术本土化来说，日本控制的企业形成的技术系统只是建立在中国境内的一块技术飞地，在二战之前，其对中国本土钢铁技术进步发挥的作用几乎没有。

而在动荡的时局中，随着北洋政府和南京政府国营钢铁厂计划的相继流产，中国本土大规模钢铁产业在汉冶萍公司之后始终没有建立起来，这使得现代钢铁产业技术的发展失去了载体，就钢铁产业而言，可以说其技术水平止于汉冶萍。

而近代中国钢铁技术的进展更多地体现在钢铁技术教育和学术团体的创建上。

第二节　日本钢铁工业的发展与技术

除八幡制铁所之外，日俄战争之后，日本民间钢铁企业在战争和政策的刺激下而兴起，日本钢铁工业经历了一战创业和发展的黄金时期，以及在战后萧条和无序竞争中的调整和维持，在国家工商政策和财阀的支持下，到 1933 年日铁成立之前，日本钢铁工业已经初步实现了钢材自给，技术能力体现在从焦炭制造、生铁冶炼、普通钢与特殊钢的炼制等各方面。

一、一战带动下民间钢铁工业发展的高潮（1905—1920）

1. 战争与政策刺激下民间钢铁企业的创建与发展

日俄战争刺激了八幡制铁所的技术改造和第一次扩建，也使日本看到了钢铁业的巨大市场需求。因此，日俄战争之后到第一次世界大战这一时期，一些重要的日本民间钢铁企业得以创建（表 4-5）。

表 4-5　日本民间钢铁企业的设立（1899—1914）[①]

	创立时企业名	创立年份	主要生产	产品	其他
炼铁	北海道炭矿汽船轮西制铁厂	1907	焦炭高炉	生铁	1913 年改称轮西制铁所
	本溪湖煤铁公司	1911	焦炭高炉	低磷铁	大仓组出资合资公司
制钢（普通钢）	日本铸钢所	1899	平炉炼钢	铸钢品	1901 年被住友财团购买，更名住友铸钢厂
	小林制钢所	1904	平炉炼钢	铸锻钢品	1905 年铃木商店购买，1911 年更名神户制钢所
	日本制钢所	1907	平炉炼钢	铸锻钢品兵器	北海道煤矿和船运公司（HCSC）和英国两家企业阿姆斯特朗和维克斯（Vickers）联合创办
	川崎造船兵库分工场	1907	平炉炼钢	铸钢品	川崎造船厂创办
	日本钢管	1912	平炉炼钢	钢管	
制钢（特殊钢）	米子制钢所	1903	坩埚制钢	工具钢	
	安来制钢所	1904	坩埚制钢	工具钢	后为日立金属安来工场
	土桥电气制钢所	1908	赫鲁特（Heroult）式电气炉	高速工具钢	长野县松本市

[①] 表资料来源：通商産業省编.商工政策史・第 17 卷：鉄鋼業.東京：商工政策史刊行会，1970.153.

1914 年第一次世界大战爆发后，世界钢铁市场需求激增，西方国家采取了限制出口措施，钢铁价格暴涨。这大大刺激了日本国内产业和技术界"钢铁自给"的强烈思潮。1916 年 1 月，与产业界有密切联系的日本钢铁协会、电气学会、机械学会、造船协会以及火兵学会的代表五百余人，联合召开了"铁材自给讨论会"，会上就八幡制铁所生产与扩建、民营制铁所的现状和发展的困难等进行讨论，并向议会提交了《官民合同制铁调查会设置建议》，呼吁政府组织官方和民间的有识之士，成立制铁事业调查会，对八幡制铁所的第三期扩张计划和日本钢铁产业进行全面审查，为日本实现"钢铁自给"制定切实可行的政策。同年八幡制铁所第三期扩建计划在几乎没有修改的情况下议会通过，5 月，制铁业调查会官制发布，调查会委员 20 名，由来自日本官、军和民营企业的钢铁界代表组成（表 4-6）。调查会在其报告书中就将来政府在促进官办和民营制铁业协调发展方面提出了包括在土地使用、税收、贷款、限制进口等提出八项建议[186]。1917 年 6 月 21 日召开的临时国会提出"制铁业奖励法"并获得两院通过，同年 7 月 25 日公布，9 月 1 日正式实施。奖励法根据制铁业调查会的报告，对具有一定生产规模的钢铁企业在土地使用、赋税、设备材料进口等方面给予鼓励。如对年产能在 5 250 吨以上的钢铁企业免征营业税和所得税 10 年；对年产能在 35 000 吨以上的钢铁制造商进口设备免税[187]。奖励法的另一个特点是没有直接鼓励钢铁一体化生产企业，这使得民间单一生产的企业也从中受惠。

可以说，制铁业奖励法对于日本近代钢铁工业发展史来说具有特别的意义，因为其标志着日本政府在钢铁业发展方面，由单一地培育官营钢铁企业向包括民营企业在内的更广范围的企业培育政策的转变。在战争和政策的双重刺激下，日本民间钢铁业在一战期间再次经历了一个创业和发展的小高潮，到 1921 年，民间钢铁企业有约 40 家，民间企业在生铁、粗钢总产量上已经超过了八幡制铁所（表 4-7）。

表 4-6　制铁业调查会委员组成①

姓名	职务
岛安次郎	铁道院技师　工学博士
筑紫熊七	陆军少将

---

① 表资料来源：通商産業省编.商工政策史·第 17 卷：鉄鋼業.東京：商工政策史刊行会，1970. 180.

（续表）

姓名	职务
福田马之助	海军造船总监　工学博士
服部渐	八幡制铁所次长　工学博士
中村雄次郎	前八幡制铁所长官
高崎亲章	
原田镇治	三菱制铁会长
松方幸次郎	川崎造船所长
和田维四郎	原八幡制铁所长官
铃木马左也	住友总本店理事
丸天秀实	
门野重太郎	大仓组 取缔役（主任）
香村小录	釜石田中制铁所取缔役
福井菊三郎	
渡边渡	工学博士
饭田贞一	工学博士
寺野精一	工学博士
俵国一	工学博士
井上匡四郎	工学博士
大河内正敏	工学博士

表 4-7　第一次大战前后日本的钢铁年产能力（公称能力）[1]

		1913 年末		1921 年末	
		炉数（座）	年产能（千吨）	炉数（座）	年产能（千吨）
炼铁	合计	15	301	34	993
	官营制铁所	3	186	6	467
	民间企业	12	115	28	526

---

[1] 表资料来源：通商産業省编.商工政策史·第 17 卷：鉄鋼業.東京：商工政策史刊行会，1970. 196.

（续表）

		1913 年末		1921 年末	
		炉数（座）	年产能（千吨）	炉数（座）	年产能（千吨）
炼钢	合计	转炉 2	150	转炉 2	150
		平炉 32	505	平炉 104	1850
	官营制铁所	转炉 2	150	转炉 2	150
		平炉 12	225	平炉 21	441
	民间企业	平炉 20	270	平炉 83	1 409
压延	合计		430		1 450
	官营制铁所		400		810
	民间企业		30		640

表 4-8　第一次大战结束后日本的主要钢铁企业[①]

		企业名	所在地	备注
钢铁联合企业		官营制铁所	八幡	生铁、各种钢材、锻钢品、特殊钢材
		田中矿山	釜石	生铁、条钢
单独炼铁企业	焦炭生铁	东洋制铁		1917 年创立
		日本制钢所轮西铁厂	轮西	
		日本制铁	折屋	1917 年创立
	电气铁	藤田矿业广田制铁	广田	1915 年创立
		高田矿业大寺制铁	大寺	
		日本钢管富山制铁		
		日本电气制铁	郡山	
	木炭铁	大仓矿业山阳制铁	山阳	1917 年创立
		山阳制钢	山阳	

---

① 表资料来源：通商產業省编．商工政策史・第 17 卷：鉄鋼業．東京：商工政策史刊行会，1970.

（续表）

		企业名	所在地	备注
单独炼铁企业	再生铁	隅田川精铁所	东京	1917 年创立
		户烟铸物	户烟	
		广岛铁工所	广岛	
炼钢压延企业	大战前设立的	日本钢管	川崎	钢管、条钢、钢板
		日本制钢所①	室兰	锻铸钢、钢材、特殊钢
		住友伸钢钢管	尼崎	条钢、盘条
		住友制钢所	大阪	外轮、铸锻钢
		神户制钢所	神户	锻铸钢、条钢
		川崎车辆兵库制钢所	兵库	条钢、锻铸钢
	大战中设立的	川崎造船茸合制钢所	茸合	1918 年创立，钢板
		浅野小仓制钢	小仓	1916 年创立，条钢、盘条
		大岛制钢	东京	1915 年设立，铸锻钢
		东京钢材	东京	条钢
		日本铸钢	东京	铸钢
		富士制钢	川崎	1917 年创立，锻铸钢
		大阪制铁	大阪	1915 年设立，条钢
		日本制钢所	大阪	铸钢
		三菱造船长崎电气制钢厂	长崎	1918 年创立，铸锻钢
		桑原铁工	东京	转炉钢、铸钢、条钢
		日东制钢	月岛、岩渕	铸钢
		伊藤制钢所	大阪	条钢、锻铸钢、特殊钢
		北村制钢所	大阪	条钢
		唐津制钢所	唐津	
	电炉炼钢（特殊钢）	日本特殊制钢	东京、大森	特殊钢
		大同电气制钢所	热田	铸锻钢
		安来制钢所	安来	
		藤田矿业	广田	

---

① 日本制钢所的平炉数为室兰和川崎的总数.

（续表）

	企业名	所在地	备注
单纯压延公司	三菱造船	神户	
	浅野造船	鹤见	
	东海矿业	若松	

2. 八幡制铁所的技术转移与扩散：推动民间钢铁企业创建的另一重要因素

这一时期，这些民间钢铁企业与八幡制铁所至少在两个层面上有着不可忽视的关系。一是技术扩散，八幡制铁所通过技术人员和熟练工的转出、钢材的供给，导致八幡制铁所引进和自我消化的技术发生了转移，为当时很多钢铁企业的创业提供了支持。二是生产上的分工，即民间企业分担了八幡制铁所未涵盖的生产领域，如铸锻钢、钢管等，从而弥补和形成了一个较为完整的钢铁产业体系。

一些重要民间钢铁企业的创业往往与八幡制铁所的技术人员有关，通过这些技术人员的创业行为，他们在八幡积累的技术能力得到进一步的利用，以八幡为母体的技术扩散也随之发生。以下列举几个实例：

（1）日本铸钢所（后更名为住友铸钢）

日本铸钢所是日本第一家私营炼钢公司，创立于1899年，由八幡制铁所的两名工程师山崎久太郎和羽室庸之助和四名大阪企业家创建。山崎和羽室是1897年由八幡制铁所派往德国GHH公司学习的十名技术人员中的两名，按原计划，他们的学习方向是机械，但他们对平炉炼钢和铸钢更有兴趣，在未得到八幡制铁所同意的情况下，他们改变了学习方向，用两年时间学习了平炉炼钢和钢的铸造。1899年，日本农商务省拒绝了他们继续学习的请求，要求其辞职。两人辞职后，在四名大阪商人的资助下，开始创建自己的公司日本铸钢厂，成为日本第一家私营铸钢企业。其主要设备是一座小的酸性平炉（西门子型平炉）和一座燃气发生炉。由于产品的质量问题和市场对铸钢缺乏认知，1901年，他们将企业卖给了住友。1902年，住友将铸钢厂更名为住友铸钢厂，并增加了另一座平炉，生产锚、轮和砧。在日俄战争中，住友承接了海军的订单，为其生产锚，战争之后，为国家铁路局生产车轮。1915年，住友开始为战舰生产大型的回火钢，同时企业成为住友铸钢企业有限公司，1935年，住友制铜和住友铸钢厂合并为住友冶金。

（2）日本制钢所轮西铁厂

轮西铁厂于1909年由北海道煤矿和船运公司成立，目的是为日本制钢所提供生铁。铁厂总工程师是曾在八幡制铁所任炼铁工程师的江藤舍三，他曾在东京帝国大学和柏林大学学习生铁冶炼，也是八幡制铁所派往德国GHH公司学习的十名技术人员之一。同时，轮西铁厂还从八幡制铁厂聘请了一名工程师和一名炉前工，从釜石聘请了两名工程师和两名炉前工。为了实现大规模的生铁冶炼，铁厂尝试用铁砂为原料，但因铁砂的预处理而导致高成本。更糟的是，由于日本制钢所的合作伙伴英国的阿姆斯特朗和维克斯（Vickers）公司希望其使用高质量的英国原料来生产特种钢，因此轮西铁厂的生铁销售并不理想，1909年，轮西铁厂在投产两个月后被迫停工。之后，轮西铁厂在八幡制铁所的技术援助下重新审视了其生产计划，决定放弃铁砂为原料。1913年，当北海道煤矿公司被三井财阀收购后，三井矿业重开铁厂，更名为轮西钢铁厂。直到一战带来了不断增长的钢铁需求，铁厂才得以获得稳定的发展。

（3）今泉嘉一郎与日本钢管（NKK）的创建

第一个注意到钢管的市场需求的是著名的企业家大仓喜八郎，他创立了大仓财团。1908年，大仓喜八郎计划和英国大型钢管制造商斯图尔特和劳埃德（Stewarts and Lloyd）公司合作创办钢管厂，他请八幡制铁所为其提供制管板材，当时八幡制铁所没有能够生产管材的设备。与此同时，八幡制铁所也需要发展管材生产，制铁所派制钢部工程师今泉嘉一郎赴欧洲学习管材制造。今泉嘉一郎在德国发现曼内斯曼（Mannesmann's）无缝钢管制造法最经济和高效，普通的制管法是先轧制管材然后焊接成管，而曼内斯曼的无缝钢管是直接用钢锭生产出钢管而没有任何焊缝。回国后，今泉嘉一郎极力向八幡制铁所推荐无缝钢管制造，当大仓喜八郎听完今泉嘉一郎的报告后，马上决定使用最新的曼内斯曼法而放弃与英国公司的合作。因此，他劝说今泉嘉一郎加入他的钢管制造计划。本来就对国营八幡制铁所低效率的管理心存不满的今泉嘉一郎，对私营钢铁厂的发展表现出兴趣，最终接受了大仓的邀请，于1910年辞去了八幡制铁所的职务。

另一个促使今泉嘉一郎加入该计划的原因是大仓喜八郎于1910年正在与中国合资开办本溪湖煤铁公司，由于当时日本国内只有八幡制铁所和釜石铁厂两家有高炉生产生铁，但八幡的生铁不外销，釜石的生铁只用于生产铸钢，因此大仓喜八郎与今泉嘉一郎对中国本溪湖生产的生铁怀有极大的期待，但由于与中国政府的谈判要比想象的时间长得多，同时无缝钢管的生产是一个新的高风险的投资，因此要获得初始投资非常困难。此外，大仓喜八郎在寻求海军的担保合同方面也遭遇了挫折，这使他对此项事业产生了犹豫。

但今泉嘉一郎没有放弃他的梦想，1911 年，他的老朋友白石元治郎的来访而得以实现。白石元治郎是东京造船厂的管理人员，是著名企业家浅野总一郎的女婿，他与今泉嘉一郎是东京帝国大学时的好友，当他去印度时，开始对本加尔（Bengal）制铁公司的生铁感兴趣，他从印度的本加尔公司带回一些生铁，让今泉嘉一郎研究其制钢的可能性，当今泉嘉一郎意识到印度铁可行时，他立刻让白石元治郎与本加尔制铁公司签订长期合约。二者找到了大阪最大的铁经销商岸本商社来办理这一进口业务。1912年，日本钢管正式成立，由白石元治郎任董事长，今泉嘉一郎任总经理和总工程师。公司在东京附近的川崎设立了两座 20 吨的碱性平炉以及一座曼内斯曼无缝钢管生产设备，于 1914 年一战之前建设完成[13] 61—69。

此外，八幡制铁所的工程师还被派往中国鞍山、本溪湖和汉冶萍公司进行技术指导，这些企业或是中日合资（本溪湖）、日本独资（鞍山），或是与日本有着非常密切的关系（汉冶萍），因此八幡制铁所的技术扩散也发生在日本以外的日资企业。

除了工程师的创业外，八幡制铁所的自主开发的技术也在民间企业中得到利用，如黑田泰造发明的黑田式炼焦炉，在东洋制铁所、本溪湖等企业得到利用。此外，东洋制铁所受一战之后铁价下跌的冲击而经营不善，于 1921 年将其高炉委托八幡制铁所经营，实际上，日本当时拥有焦炭高炉的企业只有东洋、轮西、釜石等寥寥几家，而八幡制铁所几乎与他们都有直接联系，或是技术人员直接创业，或是技术指导和委托经营，这些行为导致了八幡的技术向这些企业扩散。

3. 来自军事部门的订单成为促进钢铁企业发展的又一动力

日本从明治之后就一直在追求军事装备的自给，包括生产武器的原材料尤其是特殊钢的自给。一战之前，日本国内军工用特殊钢的生产主要依靠海军吴工厂和大阪炮兵工厂两家，两家兵工企业 1913 年的特殊钢炼钢产量为 48 491 吨，而包括八幡制铁所在内的非军工企业仅生产特殊钢 538吨[188]，这些远远不能满足海陆军在武器制造、造船上的需求。

正是看到军工企业对钢材的巨大需求，激发了一些民间钢铁企业的创业激情，也使他们在一战结束之前的一段时期获得了来自军事部门的订单，企业因此得到发展。比如神户钢厂，其创建人之一就是来自吴工厂的工程师，他看到了为海军生产铸钢的巨大商机而创办了这一制钢企业，企业在创建初期在生产和技术上就遇到了极大的困难，经过铃木商社的收购和努力后终于使生产恢复正常，而日俄战争后海军面临着对特殊钢的极大需求使钢厂获得了海军的订单，正是来自海军的订单，使神户钢厂得以从战后萧条和不稳定的经济状况中解脱出来。

除了神户钢厂之外，这一时期为满足军用钢材而扩建、创建或发展的企业还有八幡制铁所、日本制钢所、住友制钢所、日本钢管、日本特殊钢、大同制钢、长崎制钢所、川崎车辆兵库工厂[188]11-12。

军用钢材的需求，在促进非军工钢铁企业的创业和发展的同时，也使特殊钢生产成为非军工企业的一个重要发展领域，从 1913 年到 1917 年短短的 4 年间，民间钢铁企业（含八幡）的特殊钢炼钢产量就从 538 吨增至 14 915 吨。不能不说，来自军事部门的订单的确给这一时期的民间钢铁企业以极大的发展动力。

二、一战之后民间钢铁产业的调整（1920—1926）

经过一战的创业和发展高潮，到一战结束之时，日本民间钢铁产业已初具规模。在企业构成上，由原来以官营八幡制铁所一家独撑局面转变为八幡制铁所与众多民间钢铁企业共享生产和市场份额的局面。在生产结构上，经过一战发展起来的日本钢铁产业在战后呈现以下特点：

一是铁和钢生产不平衡。到 1921 年，日本国内拥有高炉数为 34 座，年产能为 99.3 万吨，而国内仅平炉炼钢的产能就达 185 万吨，远远高于生铁产能，即便是加上日本殖民地钢铁企业的高炉产能 36.7 万吨[96]196，生铁产能也远低于炼钢炉的产量。另一方面，由于最大的生铁制造商八幡制铁所的生产不对外供应，这就使日本国内民间制钢厂的平炉炼钢大都以进口铁来炼钢。

二是特殊钢和普通钢并重的局面被打破，特殊钢产量下滑。一战结束后来自军事部门的订单大大减少，比如八幡制铁所 1922 年预计可以获得海军的订单为 12.7 万吨，但实际只有 0.96 万吨，不到预计的 10%（表5-9）。其他民间企业与八幡制铁所同样面临这一情况。军事订单的减少迫使钢铁企业减少特殊钢的生产，纷纷转向了普通钢材市场，这无疑加剧了钢材市场的竞争。

表 4-9　军需的减少与八幡制铁所产品销路的转移[①]

	军事支出（百万日元）		海军购买的钢材量（千吨）		制铁所销售量（千吨）		
	陆军兵工厂	海军工厂	预计	实际	政府和企业内部用	销往民间	合计
1920	52	67			176	118	294
1921	37	65			164	167	332
1922	38	40	127	9.6	154	222	376
1923	28	26	139	13.0	101	302	403
1924	26	29	152	14.3	140	361	502
1925	22	22	165	13.6	155	490	644
1926	25	23	180	10.3	174	597	770
1927	24	29	185	4.1	202	679	880

　　三是进口钢铁再次大量涌入，进一步压制了日本本土生铁冶炼企业的发展，并给制钢业带来更大压力。一战之后，铁价大跌，廉价的印度生铁大量涌入日本，成为民间制钢企业最大的生铁原料来源，而印度生铁的价格比日本国内生铁市场价格低廉，这等于剥夺了日本国内生铁制造业进一步发展的机会，这也是一战以后日本民间生铁冶炼得不到发展的重要原因。另一方面，随着西方限制出口的取消，成本低廉的西方钢材也大量涌入，加剧了本来就激烈的钢材市场的竞争。

　　在上述情况下，日本钢铁企业在战后经历了一个调整的过程，其特点是由大财阀收购、控股民间钢铁企业，使之获得继续生存发展的可能。比如日本最早的田中釜石铁厂，在进口生铁的冲击下，战后遭到了前所未有的困难，于 1924 年并入三井财阀，成为三井矿业的一个附属企业，实际上田中釜石铁厂在大战之前就因财政困难一度与三井矿业谈判收购事宜，后因一战的转机而放弃，一战之后，釜石铁厂再度陷入危机，于是同意将企业卖给三井财阀，三井在收购之后将田中釜石铁厂更名为釜石矿业公司，

---

① 资料来源：通商産業省编.商工政策史・第 17 卷：鉄鋼業.東京：商工政策史刊行会，1970.214.

但保留了其原有的全部技术人员。此外，三井财阀是北海道煤矿和船运公司的最大股东，一战之后，三井决定将该公司创办的日本制钢所和轮西铁厂合并为一个钢铁一体化生产企业，并增购双倍的日本制钢所股权，这使得维克斯和阿姆斯特朗两家英国企业所持股份由原来的50％降至25％，合并后的日本制钢所因此成为一家名副其实的三井财阀旗下的钢铁企业。表4-10所列为战后财阀控制的附属钢铁企业。

表 4-10　一战后由财阀控制的钢铁企业[①]

财阀	附属企业
三井	日本制钢所（含轮西铁厂）、釜石矿业
三菱	三菱制钢（三菱兼二浦）、东京钢材
住友	住友铸钢，住友铜业
安田和浅野	日本钢管、富士制钢、渡海制钢、浅野小仓制钢、浅野造船所制钢厂、大岛制钢
大仓	本溪湖煤炭公司

三、政策支持下民间钢铁产业的维持与发展（1926—1934）

在民营钢铁业面临越来越大的竞争压力和无序的市场竞争的情况下，日本国内业界要求官营制铁所和民营钢铁企业合并共同发展的呼声很高。1925 年 8 月，第一个单独政权加藤内阁宪政会成立，片冈直温就任商工大臣，片冈直温此前对于官民合并并不十分热衷，但他不得不面对日益严重的钢铁产业发展问题，在听取制铁钢调查会的提案后，他采取了一系列旨在保护和促进钢铁业发展的措施，具体体现在三个方面：

一是钢铁卡特尔[②]的最初母体：日本铁钢协议会的结成。1925 年 10 月，在片冈直温的直接推动下，官营八幡制铁所、日本制钢所、釜石矿山、三菱制钢、大仓矿业、南满州铁道、日本钢管、富士制钢、东京钢材、大岛制钢、浅野造船、大阪制铁、住友伸铜钢管、神户制钢所、川崎

---

① 资料来源：Seiichiro Yonekura. The Japanese Iron and Steel Industry，1850—1990. New York：St. Martin's Press. 1994. 97.

② 卡特尔：由一系列生产类似产品的独立企业所构成的组织，集体行动的生产者，目的是提高该类产品价格和控制其产量.

造船所、东海钢业、浅野小仓制钢所、中山薄板工场、日本钢业等 20 家日本主要生铁、制钢和钢材制造企业结成钢铁协议会，并达成了《铁钢协议会规约》，约定协议会的目的在于：同心协力促进本国钢铁业的发达，实现钢铁的自给自足，稳定钢铁市场价格，推动钢材的海外输出。按照规约，协议会成员有责任实现原料的共同和经济的购入；协调企业产品领域避免重复化单纯化生产；实现产品共同销售、产品规格统一；技术研究的相互联络和应用；输入统计的改善等方面进行协商和实现目标[96] 238—239。1926 年 6 月，以协议会为母体，日本历史上最初的钢铁卡特尔"生铁共同组合"结成，同月，日本第一个钢材卡特尔"条钢分野协定案"形成，到 1931 年，各钢材品种的卡特尔基本形成[96] 239。铁钢协议会的成立对于战前日本钢铁业组织化进程有着重要意义。值得注意的是，与欧美国家卡特尔的自主行为不同，日本钢铁卡特尔是在政府的直接干预和推动下形成的。

二是关税率的调整。总的来看，日本战后钢铁进口关税与战前比较没有变化，除了钢轨的高税率外，其余均维持在低于钢铁主要生产国的水平。战后，民间钢铁企业对进口钢铁的低关税表示不满，1921 年日本矿业会和日本钢铁协会联合提出上调钢铁关税的建议书，希望将生铁税率上调至每吨 12 元，条钢调至每吨 30 元。1924 年在日本钢铁协会 10 周年之际，钢铁协会再次发表了《关于钢铁关税税率改定的建议》（《鉄鋼関税率改定に関する建議》），在将国内生铁最低价格与印度生铁进口价格差额的基础上，提出将生铁税率上调的建议[189]。1925 年 7 月，由生铁同业会、制钢恳话会、全国铁工机械同业组合联合会三个团体向政府提交了《关于生铁、钢铁、钢铁制品及其机械关税改革的陈情书》（《銑鉄、鋼材、鉄鋼製品並二機械関税改正二関スル陳情書》），同样建议生铁关税调至 12 元（相当于按价格的 20%），条钢调至 30 元（相当于按价格的 25%），钢铁制品和机械调至按价格的 30%[190]。在此情况下，钢铁进口关税在 1926 年得到修改。

值得注意的是，这一次继续维持了生铁每吨 1.66 日元的低税率，条钢、钢板等钢材主要品种按量计税，相当于当时价格的 18%，相比起原来的 15% 仅高了 3%。但由于 1921 年之后钢材进口价格大大降低，如果采用按价计税的话每吨的关税额有所缩减，采用按量计的话实际上条钢的关税上涨了 32%。之所以维持生铁的低税率，据称是因为日本政府担心印度对进口的日本棉布采取报复措施。作为补偿，日本政府对生铁制造企业直接给予补贴（奖励金），以帮助日本国内生铁企业正常发展[96] 241。

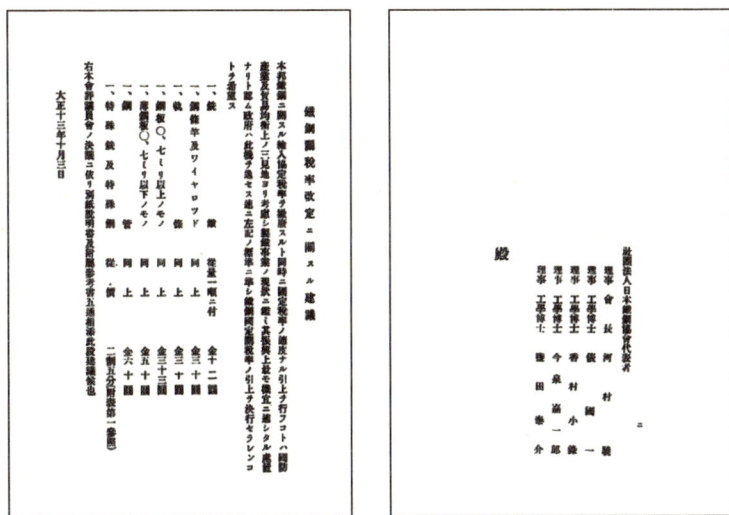

图 4-16　日本钢铁协会发表的《关于钢铁关税税率改定的建议》(1924)①

表 4-11　1926 年钢铁关税的调整②

种类	单位	税率
生铁块	日元/每百斤	0.10
钢条及杆	同上	1.10
钢轨	同上	1.10
盘条	按价格	18％
硅钢板（厚0.7毫米以下）	每百斤	0.30
其他钢板（0.7毫米以下）	同上	1.95
钢板（厚3毫米以下）	同上	1.40
线	按价格	18％
电线	同上	5％
带（箍铁）	同上	5％
管和筒（铸）	每百斤	1.00
其他	按价格	15％—18％

---

① 图来源：鉄と鋼.1924（10）.
② 表资料来源：通商産業省編.商工政策史・第17卷：鉄鋼業.東京：商工政策史刊行会，1970.
　242.

三是生铁奖励金制度。作为维持生铁低关税的补偿措施，1926 年 3 月修改了制铁业奖励法。其主要修改要点是，将土地使用和免税的鼓励对象限定为钢铁联合生产企业，对年产能在 3.5 万吨以上的钢铁联合生产企业（八幡制铁所除外）的生铁制造按其生铁的用途给予每吨 3 至 6 元不等的奖励金。

在上述政策下，日本战后钢铁业由无序竞争逐步走向协作有序地发展。尤其是卡特尔的结成，在当时不仅稳定了钢材市场价格，生产上的分工协定也使八幡制铁所由原来多品种少产量的不经济的生产模式中解脱出来，提高了生产效率。对于民间钢铁企业来说，卡特尔使他们摆脱了来自八幡制铁所的竞争压力，维持了市场份额而获得了发展的机会。另一方面，关税的调整也减轻了来自进口钢铁的竞争压力。政府对钢铁联合企业的生铁制造进行补贴，使有限的民间钢铁联合企业获得了发展的机会，如前述的三井旗下的日本制钢所正是在 1926 年生铁奖励金制度之后真正摆脱困境实现发展的。一些原来单纯的制钢企业在奖励金的刺激下投资生铁制造，如浅野造船在 1927 年开始修建鹤见制铁所。

总的来说，在片冈直温的钢铁政策下，日本民间钢铁业与官营八幡制铁所开始在协商中找到共同发展的机会，民间钢铁业并没有被战后的萧条和竞争而淘汰，而是在合作中维持和发展着。

四、技术经验与研发成果的利用：八幡制铁所洞冈大型高炉的建设（1930—1933）

经过片冈直温钢铁政策，日本的钢铁产业较成功地克服了战后市场的急剧转变而带来的一系列问题。1929 年的华尔街股市暴跌引发了全球性的经济危机，日本也进入了经济萧条的"昭和恐慌"，日本为了谋求更大的市场需求来解决经济危机，推行面向东亚大陆的殖民地政策，1931 年爆发了中国东北九一八事变，将东北三省沦为其殖民地，在此情况下，钢铁业再次因军事需求而得到发展机会，产量显著提高。到 1932 年日本钢材的自给率已经几乎达到 100％（表 4-12）。但在生铁方面，虽然生铁奖励金维持和促进了日本国内生铁生产，但其自给率仍然徘徊在 60％的较低水平（表 4-12），成为日本钢铁产业的致命弱点。因此，为了满足不断增长的军事需求，也为了解决生铁自给不足的问题，八幡制铁所于 1930 年开始实施洞冈地区高炉群的建设计划。

表 4-12　日本昭和初期的生铁和钢材供给（千吨）[1]

	年份	生产量（A）	进口量	出口量	净消费量（B）	A/B（%）
生铁	1926	810	504	5	1309	62
	1927	896	576	4	1467	61
	1928	1033	709	5	1797	57
	1929	1087	792	4	1875	58
	1930	1162	515	5	1672	69
	1931	917	495	3	1409	65
	1932	1011	650	1	1660	61
	1933	1424	801	0	2225	64
钢材	1926	1256	925	121	2061	61
	1927	1415	814	156	2074	68
	1928	1720	825	182	2363	73
	1929	2034	790	196	2628	77
	1930	1921	437	234	2125	90
	1931	1663	266	204	1725	96
	1932	2113	235	300	2048	103
	1933	2792	410	435	2767	101

到 1934 年日铁成立之前，洞冈建设计划完成的主要工程为 1、2 号高炉及其焦炭工场、副产物工场的建设（表 4-13）。具体如下：

（1）洞冈 1 号高炉（日产 500 吨）。

（2）黏结煤的第 1 洗煤工场、洞冈 1 号炼焦炉。

（3）硫铵工场、苯工场、焦油蒸馏工场、硫酸工场。

（4）运输设备、岸壁设施、动力设施。

（5）洞冈 2 号高炉（日产 700 吨）。

（6）强黏结煤第 1 洗煤工场，洞冈 2 号炼焦炉。

（7）硫铵工场、苯工场、硫酸工场。

---

① 表资料来源：八幡製鉄所. 八幡製鉄所八十年史·総合史. 新日本製鉄八幡製鉄所，1980.58.

洞冈高炉建设工程在技术上最大的特点是高炉的大型化，按原计划，八幡制铁所准备在洞冈建设 6 座 500 吨的大型高炉，建成后洞冈生铁年产量将达 100 万吨。而此前日本国内的高炉最大为日产 300 吨的釜石 9 号高炉。洞冈 1 号高炉的建成被认为是日本现代大型高炉的开端。虽然没有大型高炉的设计和建造的实际经验，但洞冈 1、2 号高炉的设计和建设均由八幡制铁所独立完成，这体现了八幡制铁所经过 20 多年设计、建设和生产经验的积累，已经具备了独立设计和建造 500 吨以上大型高炉的技术能力。

1 号高炉的设计由八幡制铁所完成，在设计之前，制铁所生铁部主任和负责设计建设的工程师山冈武等赴欧美主要钢铁国考察大型高炉，他们带回了美国、英国、德国和其他欧洲大陆国家 500 吨以上大型高炉的数据资料。并根据八幡制铁所多年高炉建设经验和数据积累，设计出适合其使用原料特性的 1 号高炉的炉型[191]。时间上，1 号高炉从 1928 年 1 月开始着手设计，同年 8 月开工建设，1930 年 5 月建成投产，作业情况良好[191]。

考虑到国际上大型高炉已有超过 1 000 吨的趋势，八幡制铁所抛弃了继续建设 500 吨 2 号高炉的计划，将 2 号高炉的规模提高到 700 吨。设计同样有制铁所自己的工程师完成，高炉设施除了送风机等一些机械类设备外，均由制铁所制造，其他设备也使用日本国产制品。2 号高炉于 1933 年 10 月建成投产，到 1934 年 9 月，其日产生铁已达 750 吨以上[192]。

洞冈高炉在技术上第二个突出的特点是成功采用了八幡制铁所在国产粉状铁矿烧结法研究的最新成果。从铁矿资源上说，日本是个贫矿国，如何通过事前处理将质量不佳的铁矿资源利用起来，是八幡制铁所在研究所设立之初一个重要的研究课题。1920 年，八幡制铁所的研究所开始进行以国内紫铁矿、硫酸锌和砂铁为原料的国内粉状铁矿资源的开发利用的试验研究。研究由平川良彦负责，平川良彦设计了一个回转式烧结炉，经过对不同原料配比的反复试验，到 1927 年 1 月试验终止时，50 吨/日生产能力的设备的实绩达到 25 吨/日。1929 年制铁所在洞冈引进了 AIB 烧结设备，利用上述国产粉铁矿进行烧结，并成功在洞冈高炉熔炼过程中使用，标志着其研究成果的实用化。

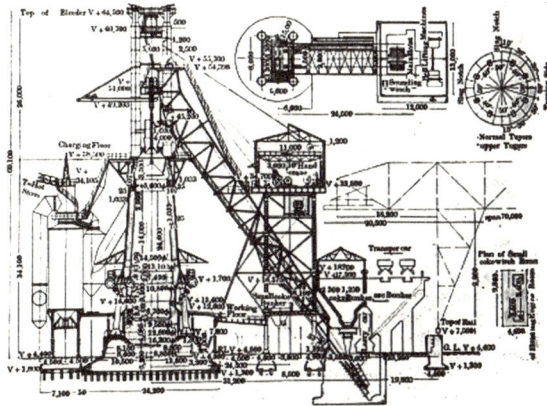

图 4-17 洞冈 2 号高炉设计图①

表 4-13 洞冈 1、2 号高炉主要尺寸（毫米）②

	有效高 b	c	d	e	f	g	h	α	β	有效容积（立方米）	风口数	风口直径
洞冈 1 号	24 000	5 600	6 700	5 100	2 600	3 500	2 200	81.04	86.44	665.7	12—18	
洞冈 2 号	24 000	7 000	7 400	5 600	2 800	3 100	2 000	83.31	86.18	838.0	12—16	180—200

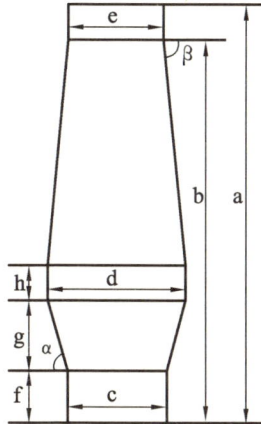

① 图来源：山冈武.八幡製鉄所洞冈第二鎔鉱炉に就て.鉄と鋼.1935（12）.958.
② 表资料来源：山冈武.八幡製鉄所洞冈第二鎔鉱炉に就て.鉄と鋼.1935（12）；山冈武，江口贞吉.八幡製鉄所洞冈第一鎔鉱炉内形の決定に就いて.鉄と鋼.1932（12）；下川義雄.日本鉄鋼技術史.東京：アグネ技術センター，1989.110.

此外，八幡制铁所在洞冈建设五组炼焦炉，其中两组为黑田式 100 基炼焦炉，两组科伯式，一组索尔维式，在炉式上，将原来的单式黑田式炼焦炉改为了复式炉，通过炉式、尺寸、和干馏工艺的改进，达到节约成本、缩短生产周期、提高生产量的目的[193]。

可见，洞冈大型高炉工场的顺利建设和投产，不仅说明日本在 20 世纪 30 年代已经具备了自主的大型高炉设计、建设、运作等技术能力，更重要的是，这一技术能力的形成，从根本上说来自八幡制铁所 20 多年来生铁冶炼实践经验积累及其自主研发成果的成功应用。从这一意义上说，洞冈大型高炉是日本钢铁技术从引进模仿到实现创新的一个重要成果。

五、日铁建立之前日本钢铁工业技术状况

1. 生铁冶炼技术

到 1933 年日铁成立之前，日本国内钢铁企业已有高炉 20 座，生铁年生产能力 2 233 500 吨。其中八幡制铁所拥有最大规模的生产能力，8 座高炉中，洞冈两座日产能超 500 吨，东田的 6 座经过数次改造，日产能均接近或超过 300 吨。其余各制铁所高炉均不超过 400 吨。从产能看，八幡制铁所占日本国内的 53％。

表 4-14　1933 年日本钢铁企业的高炉及其炼铁能力①

	炉数	能力（吨）		各炉日产能力（吨）
		日产	年（350）	
八幡制铁所	8	3394	1 188 000	东田：1 号 302、2 号 295、3 号 328、4 号 330、5 号 6 号 442　洞冈：1 号 500、2 号 700
东洋制铁	2	605	211 800	1 号 328、2 号 277
轮西制铁	4	675	236 600	1 号 85、2 号 225、3 号 140、4 号 225
釜石矿山	2	720	252 000	8 号 380、9 号 340
三菱制铁	3	800	280 000	1 号 200、2 号 247、3 号 353
浅野造船	1	186	65 100	1 号 186
合计	20	6380	2 233 500	

---

① 表资料来源：通商產業省编. 商工政策史・第 17 卷：鉄鋼業. 東京：商工政策史刊行会，1970. 310.

从技术上看，1933年日本生铁冶炼的技术进步主要体现在以下几个方面：

（1）铁矿石预处理技术的成功开发和使用。

作为贫矿国，日本除了大量从中国大冶等地进口优质铁矿石之外，还致力于日本国产砂铁和殖民地中国东北地区贫矿而进行的预处理技术的开发。如前所述，八幡制铁所在国产砂铁矿烧结法方面的研发获得了成功，并于1929年在洞冈高炉的生产中得到应用。除此之外，釜石矿山在1929年9月建成D.L式（Dowight & Lloyd）烧结机（100吨/日），轮西制铁所1930年开始使用G式（Grondal）烧结机，浅野造船于1931年10月开始使用D.L式烧结机[4]103。表明1929—1931年是国内砂铁的烧结处理技术在日本高炉炼铁方面开始正式使用和普及的阶段。

中国东北地区的贫矿处理是日本在铁矿石预处理技术上的又一重要研发成果。这一研发工作由鞍山制铁所的研究部门于1920年开始进行，于1922年发明了针对鞍山赤铁矿的磁力选矿法和还原焙烧炉，并获得日本政府颁发的专利。之后又经过两年的成果工业试验阶段，1924年鞍山制铁所第一选矿工场建成，鞍山贫矿处理技术得到正式应用。

表4-15　1932年日本国内钢铁企业烧结机状况①

	八幡	轮西	釜石	兼二浦	浅野
型式	AIB式	G式	D.L式	G式	D.L式
设置年月	1929.10	1930.9	1929.4	1919.7	1932.9
能力（吨/日）	175　185	200	100	96	300
原料配合	硫酸渣54% 紫铁矿11% 灰粉9% 焦炭粉7% 返粉18%	沼铁矿 焦炭粉 下敷铁矿	磁选精铁矿82% 平炉渣7% 灰分5% 焦炭粉6%	安岳砂铁 2 500千克 焦炭粉250千克 下敷矿石 250千克	
备注					建设中

（2）焦炭制造工艺的进步。

炼焦设备的开发和改良是这一时期日本高炉炼铁技术进步的又一方面。除了前述黑田式炼焦炉的发明和应用外，黑田式的改良型于1924年在

———————————————————

① 表资料来源：下川義雄.日本鉄鋼技術史.東京：アグネ技術センター，1989.104.

东洋制铁建成使用，1924 年三池煤矿设计了三池式焦炉，之后改良型的三池式焦炉（称为釜石式或三池复式）在釜石和轮西建成。1930 年洞冈的黑田复式建成使用。

炼焦炉的技术进步直接反映在焦炭质量的提高上，而焦炭质量的提高在高炉炼铁中直接体现为焦比的降低。1930—1931 年，日本各铁厂代表性高炉的焦比分布在 1.00—0.9 的范围，这已经达到了世界主要钢铁生产国的先进水平（表 4-16）。到 1935 年八幡制铁所的东田 5、6 号高炉的焦比降至 0.85[4] 107。

表 4-16 主要钢铁生产国的高炉炼铁焦比平均水平①

	英国	美国	德国	法国	比利时
1925	1.31	0.98	1.07	1.27	
1930	1.22	0.93			1.07

（3）高炉的技术进步。

高炉本身的技术进步一方面反映在高炉的大型化上。除了前述八幡洞冈 500 吨和 700 吨大型高炉的成功建成和作业外，八幡制铁所的东田 1—6 号高炉、东洋制铁的 3、4 号高炉、釜石的 8、9 号高炉、轮西制铁的 2—4 号高炉都经过了数次旨在提高冶炼能力的结构改造，日产能均有所提高。尤其是釜石矿山的两座高炉，分别于 1929 和 1933 年经过改造，日产能超过了 300 吨。

另一方面，高炉设备和作业的改良也在进行。如八幡制铁所从 1923 年开始进行高炉送风口的止损研究，试验用铜送风口代替铝送风口，到 1926 年在 5 号高炉上使用获得成功。此外，高炉炼铁是一个集送料、给料、高炉作业、热风和出铁等系列工序于一身的系统工程，高炉炼铁质量和效率的提高不仅来自焦炭、铁矿石、高炉本身的因素，也来自作业各工序有效的系统集成，这也是日本高炉炼铁技术改善的一个方面，八幡制铁所从东田 1 号到 6 号高炉，一直不断地对其送料和加料模式、热风技术等进行改良，就是希望通过这些工序的综合改善来提高高炉炼铁的效率。

可以说，到 1933 年，日本在大中型高炉的设计和作业技术上，几乎完全达到了欧美主要生产国的水平[4] 112。

---

① 表资料来源：T. H. Burnham, G. O. Hoskins. Iron and steel in Britain 1870—1930. London: George Allen & Unwin LTD. 1943. 128.

2. 炼钢技术（普通钢）

从 20 世纪初到 1933 年日铁成立之前，日本钢铁企业的炼钢能力增长极为显著，除八幡制铁所最早的两座转炉外，普通钢的炼钢设备以平炉为主。1933 年日本钢铁企业共有普通钢的炼钢平炉 92 座，年产能超过 330 万吨，已经能够基本满足国内钢材的需要。其中八幡制铁所拥有 31 座平炉，产能占国内总产能的 42.4%（表 4-17）。

表 4-17　日本各企业平炉及其产能情况（1933）[1]

	炉容及炉数				年产能（吨）	比率（%）
八幡制铁所	200（2）	60（11）	50（6）	25（12）	1 399 000	42.4
九州制钢		50（3）			119 800	3.6
釜石矿山	50（1）	40（1）	30（1）	25（1）	141 500	4.3
轮西制铁		50（2）			60 000	1.8
三菱制铁		50（3）			119 800	3.6
富士制钢		15（4）			64 000	1.9
大阪制铁		30（3）			70 000	2.1
日本钢管		30（2）	25（7）		290 500	8.8
浅野造船		50（2）			105 000	3.2
浅野小仓		25（5）			120 000	3.6
川崎造船所		35（9）			350 000	10.6
神户制钢所	40（1）	38（1）	32（2）		180 000	5.4
住友伸铜所		25（3）			67 500	2.0
住友制钢		40（1）			34 000	1.1
东京钢材		10（2）			17 000	0.5
吾嬬制钢		25（2）			44 000	1.3
大岛制钢		25（1）	15（2）		49 500	1.5
中山制钢		40（2）			72 000	2.2
合计		92 座			3 303 600	100.0

[1] 表资料来源：通商產業省编.商工政策史・第 17 卷：鉄鋼業.東京：商工政策史刊行会，1970. 310.

从技术上看，日本当时的平炉炼钢具有以下两方面特点：

（1）民间企业的平炉正在逐渐地实现大型化。

1931年九一八事变之后，钢铁企业意识到未来钢材需求的增长，纷纷增设大型平炉。日本制钢、住友制钢、中山制钢、釜石矿山以及浅野造船新建了从40吨到50吨的平炉11座，此外日本钢管、川崎造船茸合工场、神户制钢等都将原来的平炉进行大型化改造。到1933年，大部分钢铁企业的平炉在25吨以上。

（2）通过引入或自行设计新型平炉、或是进行炉式改造，使平炉炼钢效率提高，单位炼钢时间和燃料消耗降低。

除了前述八幡制铁所在平炉结构和工艺上的改良外，这期间民间制钢公司最重要的平炉炉式的引进是1925年川崎造船所建设的2座25吨鲁普曼（Ruppmann）式平炉（亦称Merz式），由德国的鲁普曼公司设计，于1926年7月建成投产。值得注意的是，该平炉引进之初，川崎造船所的工程师就对其进行了非常细致的构造和作业上的改善，使其生产效率在头两年即明显提高，平炉每小时熔解吨数从3吨提高至4.23吨，每回制钢时间由8小时38分缩短到6小时29分。之后，在川崎造船茸合工场聘请的德国工程师德里森（Driesen）博士的指导下，技术日益成熟，同时锻炼了日本民间钢铁企业的本土工程师，如西山弥太郎。1929年，在西山弥太郎的主持下，川崎造船茸合工场的鲁普曼式平炉的氧化促进实验开始进行，1930年8月，水冷式氧化燃烧器成功在Ruppmann式平炉使用，使出钢时间由原来的6小时左右大大缩短至4小时多，每小时熔解吨数由原来的4—5吨提高至8吨以上，大大提高了生产效率。此后，西山改善的鲁普曼式平炉在神户制钢、富士制钢等企业得到采用，西山也因此获得了"平炉的西山"的名声[194]。

3. 特殊钢技术

一般来说，特殊钢包括碳素钢、合金钢和高合金钢，与普通钢相比，特殊钢具有更高的强度韧性等物理性能、化学性能和工艺性能。由于特殊钢在近代军事、电气、化工等行业中具有非常特殊的地位，因此其技术水平自一战之后越来越成为一个国家工业技术水准的重要象征。

日本特殊钢技术与其兵器工业的发展密切相关，在八幡制铁所创建的年代，日本政府将兵器用特殊钢的生产独立于八幡制铁所之外，通过发展海陆军工企业的钢铁制造能力来满足武器制造的需要，因此，日本最初的特殊钢技术是在军工企业中发展起来的。

1882 年东京筑地海军兵器局的主任技师大河平才藏从德国克虏伯学习归来，为兵器局设计了日本第一个坩埚钢制造工场，开始制造枪炮用材料，这也是日本西式炼钢厂的开始。但筑地兵工厂的坩埚钢在数量上不能满足需求，故海军派技师松村六郎赴法国学习平炉炼钢技术，1890 年 8 月回国后，主持建设横须贺海军工场大阪炮兵工厂的 5 吨酸性平炉，开始使用釜石生铁和伯州生铁来炼钢，之后海军吴工厂也设立酸性平炉（3 吨），开始制造炮材和船甲板。1897 年，吴工厂开始生产铬钢，制造穿甲弹，这是日本最早的特殊钢生产[7] 380。

之后，以海军吴工厂和大阪炮兵工厂为主的日本兵工企业特殊钢生产持续发展，到第一次世界大战结束时，特殊钢炼制产量约为 9 万吨，占日本特殊钢总产量的八成以上[188] 35。

除了陆海军的兵工厂外，八幡制铁所和民间钢铁企业也逐渐发展起特殊钢生产能力。八幡制铁所于 1905 年开始设置以军用特殊钢制造为目的的坩埚炼钢工场，最初生产枪用的枪身钢。1909 年含镍 7.54％、铬 1.72％—1.50％的最初的镍钢生产成功，用于制造野炮炮身[98] 87。之后，八幡制铁所在第二、三期扩建中大力发展了以电炉、电炉平炉双炼法为基础的特殊钢生产能力，随着第三期扩建的完成，八幡制铁所已经能够生产包括碳素钢、合金钢和高速钢在内的各种主要特殊钢材，成为日本又一特殊钢生产基地。

因看到军用特殊钢的巨大市场，民间企业也在一战前后开始发展特殊钢技术，如前所述，来自军事部门的订单是一些民间钢铁企业得以创业和发展的重要因素。这类企业除了前述的日本制钢、神户制钢之外，1915 年由渡边三郎创立的日本特殊钢株式会社是民间技术人员致力于特殊钢技术创业与开发的典型例子。渡边三郎被誉为日本特殊钢技术的开拓者，他于 1907 年毕业于东京大学采矿冶金学科，后到足尾矿业所制炼课任职，1911 年辞职到德国亚琛工业大学制钢研究室留学，从事合金学的研究。1914 年回国后被聘为东京大学冶金学讲师，当时萌发了创办一所专门生产特殊钢的公司，以实现日本特殊钢自给自足的愿望，他将此理想与俵国一、本多光太郎两位博士相谈之后，得到他们的支持，于是在 1915 年创建了日本特殊钢株式会社。聘请有日本特殊钢之父之称的石原米太郎①为制钢课长兼工作课长，指导公司生产技术。公司以生产 13 Cr 涡轮翼材、防弹钢板和各种兵器为主。

---

① 石原米太郎，曾任八幡制铁所技师，为制铁所最初的含镍 7.54％、铬 1.72％—1.50％的镍钢制造成功的核心技术人员，并因此受到制铁所长官中村雄次郎的表彰.

　　值得注意的是，渡边三郎也是日本近代最早就特殊钢的系统分类进行阐述和发表的学者，他于 1921 年在《日本矿业会志》（《日本鉱業会誌》）上发表文章，将特殊钢分为特殊碳素钢和合金钢两大类，并就特殊碳素钢的成分标准给予了讨论[194]242—243，日本特殊钢生产者和学者开始在理论层面上进行特殊钢技术规范的探讨，也体现出日本特殊钢技术发展进入了理论化阶段。

　　从特殊钢生产来看，到 20 世纪 30 年代，日本特殊钢已经由原来以海陆军工企业和官营八幡制铁所为主体，以坩埚炼钢为基础的状况，转向了以电炉钢为主导，海陆军、官营制铁所、以及民间钢铁企业三方面共同参与的格局。

表 4-18　日本坩埚钢和电炉钢产量（1917—1930）[①]

	坩埚钢（吨）				电炉钢（吨）				全国粗钢产量（吨）
	官营制铁所	民间企业	合计	%	官营制铁所	民间企业	合计	%	
1917	6 596	4 880	11 476	1.48	1 714	1 725	3 439	0.44	773 132
1918	2 881	5 949	8 830	1.09	1 337	2 992	4 329	0.53	813 219
1919	2 436	4 172	6 608	0.80	1 819	1 851	3 670	0.44	830 495
1920	1 318	433	1 751	0.21	1 509	2 724	4 233	0.50	845 036
1921	893	1 534	2 427	0.29	1 478	3 717	5 195	0.59	843 611
1922	697	2 205	2 902	0.32	568	3 963	4 531	0.49	917 534
1923	715	802	1 517	0.16	649	5 643	6 292	0.66	959 008
1924	418	379	797	0.07	1 689	10 296	11 985	1.09	1 099 691
1925	375	829	1 204	0.09	2 311	13 185	15 496	1.19	1 300 203
1926	293	2 454	2 747	0.18	1 977	16 182	18 159	1.21	1 506 215
1927	165	1 010	1 175	0.07	2 965	23 552	26 517	1.57	1 685 242
1928	175	1 328	1 503	0.08	6 983	30 763	37 746	1.98	1 905 980
1929	169	1 609	1 778	0.08	9 882	42 934	52 816	2.30	2 293 840
1930	229	1 482	1 711	0.07	13 995	48 145	62 140	2.71	2 289 337

---

① 表资料来源：飯田賢一. 日本鉄鋼技術史. 東京：東洋経済新報社，1979.249.

从具体炼钢技术来看，日本二战之前钢铁企业特殊钢炼制主要采用了以下几种方法：

一是坩埚炉法。将原料装入黑铅制的坩埚内，在焦炭或煤气燃烧炉中加热熔融的炼钢法。因其合金元素容易添加，因此成为日本一战之前兵器用特殊钢制造的主要方法。日本海军吴工厂、陆军大阪工厂和八幡制铁所均设有坩埚炉[188] 13。

二是酸性平炉法。将低磷低硫的生铁原料在酸性平炉中熔炼的方法。日本海军吴工厂、日本制钢所、住友制钢所设有酸性平炉，用于制造大型装甲板和炮身等特殊钢。

三是酸性电炉法。1927 年陆军引进法国施耐德（Schneider）公司的炮身自紧法，并开始研究使用该公司的酸性电炉，1935 年 10 吨炉在大阪工场设置，用于制造炮身用合金钢[188] 12。

四是碱性平炉。日本海军吴工厂于 1904 年开始设碱性平炉，用于熔炼精钢材，开始试制 Ni—Cr 钢甲板和碳素钢，但海军的碱性平炉主要还是用于生产电炉和酸性平炉用的"精钢材"。而日本真正开始对碱性平炉炼制特殊钢的工艺进行系统研究和使用是在 20 世纪 40 年代获得美国碱性平炉特殊钢生产的情报之后[188] 16。

五是碱性电炉法。这是战前日本特殊钢炼制采用最多的方法。1908 年土桥长兵卫在长野县设立一座电气炉制钢所，1909 年他独自开发了一座碱性电气弧光炉，用于炼制高速钢，这是日本第一座碱性电炉。一战之后，大同制钢和安来制钢也相继设立碱性电炉，海军吴工厂于 1917 年设 2 座 3 吨碱性电炉，后又增设 6 吨炉，1931 年从美国购入一座 30 吨炉，1932 年增设一座，这是日本当时最大的碱性电炉[188] 16—17。八幡制铁所也分别于 1921 年和 1926 年左右设置碱性电炉共 3 座，用来生产变压器用硅钢以及锰钢和其他合金钢[98] 111—112。

六是高周波电炉法。最先由东京芝浦制作所从美国阿贾克斯诺斯拉普（Ajax. Northrup）公司特许购入制造，之后由三菱电机制造成功。1938 年大同制钢设 5 吨炉一座，这是日本最大的高周波电炉。

到二战之前，日本能够生产特殊钢的企业，除了海军吴工厂制钢部、航空技术厂、陆军兵器制造所、陆军大阪炮兵工厂、陆军小仓工厂等军工企业、官营八幡制铁所之外，还有日本制钢所、住友金属工业、日本钢管、神户制钢所、日本特殊钢、大同制钢以及三菱制钢、川崎制铁等多家民间钢铁企业。虽然像碱性平炉炼特殊钢、大型电炉等技术尚需依赖进口，但通过近 20 年的技术引进和消化吸收，已经初步建立起了制造各种军用和民用特殊钢材的生产体系。

第三节　比较：两国近代工业化与技术的不同特征

实际上，中日两国在近代都面临着一战前后实现钢铁工业化的黄金时期，在同样的国际市场环境下，两国的钢铁工业化却有着不同的历史轨迹，并走向了不同的结局，技术的命运也就随着工业化进程而不同。因此，客观诠释中日两国近代钢铁工业化的不同路径和特征，是解释两国近代钢铁工业技术发展不同结局的关键。

一、资源、态度、时局、政策——中日近代钢铁工业化的不同特征

对于钢铁工业来说，原料资源是第一要素。日本近代要实现钢铁工业化，最缺的就是铁矿石资源，要解决这一问题，必须依赖进口资源，这就决定了日本政府发展本国钢铁工业的鲜明态度：想尽办法利用殖民地原料资源，作为钢铁工业化的长期保障。这不仅体现在其对汉冶萍公司的态度上，还反映在日本政府屡次想方设法地在中国寻求合资合办其他钢铁企业和铁矿的历史，如前述的龙烟铁矿，北洋政府的浦口钢铁厂计划，而日本在中国东北殖民地建设的钢铁企业更是这一态度的直接结果。

而日本之所以能够实现其原料保障的"殖民地"战略，不能不说与近代日本、中国乃至世界的时局有密切关系。日本在明治维新以后，就想尽办法积极融入"西方文明世界"，这不仅体现在其学习西方的政治、经济、工业等方面，更体现在其积极地加入西方国家在亚洲的殖民地争夺中，这导致了日俄战争的爆发及其对中国东北南部的控制，日本在一战中主动宣战，并强占山东半岛，以及之后的二十一条的提出，都是其积极参与西方对东亚殖民地争夺的例证。不可否认的是，日本钢铁工业成为日本对东亚殖民地争夺行为的直接受益者，没有来自近代中国和朝鲜的廉价矿石资

源，很难想象日本钢铁工业化将会怎样进行。

此外，日本政府的政策支持也是保障钢铁工业化顺利进行的一个重要因素。日本政府对于本国钢铁业的支持可以划分为两个时期，在20世纪20年代之前，主要是直接全力支持八幡制铁所的建设和生产，这在上一章已有论述；20世纪20年代之后，日本政府的支持由国营八幡制铁所转向了面向整个钢铁行业，如前所述，这一时期日本政府实施的制铁业奖励法、关税的调整以及直接推动钢铁业卡特尔组织的形成，是保证民间钢铁业在战争之后得以维持和发展的重要因素。

因此，在日本政府发展钢铁工业的积极态度和殖民地政策的全力支持下，日本近代钢铁工业克服了致命的资源危机，同时，在日本政府的奖励补贴、关税等政策的保障下，日本二战之后的钢铁工业渡过了一战之后的难关，可以说，到20世纪30年代日本钢铁工业化初步得以实现。

反观中国，其拥有发展钢铁工业的煤铁资源，而且从张之洞、盛宣怀到孙中山、袁世凯、段祺瑞、张謇、张国淦以及后来的蒋介石、孔祥熙、翁文灏等，都不缺乏对钢铁工业化重要性的认识。但都没有能力将包括汉冶萍公司在内的钢铁工业化进行下去，其原因亦可以从资源、态度、时局、政策四方面来讨论。

资源指的是资金和矿石，财政困难是近代历次大型钢铁事业碰到的首要难题，汉冶萍公司解决的办法是用铁矿石向日本换取贷款，却陷入了受制于日本的被动境地，而北洋政府无论是官商合办龙烟铁矿的炼铁事业、还是国营浦口铁厂的计划，都因资金缺乏而最终流产。其实，资金的缺乏不只是在中国的钢铁工业化进程中才有的情况，任何一个国家在工业化发展之初，都不可能是富裕的，日本八幡制铁所的筹建也曾经因经费问题而迟迟得不到通过，因此这时需要有创业者的积极态度来推动，而无论是清政府还是民国时期的北洋政府，在时局动荡、自身难保的情况下，根本无暇顾及钢铁工业，不可能担当积极的创业者的角色。在政府没有积极明确的支持态度的情况下，民间资本只能维持小规模的铁厂，但却要面临进口钢铁的强大竞争，这无疑使钢铁工业化进程举步维艰。到南京政府时期，好不容易有了一个相对稳定的环境，中央钢铁厂的计划也提上了日程，但却又因抗战的爆发而半途而废，不能不说，时局又一次地让中国的钢铁工业化进程受阻。除了时局之外，政策的缺失也是重要因素，无论是汉冶萍公司还是民间钢铁厂，如果政府能够在关税上给予政策支持，也许就不会因廉价的进口钢铁的竞争而惨淡经营。

汉阳铁厂的首任中国籍总工程师吴健在 40 年代接受访问时说："我要喊：'要保护关税，要保护自己的工业嫩芽，要立刻来扶持这下坡走的钢铁工业！'"[195]体现的正是第一代钢铁工程师在经历了三十多年的中国钢铁工业的艰难道路后，对政府保护政策缺失的真切体会。

可以说，中国抗战之前的钢铁工业化在动荡的时局中，由于资金、态度和政策上的缺乏，加之日本想方设法干涉和控制，最终走向了衰落。

二、钢铁工业化技术实际水平的比较

表 4-19 所列是 1933 年中日两国高炉与炼钢平炉的基本情况。实际上，从设备来看，中国与日本在高炉上的差距并不大，如果从历史上看，20 年代建成的 450 吨大冶高炉曾经是东亚最大型最高水平的高炉，日本在 30 年代初建设了 500 吨以上的洞冈和鞍山高炉之后，才在炼铁高炉方面超过中国。而设备上的差距突出反映在炼钢炉上，中国在汉冶萍公司之后没有建设更先进的炼钢平炉，而且到 1933 年炼钢平炉只有 11 座，而日本最大平炉达到了 200 吨，平炉总数为 92 座，无论从先进程度还是数量上都远远超过了中国。

表 4-19　中日两国高炉与平炉情况（1933）

	中国	日本
高炉	450 吨（2），250 吨（3），140 吨（2），100 吨（3），33 吨（1），25 吨（1）20 吨（3），12 吨（1）	700 吨（1），500 吨（2），450—300 吨（10），299—200 吨（6），200—100 吨（2），100 吨以下（1）
平炉	30 吨（7），15 吨（2），10 吨（2）	200 吨（2），60 吨（11），50 吨（17），40 吨（5），38—30 吨（18），25 吨（31），15 吨（6），10 吨（2）

之所以有上述特点，根本原因在于由于资源的有限，日本的炼铁业的发展滞后于炼钢业，中国方面由于日本资本的渗透，迫使汉冶萍公司的生产重心转向炼铁，因此高炉设备并不十分落后。尽管如此，实际上到 30 年代，随着汉冶萍公司高炉的全部停产，加上龙烟公司的高炉始终未开，中国炼铁产能已经非常小了。除了设备上的差距，中国与日本钢铁工业技术的差距突出表现在企业技术能力上，汉冶萍公司之后，中国只有小规模的

钢铁厂，这些企业无论是技术水平还是技术开发能力都极为有限，从设备来源来看，无论是小高炉还是大型高炉，都依赖外国公司设计，炼钢设备全部依靠进口，最重要的是，企业的自主开发和创新能力几乎为零。日本钢铁企业在30年代则已经具备了大型高炉的自主设计能力，而且从炼焦、炼铁到平炉炼钢，都不同程度地实现了自主创新，尤其是在炼铁方面，其针对本国和中国东北的贫矿而进行的矿石预处理方面的技术研发，已经在八幡和鞍山制铁所得到应用，这是典型的自主创新能力的体现。

造成中日两国钢铁企业技术水平和能力差距的主要原因在于两方面：

一是钢铁工业化进展的巨大差距，这已经在上一节中详细论述，企业是工业技术实现的载体，中国钢铁工业化的失败决定了其工业技术水平停滞不前。相反，日本的钢铁工业技术的发展是与工业化进程相互促进的，也就是说，在工业化水平不断提高的同时，技术也随之发展，而技术能力的提高又进一步推动了工业化的发展。

二是技术转移过程中的学习和消化能力的不同，日本在八幡制铁所的早期就表现出了突出的技术学习和消化吸收能力，突出体现在其典型的引进——改造——消化——创新——再引进的技术转移路径上，这在中国的汉冶萍公司是体现不到的。究其原因，除了由于前述技术之外的种种原因使中国无法在一个稳定的状态下专注于钢铁工业技术学习和消化吸收之外，两国在技术支撑体系发展上的差距也是一个重要因素。这将在下一章详细加以论述。

第五章　中日近代钢铁技术支撑体系

就技术支撑系统来看，专门人才的形成是构成该系统的第一要素，当某一技术领域有了一定数量规模的专门人才从事相关的技术活动之后，在一定的条件下，会出现有形的研发组织或无形的学术团体。

第一节　中国近代钢铁技术支撑体系

在钢铁产业极其艰难的发展进程中，中国近代钢铁技术专门人才和学术团体的产生和发展有其特殊的历史特征和意义。

一、钢铁技术教育与本土钢铁技术专门人才

1. 中国近代钢铁企业是先引进新式钢铁企业，后培养人才

中国近代钢铁技术教育是随着近代冶金工业的初创而兴起的，张之洞在 1890 年开始筹建汉阳铁厂之时，就计划在厂里开设两个学堂：化学堂和矿学堂，并在筹办铁厂用款折里给出了两个学堂两年的预算共三万两。这两个学堂的目的很明确，按张氏的话说，就是"为化验矿产而设"，即培训熟悉钢铁生产中必须用到的化学和矿学知识的技术人员，因此学堂更像是一个培训机构，以张氏在粤时所聘的洋员骆丙生（Robinson）为教习，所开课程有限。1896 年张氏便将化学堂并入自强学堂，仍由骆丙生教授矿化学。1899 年教习骆丙生离开，1902 年学堂更名为广方言馆，至此这一因铁厂所设的学堂也就不存在了。但张之洞深知实业人才之重要，他于

1898 年又在洋务局内创办了湖北工艺学堂,延请日本教习两名,一教理化,一教机器学,招收 12—16 岁的少年,学习汽机、车床、绘图、翻砂、打铁等工艺[196]。虽然工艺学堂不是为冶金工业而设,但科目设置体现了湖北由于铁厂、兵工厂等洋务企业而产生的对金属铸造和锻造工艺人才的需求。几乎同时,江南制造局亦附设工艺学堂,分化学工艺和机器工艺二系。

我国真正意义上的首个冶金学科教育机构是盛宣怀于 1895 年创立的北洋西学学堂。盛氏跟随李鸿章办洋务多年,深感中国急需以实业为目的的学堂:"西国人才之盛皆出于学堂,然考其所为,学堂之等,入学之年,程课之序,与夫农工商兵之莫不有学……宜另各省先设省学堂一所,教以天算舆地格致制造汽机矿冶诸学,而以法律政治商税为要。"[197] 1895 年,时任天津海关道的盛宣怀秉承直隶总督李鸿章的意图,着手创办了以工科教育为主的天津西学学堂,由当时在天津开办中西书院的美国人丁家立(C. D. Tenney)具体筹划。丁家立参照美国哈佛、耶鲁等大学为盛氏设计学堂体制,分设头等学堂(本科)和二等学堂(预科),头等学堂设工程、矿冶、机器、律例四科,学制四年,因此北洋西学堂从开创起就是一个名副其实的大学,我国真正意义上的冶金高等教育自此开始。

北洋西学堂创办时期,汉阳铁厂已经投产,本土冶金技术教育的缺失使铁厂的建设和投产完全依赖于外籍工程师。可见,中国是先引进现代新式钢铁企业,后培养专门人才的。

2. 中国本土钢铁专门人才为现代钢铁产业及技术发展已有一定程度的储备

1903 年之后,冶金技术教育随着工科教育专门化而得到提倡,经过三十年的发展与变迁,20 世纪 30 年代的冶金教育已初步形成了一定规模。中国本土钢铁专门人才虽然规模不大,但有了一定程度的储备,可以为现代钢铁产业及其技术发展提供支撑。

1895 至 1902 年这一时期,中国新式学校实际上以造就通才为主,并非以工程实业为重,因此冶金教育非常有限。至 1903 年张之洞、张百熙、荣庆等拟定"奏定学堂章程",将大学堂分为三类,一类以经学、政治、文学、商为主,第二类以格致、农、工为主,第三类为医科,并将采矿冶金列为工科大学的六门专业之一[198]。1904 年又颁布奏定高等农工商业学堂章程,将高等工业学堂分为应用化学、染色、机织、建筑、窑业、机器、电器、电气化学、土木、矿业、造船、漆工、图稿绘画等十三科,冶金学被列为应用化学和矿业两科之下的科目[199]。至此,我国包括冶金在内的工程教育得到提倡，各省纷纷设立高等实业或工业学堂（如表 5-1），与冶金有关的矿学和应用化学专业在部分学堂中有设置。

表 5-1　1903—1911 年设立的高等实业学堂[①]

学堂名称	开办时间	所设专业
湖南高等实业学堂	光绪二十九年（1903 年）	1906 年设矿科，1909 年设采矿冶金科，1921 年停办
上海高等实业学堂	光绪二十九年（1903 年）由南洋公学改为高等商务学堂，清光绪三十一年（1905 年）定名为上海高等实业学堂	设商科
京师高等实业学堂	光绪三十年（1904 年）农工商部设立	化学、电学、机械、矿学（矿学后并入北洋）
江南高等实业学堂	光绪三十年（1904 年）开办	设有矿科
奉天高等实业学堂	光绪三十一年（1905 年）开办	
直隶高等工业学堂	光绪三十一（1905 年）年开办	应用化学、机械学、制造化学、绘图学
唐山路矿学堂	光绪三十一年（1905 年）津榆路局设铁路学堂，清光绪三十二年（1906 年）改名唐山路矿学堂	1906 年应开平矿务局要求设矿班
两广高等实业学堂	光绪三十二年（1906 年）开办	
江西工业学堂	宣统三年（1911 年）创办	土木、机械、应有化学
商船学校	宣统三年（1911 年）由邮传部上海高等实业学堂航科扩充而成	驾驶、轮机

3. 我国近代冶金工业虽陷低谷，但冶金高等教育发展明显

近代重要的矿冶教育机构山西大学于 1902 年建立，1907 年设立工科，下设矿学、格致、工程科，1914 年山西工业专门学校并入，设冶金专科。

民国成立之后，政府颁布大学令，大学分文、理、法、商、医、农、

---

① 表资料来源：陈立夫. 三十年来中国之工程教育. 1946. 教育部. 第一次中国教育年鉴. 1934. 阮湘. 中国年鉴第一回. 1924.

工七科，而冶金学为工科下设的十一门之一。同时制定了工业专门学校规程，分土木、机械、造船、电气机械、建筑、机织、应有化学、采矿冶金、电气化学、染色、窑业、酿造、图案等十三科[200]。清末的高等学堂民国之后大都改为工业专门学校继续办理，北洋大学与北京大学进行专业互换之后，成为一所专施工科的大学，山西大学增设附属专科之后，冶金专业有所加强。同时，1915 年福中矿务专门学校成立。至 1922 年，我国具有采矿冶金专业的高等学校约 8 所（表 5-2）。

表 5-2　设有采矿冶金专业的高等学校（至 1922 年止）①

学校	地点	相关专业
国立北洋大学	天津	采矿冶金
天津南开大学	天津	矿学专科（1926 年停）
省立山西大学	太原	采矿冶金科专门部
湖南公立工业专门学校	长沙	采冶本科
四川公立工业专门学校	成都	采矿冶金科本科
私立南洋路矿学校	上海	采矿冶金科
山东公立矿业专门学校	济南	矿业本科
福中矿务专门学校	河南焦作	矿务本科

1922 年实行"新学制"之后，导致专门学校的升格运动，或改为大学，或并入其他大学称为工科，如湖南公立工业专门学校与法商两专校并称省立湖南大学，成都工业专门学校与法专农专合并为四川大学，福中矿务专门学校改为福中矿务大学。就矿冶专业而言，除 1925 年东北大学成立并设矿冶科之外，整个 20 年代无更多发展。30 年代之后，矿冶专业在一批新建的省立大学中设立（表 5-3），虽然我国冶金工业在此间陷入低谷，但冶金高等教育发展明显。

表 5-3　30 年代之后新增矿冶专业之情形②

1931 年	国立唐山工程学院设矿冶系
	省立湖南大学恢复矿冶系

① 表资料来源：阮湘. 中国年鉴第一回. 1924.
② 表资料来源：三十年来中国之矿冶工程. 中国工程师学会编. 三十年来之中国工程. 南京：中国工程师学会，1946.

（续表）

1934 年	四川省政府设重庆大学于沙坪坝，并设矿冶系
1935 年	省立广西大学改二年采矿专科为四年矿冶系
1938 年	武汉大学增设矿冶系

至 1937 年，我国设矿冶专业的高等学校有：国立北平工学院（原北洋大学）、国立东北大学、国立交通大学唐山工学院、省立山西大学、省立湖南大学、省立广西大学、省立云南大学、省立重庆大学、私立焦作工学院、省立江西工业专科学校、私立楚怡工业学校等 11 所[201—202]。

从冶金专门人才的储备来看，我国近代矿冶人才已经达到了一定的规模。据资源委员会 1937 年的统计，中国矿冶专门人才共 3 567 人，其中"矿界出身"[①] 2 495 人，国内学校矿冶科毕业的为 1 435 人。从专长看，专长与钢铁冶金有关约为 1 416 人，其中专长为矿冶的 960 人，采铁 29 人，冶铁 92 人，冶钢 121 人，矿冶机械 214 人。从从事工作看，服务于矿冶界的为 2 263 人，其中公司厂矿 1 402 人，研究机关 130 人，教育机构 94 人，行政机构 637 人[202]。有趣的是，资源委员会还对全国矿冶专门人才的供需情况进行了测算，其结论是：按矿冶业现况供需相比，供给方面尚余 158 人[203]。当然，由于中国早期本土矿冶教育规模有限，相当数量的专业人才接受的是国外矿冶教育。但无论如何，与 20 世纪初相比，20 世纪 30 年代中国已经有了一定规模的冶金人才储备，不是没有能力为钢铁工业与技术发展提供人力资源上的支持。

但国家产业技术能力的实现是以企业为载体的，近代钢铁企业的衰落和国营钢铁厂计划的流产，使本土技术人才失去了发挥作用的机会，钢铁产业技术能力当然也得不到应有的发展。

二、中国矿冶工程学会与近代钢铁技术

中国矿冶工程学会筹备于 1926 年秋，成立于 1927 年，以联络同志，研究学术，发展中国矿冶事业为宗旨，会员组成为"举凡学习矿冶及从事

---

① 矿界出身指毕业于矿冶专业的人才。

矿政，矿业诸同志"。学会成立时设 6 个委员会、司选委员会、征求会员委员会、募集基金委员会、编纂委员会、编订矿冶名词委员会、筹备矿冶图书馆及研究所委员会。1928 年学会成立学术委员会，分钢铁、金属、油煤、非金属、选矿、地质 6 组，王宠佑、卢成章、胡博渊、王正黼、曹诚克和翁文灏分别担任六个组的主任[204]。

矿冶工程协会成立之时，包括钢铁冶金在内的矿冶工业在中国发展艰难，以铁矿业来说，随着汉冶萍公司的停工，中国出产的铁矿石除极少部分供给六河沟铁厂、阳泉铁厂之外，绝大部分均输送到日本或提供给本溪湖和鞍山两个日资企业[1] 103。在此情况下，矿冶工程学会发挥的作用主要是为聚集全国的矿冶专门人才提供一个平台，借以利用有限的资源，为振兴矿冶业而贡献专业意见和交流学术知识。

1934 年发行的矿冶工程学会手册上，列举了学会的 7 项成绩，是矿冶工程学会成立以来所做工作的客观反映[205]：

一、贡献矿业法意见

二、参加实业部主办世界动力协会技术合作委员会工作

三、代中央及地方主管机关调查矿产

四、介绍技术人才

五、发起并筹办全国矿冶地质展览会

六、每年开全体年会讨论发展矿冶业之方案及学术上之问题

七、发行会志及关于矿冶各种书报

如果将矿冶学会成员在学术上的工作按矿业和冶金来进行比较，可以发现矿业方面的成绩远比冶金方面突出。学会自成立之时每年分四期出版会刊《矿冶》，刊登与采矿和冶金有关的文章，创刊头十年，与矿业有关的文章远远多于冶金类文章。据卢善栋先生的统计，抗战之前的《矿冶》杂志刊登的文章中，最多的是"国内外矿业现状，国内矿山概况及矿业史"类文章，"矿山地质勘探"类文章居第二位，"矿山企业建设、组织与劳资关系"类文章占第三位，此外，金属冶炼、原材料制备和冶金机械类也有介绍[206]。

图 5-1　《矿冶》创刊号封面①

　　值得一提的是，汉冶萍公司的停工对于本来就不景气的冶金业是一个沉重之打击，因此汉冶萍公司的衰败也成为备受关注的事件，在《矿冶》杂志创刊的头三年，发表的与之相关的文章就有陈廷纪的《汉阳钢铁厂第三号化铁炉开炼记》、谌湛溪的《汉冶萍煤铁矿整理计划》、董纶的《萍乡煤矿》、胡庶华的《整顿汉冶萍意见书》、刘基磐的《汉冶萍煤铁厂矿整理复工计划》、何昭曾的《汉冶萍问题》。体现了矿冶工程师们面对汉冶萍衰败的焦急之情以及振兴中国钢铁行业的迫切期盼。但除此之外，由于产业技术载体——钢铁厂的不景气，《矿冶》杂志很少刊登有关钢铁技术的研究性论文，这与其同时期的日本期刊形成了鲜明反差，详情将在后文论述。

三、中央研究院工程研究所钢铁试验场与合金钢的开发与制造

　　中央研究院于 1928 年成立之时，便设立了工程研究所，工程研究所章程规定，本所"研究各项工程范围内之学理上及应用上之问题，暂以机械、电机、冶金、玻璃、陶瓷、及纺织等科目为范围"[207]。1929 年，工程研究所在上海设立钢铁试验场，1930 年春试验场的各种设备安装完毕，开始试制各种钢铁铸件和合金钢。

---

① 注："矿"即"矿"，始见于《说文》，钢铁朴石也。

图 5-2　中央研究院钢铁试验场部分内景

图 5-3　中央研究院钢铁试验场的电炉①

中央研究院的钢铁试验场可以说是中国近代第一个以专门从事钢铁材料技术开发的机构，其最主要和突出的工作是合金钢等特殊钢材的开发与制造，试验场的主要设备包括以下五类[208]：

1. 炼制钢铁及翻砂之设备

有 650 吨莫屋式（Moore Type）电炉一座、烘模炉一座、温炼炉一座（Annealing Furnace）、燃煤热钢坯炉一座、770 公斤和 40 公斤压力锤各一座，以及其他配套设备。

2. 钢铁热处理室设备

有热处电炉一座、外壳加硬炉全套。

---

① 图 5-2、图 5-3 来源：钢铁试验场事项. 中国第二历史档案馆档案号：393—284.

3. 化学分析室设备

有分析天平 4 架、定炭电炉一座、烘热电炉一座、电热钢板四块、量热计一座、阿隆二氏气体分析器（Orsat and Lunge's Portable Apparatus For Gas Analysis）一具等。

4. 试验物理性质之设备

有一百吨通用材料试验机一座、疲劳试验机一座、硬度试验机一座、冲击试验机一座。

5. 金图（金相）研究室设备

有莱茨（Leitz）大号显微照相机一台、磨光机设备全套、暗室及冲晒照片等设备。

到抗战之前，钢铁试验场对于特殊钢铁材料的试制方面取得了很不错的成绩，从 1935 年钢铁试验场发布的出品概要来看，试验场已经能够制造出普通铸钢、锰钢、铬钢、镍铬钢、不锈钢、碳素工具钢、高速钢、耐酸矽铁、镍铬铸铁、坚性铸铁、延性铸铁等钢铁材料[208]，涵盖了当时主要普遍使用的合金钢铁材料。除试验外，为增加收入，钢铁试验场还面向社会承接各种普通铸钢和合金铸钢的订单，可见其生产的合金钢材已经达到了满足使用要求的水平。在这种情况下，钢铁试验场于 1936 年预备将研究事项进一步深入，在当年举行的中央研究院首届评议会第二次年会上，工程组就钢铁方面提出了两项研究问题[209]：

一是制炼大量（型）合金钢以应付国防工作主要之材料。目的为：能冶铸 1 吨至 1 吨半之合金钢锭，则凡飞机发动机之部件，如曲柄轴、连杠、汽缸等以及制造军器需用之各项合金钢坯件，均可应付。

二是研究合金钢板等之压延工作。目的为：研究高贵钢条、钢板、钢皮等碾压工作之各项问题，并实际试制，以应付制造飞机、兵器以及其他与国防有关之各项工业需要之特种合金钢条、钢板、钢皮等。

可见，钢铁试验场的进一步研究计划是研究大型特种钢材的制造问题，以满足飞机和兵器制造等国防工业的需求。但不久战争发生，位于上海的钢铁试验场为此研究计划而需要进行的扩充没能实施。

中央研究院钢铁试验场作为当时中国唯一的钢铁材料技术研发机构，是当时中国钢铁技术研发能力的直接反映。可以说，在抗战之前，中国本土的研究人员已经有能力自行开发制造出各种特殊钢材，但由于没有大规模的钢铁企业作为载体，特殊钢生产技术只能在钢铁试验场小规模地发挥作用。而中国从普通铸钢到特殊钢材仍然需要依赖进口来满足需求。

四、小结：钢铁产业衰败下的中国本土技术能力的积累

对于近代中国来说，钢铁工业的衰败导致产业技术丧失了发展的空间是一个不争的事实。但如果从本土技术能力的储备和积累来看，近代中国本土钢铁技术能力并没有因此而完全丧失。

首先，随着冶金教育体系的初具规模，冶金专门人才储备也达到一定规模，这是本土技术能力得以积蓄的重要因素。

其次，矿冶业的不景气导致了矿冶学者们振兴中国产业的使命感，直接推动了冶金技术学术团体——中国矿冶学会的产生。与其他工业国家的矿冶和钢铁学会团体的产生相比，可以说中国矿冶学会产生于一个截然不同的历史背景中。而正是这一特殊的历史背景，使矿冶学会成为当时凝聚矿冶学术力量的唯一重要平台，借此平台，冶金界的学术和技术工作者们得以继续为冶金事业发挥作用，虽然产业界的不景气使与钢铁冶金直接相关的学术研究相对缺少，但矿冶学会在特殊环境中，无疑起到了本土技术力量的"蓄水池"作用。

第三，中央研究院工程研究所的钢铁试验场在合金钢等特殊钢材开发上的成绩，是近代中国本土钢铁技术能力的直接体现，其反映出，在条件具备的情况下，本土技术力量是可以为钢铁产业技术发展提供其所需的支持的。

因此，对于中国钢铁技术体系来说，在近代钢铁产业衰败的情况下，教育以及后来兴起的学术团体和研发机构起到了积蓄本土技术能力的重要作用。

第二节　日本近代钢铁技术支撑体系

一、日本近代钢铁技术教育系统的形成与发展

与中国相比，日本近代钢铁技术教育系统发展得更早，更为系统，其

对日本钢铁技术发展所作的贡献更为显著。这在以下几个方面都有所体现：

1. 各层次钢铁技术教育机构的设立

如前所述，日本的工科教育是在其工业化进程展开之前先行创办起来的，这一先行发展起来的工科教育是 1910 年之前的八幡制铁所实现技术从单纯引进到技术适应性改造和独立的一个重要保障因素。1910 年之后，除东京帝国大学外，京都帝国大学、九州帝国大学、北海道帝国大学等也相继开设矿山冶金学科[210]。此外，明治时期一些专门从事技术教育的高等工业学校开始设置。到昭和初期，已经拥有第一文部省所属的东京（工艺）、京都（工艺）、名古屋、熊本、米泽、桐生、广岛、金泽、仙台、神户、滨松、横滨、德岛、长冈、福井、山梨等十六所高等工业学校；以及秋田矿山专门学校、九州的明治专门学校；殖民地所属学校中，京城高等工业学校、关东厅所属的旅顺工科学堂、台湾的台北帝国大学都设有工学部[211]。经过近 40 年的发展，日本到 30 年代初期已经形成了包括矿冶学科在内，由帝国大学到工业高等学校的较为完整的高等工科教育系统。

表5-4　日本明治时期与采矿冶金相关的高等技术教育机构①

学校名	设置或授业开始年月	专业名称	修业年限	备注
东京大学	1877 年 8 月	理学部采矿冶金学科		到 1912 年末毕业理学士 16 人
工部大学校	1877 年 1 月	矿山学科、冶金学科		
东京大学		工艺学部采矿冶金学科		
帝国大学	1886 年 3 月	工科大学采矿冶金学科	3 年	东京大学与工部大学校的继承
东京帝国大学	1898 年 6 月改称	工科大学采矿冶金学科	3 年	帝国大学改称

---

① 表资料来源：日本科学史学会编.日本科学技術史大系·第 20 卷：採鉱冶金技術.東京：第一法規出版株式会社.1965.174.

（续表）

学校名	设置或授业开始年月	专业名称	修业年限	备注
东京帝国大学	1909 年 6 月	采矿学科与冶金学科分离		
京都帝国大学	1897 年 6 月	理工科大学采矿冶金学科	3 年	
九州帝国大学	1911 年 9 月授业开始	工科大学采矿学科、冶金学科	3 年	
第三高等学校工学部	1896 年 9 月授业开始	采矿冶金学科	4 年	
大阪工业学校	1896 年 10 月授业开始	冶金科	4 年	招收高等小学毕业生入学
大阪工业学校	1899 年程度提升	冶金科	3 年	招收中学毕业生入学
大阪高等工业学校	1906 年改称	采矿冶金科	3 年	招收中学毕业生入学
熊本高等工业学校	1906 年授业开始	采矿冶金科	3 年	招收中学毕业生入学
仙台高等工业学校	1907 年 4 月授业开始	采矿冶金科	3 年	招收中学毕业生入学
秋田矿山专门学校	1911 年 4 月授业开始	采矿学科、冶金学科	3 年	招收中学毕业生入学
明治专门学校	1909 年 4 月授业开始	采矿科、冶金科	4 年	招收中学毕业生入学
旅顺工科学堂	1910 年授业开始	采矿科、冶金科	4 年	招收中学毕业生入学

（续表）

学校名	设置或授业开始年月	专业名称	修业年限	备注
赤池矿山学校	1902 年创立	采矿科	2 年	1905 年停办
早稻田大学理工科	1908 年 2 月新设	采矿学科、冶金学科	4 年	1913 年第一届学生毕业

从学制上看，官立的东京帝国大学、京都帝国大学、九州帝国大学、北海道帝国大学以及私立的早稻田大学的工科在 20 年代都已拥有博士学位授予权，其培养的是日本近代高等级的技术人才。在中等级专业技术人才培养层面，形成了以官立高等专业技术学校为主的体系。值得注意的是，除了官立之外，日俄战争之后一些大实业家看到矿冶技术人才的培养的需求，也出资创办学校，典型的如 1910 年设立的秋田矿山专门学校，由藤田伝三郎、岩崎久弥、古河虎之助等当时的矿业资本家出资，在秋田县购地兴办了秋田矿山学校。明治专门学校由位于北九州的筑丰煤矿的资本家安川敬一郎和松本健次郎投资 330 万元兴建，设采矿、冶金、机械、电气、应用化学五科，前帝国大学总长山川健次郎任总裁，聘请知名的矿冶学者任校长，学校建立之初为私立，1921 年改为文部省直辖[210]。

随着日本近代工业革命的兴起，包括矿冶在内的工科技术人才的需求日益增大，通过日本政府和民间大资本家在 20 世纪初积极投入，日本矿冶高等技术人才培养机构已成系统，为日本这一时期迅速发生的工业化进程提供了技术人力资源上的支撑。

在初等冶金技术者的培养上，到 20 世纪 20 年代已经形成了以公私立的初等专门工艺学校或工业学校以及企业开办的职工培训学校为主体的培养系统。其中，八幡制铁所作为最大的钢铁联合企业，其职工养成所的开办在日本钢铁生产技术人员的培养史上有着特殊的意义。如前所述，到 1926 年，八幡制铁所已经形成了以徒弟部、专修部和讲习部以及技术员养成所为主体的技术员工教育系统，培养从青年工人、一般技术工人到专业技术员等钢铁生产所需的各层次技术人员。1927 年，八幡制铁所将企业教育制度进行全面改革，职工养成所改为教习所，以"培育从业人员的道德涵养，传授生产作业上的重要学识技能"为目的，并且"今后在现有成年职工中选拔若干人等，在一定期间内，培养成将来制铁所的中坚领导"的计划开始实施[146]504。新的教习所设"普通部"、"高等部"、"专修部"、"讲习部"。普通部以 27 岁至 40 岁的一般职工为对象，进行两年的专门技术培训；高等部以培养生产现场的技术员为目的，以工业学校毕业生、制铁所养成所毕业生或一般职工的优秀者为招收对象，进行一年的全日制技术教育，高等部的成立标志着最早的制铁所技术员自我培养机制的确立[146]505。1927 至 1942 年，八幡制铁所教习所普通部共培养学生 1 977 名，高等部培养学生 1 779 名[145]162—163。

值得注意的是，1926 年日本颁布了青年训练所令，日本的各制铁所均设立了青年学校，培养基本的从业人员。尽管这是出自日本军国主义的意图，但对于有效利用各制铁所资源培养基本的技术人员起到了重要的作用。

2. 日本近代钢铁技术学者群体的形成及其贡献

从 19 世纪末到 20 世纪 20 年代，随着冶金高等教育的发展和钢铁工业化的展开，出现了日本最早的一批本土钢铁技术学者，这些学者或是活跃在早期釜石、八幡制铁所的技术转移的进程中，通过他们的努力，使日本在各阶段引进的技术实现了消化吸收；他们或是致力于技术开发和创业，直接或间接地推动了日本钢铁工业化进程。而这批最早的钢铁学者的经历大都与日本最早的冶金高等教育机构——东京帝国大学冶金科有密切关系，其中野吕景义和他的学生群体就是最典型的代表。

野吕景义（1854—1923）可以说是日本近代钢铁技术近代化进程中一个重要的日本本土学者，他于 1882 年毕业于东京大学的采矿冶金学科，师从内图（Curt Netto），之后受日本政府资助到欧洲学习钢铁冶金，1886 年至 1888 年在德国弗莱堡矿业大学跟随勒德布尔（Adolf Ledebur）教授学习铁冶金[117]66，1889 至 1896 年，野吕回国后任东京帝国大学冶金学教授，同时兼任农商部技师。作为早期本土钢铁专家，野吕景义的工作在两个层面上见证了日本钢铁技术的本土化。一是人才培养，二是技术本土化改造的实践。野吕景义在东京帝国大学任教的时期正是日本釜石铁厂私有化以及八幡制铁所的筹备期，也就是日本近代钢铁业面临大规模技术引进和急需本土钢铁技术人才的时期，野吕景义在这期间培养的一批冶金科学生在后来成为活跃在釜石、八幡制铁所的技术改造和引进过程中的本土工

程师。如 1895 年，野吕景义和他的学生香村小录受田中釜石铁厂的聘请，将釜石铁厂的英式木炭高炉成功地改造成焦炭高炉，并使之重新开炉，使日本真正进入了焦炭高炉炼铁时代。从 1891 年到 1896 年，野吕景义一直在参与八幡制铁所的筹备工作，作为制铁事业调查会成员，他拟定了一个完整的制铁所预算案。1904 年 4 月，野吕景义再次接受八幡制铁所的邀请，与他的学生服部渐一道对运作不佳而停工的 1 号高炉进行调查和改造，使之重新开炉，这是八幡制铁所技术适应性改造的重要开始。实际上，八幡制铁所早期的各生产环节的主要技术人员大都来自东京帝国大学（表 5-5），其中今泉嘉一郎、服部渐、葛藏治等都是野吕景义任教时培养的学生，他们成为实现钢铁技术本土化的最直接的推动力量。

表 5-5　八幡制铁所投产初期主要本土技术人员及其来源[①]

部门	人员	职务	来源
	大岛道太郎	总工程师（技术长）	东京大学采矿冶金科（1877），德国弗莱堡大学（1878—1881）
制铁部	小花冬吉	主任技师	工部省工学寮（1873）
	服部渐	生铁科技师	东京帝国大学采矿冶金科（1892）
	三好久太郎	制材科技师	东京帝国大学应用化学科（1896）
制钢部	今泉嘉一郎	主任技师	东京帝国大学采矿冶金科（1892），德国弗莱堡大学（1894—1896）
	服部渐	吹制科 技师	东京帝国大学采矿冶金科（1892）
	葛藏治	熔制科 技师	东京帝国大学采矿冶金科（1895）
	宗像十郎	铸钢科 技师	
制品部	安永义章	主任技师	工部大学（1880）
	荻原时次	制条、制板科 技师	东京帝国大学机械工程科（1897）

---

① 表资料来源：K. R. Iseki 编. 大日本博士錄·第 5 卷（工学博士之部）. 東京：発展社出版部. 1930. 矢島忠正. 官営製鉄所から東京帝国大学金属工学科へ. 仙台：東北大学出版会，2010. 66.

图 5-4 东京帝国大学采矿冶金科毕业纪念照（1892）

（前排左起第三人为野吕景义，前排左起第一人为今泉嘉一郎，中排右起第四人为服部渐，后排右起第二人为香村小录）

日本近代培养的这批本土钢铁冶金学者，不仅在八幡制铁所初创时期成功实现了技术的适应性改造，更多的学者在之后成为技术创新的开拓者（表5-6）。这些技术开拓者的产生，得益于日本近代较为发达的工科高等教育体系的培养，他们的经历本身也体现了日本近代钢铁工业化进程中技术教育与产业技术发展之间的互动关系。

表 5-6 日本近代钢铁产业重要技术创新和创业者[①]

姓名	毕业学校	贡献
今泉嘉一郎	东京帝国大学采矿冶金科（1892），德国弗莱堡大学（1894—1896）	八幡制铁所炼钢技术的改良，日本钢管株式会社创始人
渡边三郎	东京帝国大学采矿冶金科（1907），德国亚琛工业大学（1911—1914）	日本特殊钢株式会社创始人，特殊钢理论的开拓者
黑田泰造	东京帝国大学应用化学科（1906）	黑田式炼焦炉的发明
西山弥太郎	东京帝国大学铁冶金科（1919）	川崎造船厂茸合工场 Ruppmann 式平炉的引进和改造

[①] 表资料来源：飯田賢一.人物.鉄鋼技術史.東京：日刊工業新聞社，1986.飯田賢一.日本鉄鋼技術史.東京：東洋経済新報社.1979.242—243.

（续表）

姓名	毕业学校	贡献
土桥长兵卫		日本第一座碱性电气弧光炉的开发，土桥电气制钢所的创始人
寒川恒贞	京都帝国大学电气工学科（1902）	电气制钢所研究室的创设人，致力于电气制钢研究成果的工业化
本多光太郎	东京帝国大学物理学科，德国哥廷根大学合金的物理冶金学研究（1907）	东北帝国大学钢铁研究所创始人，KS磁石钢的发明者
浅田长平	京都帝国大学采矿冶金科（1908—1911）	神户制钢所第1、2线材厂的创设，日本最初的半连续式线材压延、总连续式线材压延技术的引进和消化
山冈武	东京帝国大学冶金科（1917）	日本最初的大型高炉（500吨以上）的设计、建设和作业

二、钢铁技术学术团体的形成与发展：日本钢铁协会

日本与工学相关的学术团体起源于1879年设立的工学会，1885年至1886年，一批专门学科的独立团体相继创建，包括日本矿业会（1885）、日本造家学会（1886）、日本电气学会、日本造船协会、日本机械学会、日本化学会、土木学会等。钢铁冶金当时是日本矿业会下设的一个分部。

1914年，野吕景义、今泉嘉一郎、俵国一和香村小录4人相聚，商谈将钢铁从矿业会中分离出来，成立独立的协会组织，之后以此4人加上服部渐为倡议人，拟定了《日本钢铁协会创立主意书》，得到广泛的赞成和支持。1915年2月6日，日本钢铁协会创立大会在日本矿业会馆举行，推选野吕景义任理事长、今泉嘉一郎、香村小录、俵国一、寺野精一为理事。1916年3月日本钢铁协会改为法人社团，以野吕景义为会长[212]。钢铁协会的会则约定了协会的目的："以钢铁相关的学术、技术及其他一切问题的研究调查，日本国钢铁业的振兴发达为目的"[212] 39，协会创建之初入会会员就达900人，按会则约定，入会会员可以是："① 与钢铁有关的技术者或研究者，② 钢铁制造者或加工者，③ 钢铁的销售者，④ 钢铁的需要者，⑤ 制铁原料的供给者，⑥ 其他与钢铁有关的人员"[212] 39。协会还

推举钢铁业的功绩名望者为名誉会员，到 1930 年，共有 12 人被推为名誉会员（表5-7）。从会员的组成和名誉会员的推荐不难看出，日本钢铁协会是一个尽可能包含于钢铁事业有关的各方人员的团体，而且非常重视与钢铁产业和商业界的关系。

表5-7　日本钢铁协会名誉会员（至 1930 年止）[①]

推举年份	名誉会员	职务
1925	岩崎小弥太	三菱合资会社社长
	中村雄次郎	制铁所长官
	浅野总一郎	浅野同族会社社长
	住友吉左卫门	住友合名会社社长
	大仓喜七郎	大仓组头取（总裁）
	松方幸次郎	川崎造船所社长
	三井八郎右卫门	三井合名会社社长
1926	今泉嘉一郎	日本钢管株式会社顾问，本会前会长
	香村小录	釜石矿山株式会社常务主任，本会前会长
1930	服部渐	制铁所技监，本会前会长
	武斯特（Fritz Wust）（德）	Geheimrat Prof.
	哈德菲尔德（Robert A. Hadfield）（英）	Hadfield 会社社长

从技术史的角度来说，钢铁协会是日本钢铁产业及其技术发展到一定阶段的必然产物，其标志着日本钢铁技术发展的一种社会建制的形成，日本钢铁协会的成立也因此被日本学界视为其钢铁技术进入科学化时代的标志。协会成立之后到二战之前，日本钢铁协会在以下几个方面直接推动了日本钢铁技术发展的进程：

一是刊行与钢铁技术研究和发展有关的期刊和图书。日本钢铁协会创

① 表资料来源：日本鉄鋼協会. 日本鉄鋼協会五十年史. 東京：日本鉄鋼協会，1965. 43.

立的同时，其协会杂志《铁与钢》（《鉄と鋼》）也开始发行，主要发表与钢铁技术研究、钢铁业界发展以及国外钢铁动态等方面的相关文章，该期刊从 1915 年 3 月开始每月发行一期，从未间断。可以说，《铁与钢》的刊行为日本钢铁业界人士搭建起了一个学术交流平台，像黑田式炼焦炉、八幡制铁所的平炉、高炉等技术改善、大型高炉的设计建设、特殊钢技术的引进与发展等日本近代以来许多重要技术研发成果都以论文的形式刊登其中，不仅成为日本钢铁技术学术交流的重要平台，也见证了日本钢铁技术研发的发展历史。

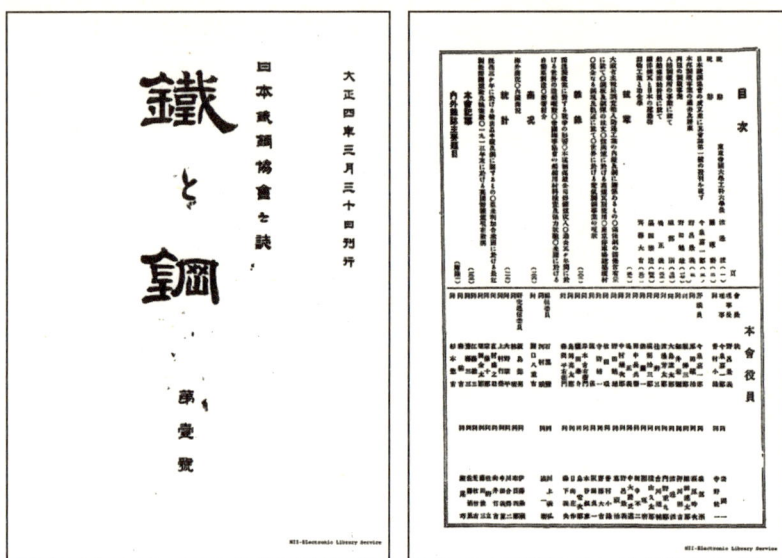

图 5-5　《铁与钢》创刊号封面与目录

除了《铁与钢》外，钢铁协会战前致力于《制铁用语集》（《製鉄用語集》）的编写和出版，这是在八幡制铁所为统一钢铁术语而编写的《独英和制铁用语字典》的基础上形成的，也体现了钢铁协会在推动钢铁技术用语的规范化上所作的努力。1915 年 4 月和 1936 年 4 月，《制铁用语集》相继出版了第一、第二版[212] 51。

二是组织讲演会。在协会成立的最初十年，就经常选择适当的主题请人进行演讲，大约在 1914 年形成了每月一次以上讲演会的惯例。1915 年之后，协会于每年秋在钢铁产业中心地定期举行讲演大会，每次大会邀请业界人员进行报告和交流，这成为《铁与钢》之外的又一钢铁学术交流平台。

三是组织钢铁业相关的调查与研究活动。与此相关的活动有两类：一类是与钢铁产业相关的调查和建议。尤其是在一战之后，日本钢铁业面临强大的市场竞争压力和市场衰落，钢铁协会屡次举办研讨会，向官方提出应对措施和建议。如前文提到的 1921 年至 1925 年钢铁协会联合其他协会就调整钢铁进口关税而提出的建议书就属于此类。另一类是组织共同研究活动。其主要形式是按技术类别设研究部会，就各钢铁企业的生产中出现的实际问题组织各方面力量进行研究讨论。1926 年 11 月研究部会开始设立，当时由制铁、制钢、钢材、铸物、铁钢科学等 5 个部会组成，同年 11 月第一次制铁部会在八幡举行[212] 54。从组织形式上看，这是钢铁协会搭建的一种临时共同研究平台，这样的研究形式有利于集中各方学术力量进行技术攻关，这种形式一直延续到日本战后，成为日本技术研究组织形式的一个重要特征。1950 年由通产省重工业局、铁钢联盟、铁钢协会三者共同发起的铁钢技术共同研究会成立，延续了这一共同研究的组织形式。

四是与技术标准化相关的工作。1921 年 4 月日本商工省设立工业品规格统一调查委员会，日本钢铁协会组织评议会员和研究部会就该委员会提出的各钢铁标准统一草案屡次进行咨询和审议，并形成报告书提交。另外，1935 年之后，日本钢铁协会成为钢铁标样的唯一发布机构。从历史来看，日本在 20 世纪 30 年代以前不能制造钢铁标样，必须高价从海外进口，八幡制铁所经过努力，于 1935 年研制出 6 种碳素钢标样，并委托日本钢铁协会独家发布，之后标样增加到 22 种。以此为基础，日本钢铁协会在战后设立了钢铁标样委员会，直接实施钢铁标样的颁布事宜，推动钢铁技术标准化的建设。

五是颁发奖励，表彰贡献突出的技术研发者。日本钢铁协会通过奖励表彰对钢铁产业与技术进步有突出贡献者始于协会成立十周年之际，1925 年在十周年的纪念大会上，为向井哲吉等 8 人颁发了制铁功劳奖牌，表彰他们对日本制铁事业的进步所作的贡献。之后，协会于 1931 年、1932 年、1935 年先后设立了"服部赏"、"香村赏"、"俵赏"，一方面为纪念服部渐、香村小录和俵国一等近代钢铁业先驱，另一方面也从不同的方面奖励优秀的钢铁产业、技术研发和理论研究者。服部赏的授予对象是对钢铁相关学术、技术上的进步发达有显著贡献者，香村赏授予在钢铁理论或作业上的有益发现者和发明者，俵赏则授予在《铁与钢》杂志上每年最有贡献的论文作者。

表 5-8 战前日本钢铁协会颁发的奖励①

奖励	年代	获奖人	获奖项目
制铁功劳赏	1925 年	向井哲吉	
		服部渐	
		本多光太郎	
		俵国一	
		香村小录	
		今泉嘉一郎	
		齐藤大吉	
		野田鹤雄	
	1935 年	河村骁	
		景山齐	
		水谷叔彦	
		渡边三郎	
服部赏	1931 年	水谷浩	铁力板的品质改善
	1932 年	中田义算	制铁技术的进步发达
	1933 年	西山弥太郎	制钢炉构造改善与作业上的进步发达
	1934 年	山冈武	本邦最大高炉的设计、建设与作业
香村赏	1932 年	久保田权四郎	久保田式铸铁管制型机的发明
	1933 年	三岛德七	MK 磁石钢发明
	1934 年	梅根常三郎	赤褐铁矿选矿法的发明
	1935 年	户村理顺	钢线烧入装置的发明
	1936 年	谷口光平	"冷却"问题的研究与合金筒的发明

---

① 表资料来源：日本鉄鋼協会.日本鉄鋼協会五十年史.東京：日本鉄鋼協会，1965.59.

（续表）

奖励	年代	获奖人	获奖项目
俵赏	1935 年	菊田多利男	关于铸铁在重复加热和冷却下的生长
		吉川平喜	关于提高平炉生产效率的研究
	1936 年	嘉村平八	热对铁的磁性影响和研究
		小平勇	沸腾钢泡的压着性

不难看出，模仿德国钢铁协会建立起来的日本钢铁协会从一开始就以"理论与实践相结合"为其鲜明的特征，以发展与振兴日本钢铁产业为其一贯的宗旨，从创建之时就努力搭建一个有利于钢铁产业各方面进行技术交流和研究发展的平台。这种明确的目的性始终渗透和贯穿于日本钢铁协会的各时期的各种活动中。

三、钢铁技术研发组织的形成

日本最初的钢铁技术研发机构是成立于 1907 年的日本制钢所室兰制作所实验室[212] 27。一战之后，以自主技术研发振兴钢铁工业的思潮日益浓厚，从 1915 年至 1919 年，除了作为无形组织的学术团体——日本钢铁协会成立外，一批早期重要的钢铁技术研发机构也相继诞生，它们是东北帝国大学金属材料研究所、八幡制铁所技术研究所、东京制钢株式会社技术部、理化研究所等。这些技术研发机构的设立，使日本战前钢铁技术研发的有形组织系统得以形成（表 5-9）。

这其中，以东北帝国大学的钢铁研究所（金属材料所）为代表，标志着日本近代钢铁技术研发已经开始进入科学化阶段，而钢铁的科学化研究带动了国际领先的新材料发明。

表 5-9　日本近代与钢铁有关的研究机构（至 1933 年止）①

机构	设立时间	备注
日本制钢所室兰制作所实验室	1907 年 11 月	
东北帝国大学钢铁研究所	1916 年 4 月	1922 年更名为东北帝国大学金属材料研究所

---

① 表资料来源：日本鉄鋼協会. 日本鉄鋼協会五十年史. 東京：日本鉄鋼協会，1965.32.

（续表）

机构	设立时间	备注
八幡制铁所技术研究所	1916 年 6 月	1919 年之前为八幡制铁所研究课
东京制钢株式会社技术部	1916 年 8 月	
理化学研究所	1917 年 3 月	
神户制钢所研究课	1929 年	

1. 进入钢铁科学研究阶段：本多光太郎与东北帝国大学钢铁研究所

在钢铁工业化的初期，日本的钢铁研究主要关注炼钢和炼铁过程中直接发生了什么，而钢铁的材料性质方面，即金相学研究几乎没有[213]，而当时西方发达国家的钢铁科学早已建立起来。这种情况在一战之后得到明显改观，随着材料物理学等基础理论教育的发展，以及日本工业革命带动的对特殊钢铁材料的需求，对钢铁材料的基本特性的研究日益受到关注，从而产生了以本多光太郎为代表的冶金物理学家。

本多光太郎（1870—1954），1894 年至 1897 年就读于东京帝国大学物理学科，当时在东大物理学任教的长冈博士进行的磁铁伸缩现象的研究，让本多光太郎对钢铁的磁性研究产生了兴趣。东大毕业之后，本多光太郎赴德国的哥廷根大学继续深造，师从塔曼（Tammann）教授进行合金的物理冶金学研究，化学出身的塔曼在金属的固体物理化学、高压物理学方面有突出贡献[214]。在东京帝国大学物理科和哥廷根大学物理冶金学学习的经历，使本多光太郎更善于将基础的研究方法用于钢铁材料的研究中，基础研究方法的应用又进一步推动了钢铁研究的科学化。

1911 年东北帝国大学理学科初设，本多光太郎任物理学科教授，带领研究生开展元素、金属、合金、温度和磁性方面的研究。1916 年本多光太郎加入帝国大学临时理化学研究所第二部，尤其专注金属物质、工业材料的研究，在金相研究中，他改变过去主要用显微镜观察金属表面进行热分析的方法，而是采用热膨胀、电阻和磁的异常变化综合分析手段，精确地分析温度造成的钢铁及合金金相的细微变化，在此基础上，他于 1917 年发明了 KS 磁石钢（钴钢），其大致成分为碳 1%、铬 2%、钨 6%、钴 35%。他们将这种钴钢加热到 930℃ 至 970℃ 之间，然后立刻浸入油中进行淬火处理，这样便大大提高了钴钢的性能，成为当时世界上强度最高的钢种。

　　1919 年东北帝国大学附属钢铁研究所在本多光太郎的推动下成立，本多光太郎任首任所长。这是日本第一个官立的专门从事钢铁研究的机构，正如本多自己所说："我在东北帝国大学的任职促成了我的研究，我的第一个研究成果使研究的实用主义得到证明，我们认识到工业发展是需要科学研究的，并使这个方针得以推行[194] 293。"值得注意的是，高强度钴钢的发明是在实业家住友吉左卫门对临时理化研究所提供的研究经费下完成的[215]，本多光太郎为了感谢和纪念住友吉左卫门的支持，用其名字的开头字母命名这一新材料，取名 KS 磁石钢。

图 5-6　1922 年爱因斯坦访问东北帝国大学时与本多光太郎的合影①
（照片左起：本多光太郎、爱因斯坦、爱知敬一、日下部四太郎）

　　1922 年，钢铁研究所变更为金属材料研究所，研究所在本多光太郎的带领下，形成其自身的研究特色，概括地说，即：将物理学等先进的基础研究手段用于金属材料特性的研究中，取得既有很好的实用价值又处于国际领先的钢铁材料新发明和新成果，而这些新成果的发明往往得到来自实业界的支持，并在实业界得到应用。本多光太郎作为一个物理学家，他和他的研究所在钢铁上的贡献，从一个侧面也体现了日本早期科学研究的实用性特征，也标志着日本钢铁研究从 20 世纪 10 年代开始进入了科学化阶段。

---

① 图来源：ノーベル書房株式会社編集部. 写真集・旧制大学の青春. 1984.

表 5-10　日本东北帝国大学战前与金属有关的磁性研究[①]

研究内容	研究者	发表年代
诸元素的磁系数和周期律的关系	本多光太郎	1912
钢的 A1、A2、A3、A4 等的转化机制的研究	本多光太郎	1912—1919
钢的烧入、烧戾的相关研究	本多光太郎	1916—1946
磁致伸缩的研究	本多光太郎	1935
诸种化合物的磁系数的测定	本多光太郎	1914—1915
Fe_3C 的特性研究	本多光太郎	1915—1920
高导磁率合金	增本量	
耐久磁石钢	本多光太郎、增本量、白川勇记	1920
磁的热效果	冈村	1935
铁单结晶中的磁分布的测定		1936

表 5-11　东北帝国大学金属材料研究所主要实用新型专利及其应用[②]

发明名称	实施公司	商品名	发明者
耐久磁石钢	住友金属	KS 磁石钢	本多光太郎
高导磁率合金	日本电解	超透磁合金（Permalloy）	本多光太郎、仁科存、增子正
铁和铁合金的防锈处理法	日昭电机		远藤彦造
钴镍钛钢制永久磁石	住友金属	新 KS 磁石钢	本多光太郎、增本量、白川勇记
镍钛钢制永久磁石	住友金属	新 KS 磁石钢	本多光太郎、增本量、白川勇记
电弧熔接用被覆电极棒心线	大同制钢	熔接棒	村上武次郎、关口春次郎

---

① 表资料来源：本多光太郎. 研究生活五十年；本邦に於ける磁気学の発展. 日本物理学会誌. 1950（12）329—333.

② 表资料来源：饭田贤一. 人物. 铁钢技术史. 東京：日刊工业新闻社，1986.

（续表）

发明名称	实施公司	商品名	发明者
镁及其合金的防腐蚀方法	日昭电机		远藤彦造、板垣彰
在一定温度范围内的振动数不变的弹性振动体	住友金属	镍铬恒弹性钢	增本量
磁性合金	东北金属	铁硅铝磁合金	增本量、山本达治
磁伸缩振动体	东北金属		本多光太郎、增本量、白川勇记、小林猛郎
整磁合金的改良	住友金属	MSO 合金	增本量、白川勇记、大原亨
熔丝线	日本制线	HK 保险丝	广根德太郎、川添敏信
铸铁还原制炼法	理化研究所活塞环等 5 公司		岩濑庆三、本间正雄、目黑博
用高周波诱导加热炉给金属或非金属表面镀金和表面合金的热分解生成方法	古河矿业古河电气工业	金属钛	竹内荣、桐原朝夫、黑泽利夫、田村敏男
高温焊接的改良	日立制造所	焊料	大日方一司

2. 产业界的技术研发

日本近代钢铁产业界的技术研发机构始于 1907 年日本制钢所室兰制作所（原轮西铁厂）设置的实验室，实验室在英国人的指导下，采用化学分析、样品采取和试验、钢块的试验等方法，以提高和稳定制品的品质为主要目的。1924 年设改良部集中进行制品品质的改良，1930 年以后逐渐将研究推进到基础领域[212]。

一战之后最重要的钢铁产业界技术研发机构是八幡制铁所研究所。如前所述，八幡制铁所 1919 年设立研究所后，到 30 年代初，在研究方法的确立、为解决日本国内炼铁原燃料资源问题和炉材制造等炼铁基本保障技术研究工作、以及生产的监测和改善等具体方面取得了成效。

如果从研究问题的种类来看，研究所解决的问题可分为两类，一是与制铁所生产相关的科学问题，二是工业化问题。正如服部渐所说："研究所通常进行本所作业的改良进步等与生产密切相关问题的研究，确保理论与实地相结合，促进技术的发达。我相信这不仅是本制铁所的利益，也为本国钢铁界提供了参考……本所还从事对制铁所来说是必要的科学研究问题，同时进行与实施此科学研究相关的工业问题，以利于研究在生产现场的利用。"[216]通过对两类问题的研究，推动制铁所钢铁技术和生产的进步。

30年代之后是日本民营钢铁企业方设立研究机构的一次高潮时期，除了神户制钢所研究课于1923年设立外，其他代表性的民营钢铁企业，如日立金属研究所、日本钢管技术研究部、住友伸铜钢管研究部和住友制钢的研究课等都创设于1934年至1935年[212] 27—33。日本战前民间钢铁企业研发组织系统也因此初步形成。从技术领域上看，由于这些研究机构隶属的企业均以生产某类钢材制品为主，没有涉及生铁冶炼领域，因此其研发集中于某类钢制品的试验研究，如日本钢管在钢管和高张力钢板的研究、住友金属在铸锻钢、磁石钢等合金钢上的开发，以及神户制钢所在船用钢材和军用特殊钢上的研发。

因此，如果说东北帝国大学的钢铁材料研究所是物理学者通过基础科学研究来实现钢铁冶金材料上的创新，那么八幡制铁所研究所和其他民间钢铁企业研发机构就是企业研发人员为解决钢铁生产的现实问题而进行的研发行为。而这两种研发行为，从两个方向共同推动了日本近代钢铁技术的消化吸收和创新。

3. 军工企业的钢铁研发机构

日本海军和陆军的军工企业与八幡制铁所等民间钢铁企业一样，从明治初期到战前也经历了一个从技术引进到自立的发展过程。20世纪30年代之前，各军工企业钢材试验开发的职能均由各兵工厂的制钢部承担，也就是说，制钢部既是钢材生产部门也是技术开发部门。

表 5-12 日本战前军工企业的钢铁部门①

	钢铁部门	生产开发领域	备注
海军	吴工厂制钢部	大口径炮炮身、穿甲弹弹体、厚度 50 毫米以上的装甲板等特殊钢锻钢品、大型铸钢品的开发制造	战时发展成为世界上最大规模的兵器用特殊钢制钢所
	航空技术厂	1932—1938 年主要为发动机材料的研究,1938 年以后为系统的航空材料研究	战时主要生产炸弹、航空用鱼雷和其他特殊钢
陆军	东京工厂	枪和枪弹、机枪裸机的制造	
	大阪炮兵工厂	铸铁炮身弹丸、钢制炮身的制造	1936 年实现 95 式野战炮的国产化
	播磨制造所	大型火炮、高射炮材料生产	
	小仓工厂	战前以弹丸制造为主	战时生产小枪、弹丸、飞机部件、飞机机关炮、高射机关炮、战车、防弹钢板

1936 年,海军吴工厂制钢部将生产部门与开发部门相分离,设置制钢部实验部,以将海军技术研究所成果实用化为目的,开展设计、试制和实验活动,解决生产部门的问题。实验部成立之后,在甲板表面硬化、贵重资源节约代用钢、熔接性高张力钢等方面进行实验开发。1938 年,航空技术厂设立材料部,全面负责航空材料的研究、实验和试制[188]8—9。

值得注意的是,日本的民间钢铁企业也承担了相当部分的军用钢材的开发和制造,如八幡制铁所在船体用钢板、防弹钢板、船体用高张力钢板等方面的开发、日本制钢所在兵用和造船用铸锻钢品的开发[188]10—11,可以说,附属于兵工厂的研发部门,连同其他兵工企业的钢铁生产部门,以及相关民间钢铁企业研发部门,共同构成了日本军工企业的钢铁研发系统。

---

① 表资料来源:日本鉄鋼協会编.戦前軍用特殊鋼技術の導入と開発:旧陸海軍鉄鋼技術調査委員会報告書,1991.8—10.

四、小结：日本钢铁工业化与技术支持系统的互动

日本钢铁技术支持系统与其钢铁工业化进程关系密切。这在钢铁教育和研发系统方面都有体现：

1. 钢铁技术教育方面

首先，在钢铁工业化初期，先行的矿冶技术教育为初创时期的釜石和八幡制铁所提供了最早的技术专门人才，这是日本钢铁企业在开创初期即体现出很强的技术学习和适应性改造能力的重要原因，直接推动了日本早期钢铁工业化的顺利展开。

其次，日本近代钢铁技术教育系统自身的发展也直接得益于钢铁工业的发展。日本从近代以来其钢铁技术人才的培养不仅在学校，八幡制铁所等企业内部的职工养成所等也是钢铁技术专门人员的主要培养机构之一，而且，企业的职工教育机构不仅培养技术工人，也培养技术员等高级技术人才。此外，日本近代工业化的发展也使一些大实业家投资兴办一些矿冶专门学校，这些学校也成为早期冶金技术教育系统的组成部分。

第三，正是发达的钢铁技术教育系统的发展，导致了日本近代钢铁技术学者群体的迅速形成，如前所述，这些学者群体是近代日本钢铁技术本土化的直接推动力量，也成了钢铁技术创新的开拓者。

2. 钢铁研发系统方面

从钢铁学术团体来看，如前所述，模仿德国钢铁协会建立起来的日本钢铁协会从一开始就表现出鲜明的为钢铁工业界服务的目的性，这种目的性首先体现在其会员来自几乎所有与钢铁业有关的部门，不仅有研究者、技术工作者，还有钢铁加工、销售、需要者。不仅如此，这一目的性还始终渗透和贯穿于日本钢铁协会各时期的各种活动中。

从研发机构来看，日本近代的钢铁研发机构与钢铁工业化的关系更为密切，如前所述，日本最初的钢铁技术研发机构就诞生于企业，而且国营八幡制铁所、民间钢铁企业、以及军工企业的研究和技术开发部门成为近代日本钢铁技术研发系统的重要部门。即便是东北帝国大学金属材料研究所这样的高校研究机构，其研究成果也体现出了很强的实用特征，而且在钢铁工业界得到迅速的应用，这样的实用性及其与工业界的密切关系，无疑推动了日本钢铁工业技术能力的提升和工业化进程。

可见，无论是日本钢铁技术人才培养系统和钢铁技术研发系统，在近

代就已经体现出与钢铁工业界的密切关系，在这种关系下产生的是钢铁工业化与技术支持系统之间的良好互动，这是日本钢铁产业技术水平在战前就得以迅速成长的关键之一。

第三节　比较：两国技术支撑体系的不同作用

实际上，无论是钢铁技术人才教育系统，还是专业学术团体与研发机构，近代中日两国都有着非常明显的不同，而这些不同归根结底反映出的是在不同钢铁工业化命运下的技术支撑体系的不同作用。

一、中日近代本土钢铁技术专门人才系统的比较

虽然中日两国钢铁工业化开始的时间相差无几，但两国相关技术教育的兴起却有本质上的不同。如前所述，中国是先有现代钢铁工业和技术的传入，后有现代意义的冶金教育的；日本则是冶金技术教育先于现代钢铁工业和技术的导入。到 1911 年，中国自己培养的矿冶专业毕业生为 68 人，而日本仅东京帝国大学矿冶科毕业的学生就累计达到了 350 人。可以说，近代中国冶金技术教育在时间和规模上明显落后于日本。对于日本来说，这正是为何近代日本钢铁工业初创时期的技术学习和消化吸收能力比中国更突出的主要原因之一。

其次，中日两国近代大学冶金教育的模式也有所不同。以东京帝国大学和北洋大学为例，两者分别是日本和中国近代最先开展矿冶学科教育的高等学校，也是近代培养矿冶专业学生人数最多的学校。如前所述，东京帝国大学的早期矿冶科受到德国教授内图的影响，有着很深的德国传统，其早期的毕业生大都有赴德继续深造的经历。此外，帝国大学从 1893 年开始引入德国大学的"讲座制"[217]，其在教学和研究模式上也体现了德国传统。而北洋大学是依照美国大学的学系制形式而建的，其初建时期的矿冶学科的教习也为美国人[218]。从教育层次来看，东京帝国大学从 1888 年开始就实行了博士评议制度，培养博士生，到 1929 年获得工学博士学位的累计有 129 人，而北洋大学到 1933 年开始首次招收了 3 名研究生，1 名采矿

工程，2 名冶金工程专业。从教育的专门化程度看，东京帝国大学近代冶金教育专门程度也高于北洋大学。近代东京帝国大学早在 1906 年就开始将冶金与采矿相分离，设冶金学专修，1909 年又在冶金学科中设铁冶金专修[217]421，北洋大学到 1922 年才首次有专门的冶金科毕业生。

可见，日本近代冶金高等教育无论从培养层次、专门化程度和规模上，都领先于中国。而如此大规模的冶金人才的培养当然是与同时期钢铁工业化程度相对应的。如前所述，日本在明治时期已经形成了最早的钢铁技术学者群体，这些学者为八幡制铁所的技术引进与消化，以及日本近代钢铁技术自主创新的实现贡献巨大。

二、中国矿冶工程学会与日本钢铁协会的比较

从技术史的角度来看，中国矿冶工程学会和日本钢铁协会作为近代中日两国与钢铁冶金直接相关的学术团体，两者在创建和创建之后的工作等方面都体现出中日两国在钢铁技术研发上的巨大差异。

首先，日本钢铁协会早于中国矿冶工程学会 12 年创建，而且这是一个专以钢铁为学科范畴的学术团体，这一貌似范围不大的团体，在初创时吸收的会员就达 900 人，可以说，日本钢铁协会的创立本身就体现了日本钢铁事业和技术人才在 20 世纪 10 年代中期已经达到了可观的规模，专门学术团体的成立也标志着日本钢铁技术进入了科学化的阶段。而中国矿冶工程学会 1927 年成立之时，征集到会员 150 人，会员以中国各矿厂工程师、企业家与北洋、南开、东北、唐山交通大学等各大学采冶系教授为主，由于当时中国矿冶事业的重心以各大煤矿事业为主，各矿为资助学会，分由生产的煤炭价格中，每吨约抽五分或一角缴交学会，故矿冶工程学会在当时各大工程学会中最为富足[206]。而矿业也因此成为矿冶学会更为关注的领域，这自然与当时中国钢铁冶金事业的不景气有直接关系，从这一意义上说，矿冶工程学会的成立并不代表着中国钢铁冶金学术发展的高度和水平，这与日本有根本的区别。

其次，如果将中国的《矿冶》杂志中与钢铁有关的文章与日本的《铁与钢》杂志相比较，可以发现，两者在研究深度上的差异很大，《矿冶》杂志以钢铁业的状况和振兴策略为主，直接涉及钢铁冶炼技术研究的文章不多，这从另一个角度也说明中国钢铁技术尚未进入科学化发展的阶段。

表 5-13　《矿冶》杂志 1—4 卷刊登的钢铁类文章一览

作者	文章题目	期号
梁宗鼎	中国钢铁权之丧失	第 1 卷第 1 期
虞和寅	铁材分类法	同上
胡庶华	整理汉冶萍意见书	第 1 卷第 2 期
洪彦亮	振兴冶炼工业之意见	同上
王崇肥	化铁炉之障碍及其补救法	同上
罗为桓	钢铁硬化论浅释	第 1 卷第 4 期
周文变	铬铁矿中铬质定量之新法	第 1 卷第 4 期
陈廷纪	汉阳钢铁厂第三号化铁炉开炼记	第 2 卷第 5 期
何熙曾	汉冶萍问题	第 3 卷第 10 期
王昭章（本溪湖）	本溪湖煤铁公司制铁作业概况	同上
阎增才转译	化铁炉内部计算法	同上
靳梁栋译	化铁炉直接翻砂之研究	同上
邓毓灵	化铁炉气清灰新法	第 3 卷第 11 期
王鉴清（本溪湖）	减轻化铁成本之设计	同上
胡博渊	日本钢铁业概况	同上
刘基盘	汉冶萍煤铁厂矿整理及复工计划	同上
郝新吾	日本钢铁业之发达及现状	第 4 卷第 14 期
胡运嘉译	化铁工作之经济化	同上
阎增才	六河沟铁矿厂开炼九个月大事记略	第 4 卷第 15 期
胡博渊	完成龙烟公司炼铁事业之计划	第 4 卷第 16 期

表 5-14　《铁与钢》第 1 年主要论文一览

作者	论文题目	期号
野吕景义	本国制铁事业的过去与将来	1—10
野田鹤雄	列强的制铁事业	1、2、3
服部渐	关于八幡制铁所的事业	1
堤正义	关于船舶螺旋轴的折损	1、2
黑田泰造	矿渣炼瓦与日本的建筑物	1

（续表）

作者	文章题目	期号
齐藤大吉	铸造工业与冶金学	1
向井哲吉	我国坩埚制钢的发展	2
石黑丰	关于轮铁断裂的特征	2
布目四郎吉	连锁制造法的历史及发展	3、4
黑田泰造	关于焦油预热器	3
落合亩三郎	八幡制铁所的金属材料力学性能检测设备	3、4
勝木寿一	烟管腐蚀的研究	4
香村小录	我国制铁事业发展的当务之急	5
黑田泰造	关于高炉用焦炭	5
西泽公雄	大冶铁山的沿革与现状	5、6
今冈纯一郎、渡边行太郎	欧洲战争与造船	6、7
俵国一	钢铁的组织鉴定表	7
关口八重吉	加热致铸铁膨胀的实验	7
渡边泰宪	钢中钨的简易定量分析法	8
川合得二	本国硫化铁矿炼渣的利用法	8
今泉嘉一郎	关于石油罐的破裂	9
石黑丰	铁道院官房研究所的金属材料力学性能检测设备	9
岛冈亮太郎	满洲的制铁事业	10
藤井宽	关于铸钢的退火作业	10
户波亲平	X射线在金属中的应用	10
后藤正治	镍线的退火及其影响	10

此外，从中国矿冶工程学会和日本钢铁协会所做的工作看，中国矿冶工程学会在战前以协助矿业法制定、协助进行矿产调查以及组织年会进行学术交流为主，而战前共进行的六届年会，其交流的主题仍然以矿为主，几乎看不到与钢铁冶炼直接相关的学术报告，这也与日本钢铁协会紧密围绕钢铁事业而展开的演讲会、合作研究等形成了鲜明对比。

因此，中国矿冶工程学会的创建及其工作都不可能说明中国钢铁冶金技术实现了学术化发展，而学会对于中国近代钢铁事业来说，所起的最大作用是暂时凝聚了学术力量。相反的，日本钢铁协会的产生可以说是日本钢铁技术进入科学化发展阶段的标志，其作为日本钢铁事业从业专门人员的团体，通过奖励、年会、推动技术标准以及为钢铁事业发展提供意见等多种方式，为日本钢铁技术发展起到了积极的支持作用。

三、蓄水和互动——钢铁工业化不同命运下的技术支撑体系

中日近代钢铁技术支撑体系最大的不同之处在于其对于两国本土技术发展所起的作用。

对于中国钢铁技术而言，近代技术支撑体系所起最主要的作用是蓄水，即在不景气的钢铁工业化背景下的本土技术能力的积累作用。由于钢铁技术发展的载体之一——铁工业的缺失，中国近代钢铁技术的发展到20世纪20年代以后，基本上是依靠以人才培养、学术团体和新兴的研发组织构成的钢铁技术支撑系统而得以积累和维持（图5-7）。

对于日本钢铁技术来说，其近代技术支撑体系与钢铁工业化发展之间形成了较好的互动，即日本本土钢铁技术是在钢铁产业界和技术支撑系统的共同推动下实现发展的（图5-8）。

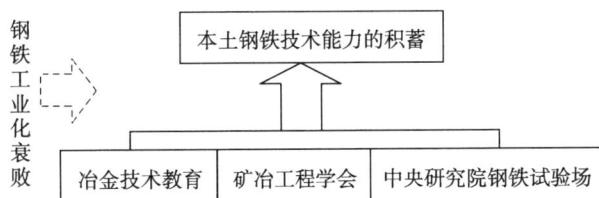

图 5-7　中国近代钢铁技术支撑体系的作用

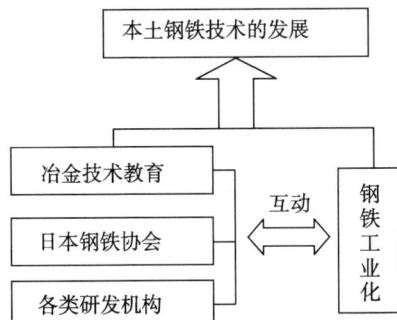

图 5-8　日本近代钢铁技术支撑体系的作用

第六章 结语：国家、工业化、人与技术的发展

怎样解释中日两国近代钢铁技术走向了如此不同的命运，这是本书的主要命题。理论上说，技术发展的动力可以来自技术系统的内部和外部，而且技术是有区域性的，也就是说，这里是将技术放在某一特定国家或地区中加以讨论。当某类技术已经植根于某一地区，并已经形成较好的技术支持系统，那么在技术系统的内在动力下，技术有可能自主地实现发展。但更多的情况是，当某类技术不是某一社会内生的，而是在外力作用下转移到这一地区的，这时往往需要技术系统之外的因素去实现技术在这一区域的植根和发展。中国和日本近代钢铁技术的发展就属于后者。笔者认为，国家、工业化、人与技术的关系是理解两国近代钢铁技术发展的不同命运的关键。

第一节 国家视野下的钢铁工业化

工业化是中日两国 19 世纪后期以来所经历的近代化道路的一个关键词。从史实可以看出，中日两国近代钢铁技术史与两国钢铁工业化进程密切相关。从理论上说，某工业领域的发展及其工业化的实现，是各种资源得以投入并在一定经济条件下得以优化配置和有效产出的结果。而推动这一结果实现的动力和模式，会因产业特点的不同，或是所处的社会经济条件不同而各异。

　　19 世纪中后期，以规模化的焦炭炼铁和转炉平炉炼钢等新技术为主的钢铁工业，因其需要大规模资本投入以及复杂性程度高的技术要求，是当时的高投入高风险产业。而对于 19 世纪后期的中国和日本来说，钢铁工业不仅是一个高投入和高技术的重工业，更是一个全新的工业领域，因此其创业的风险性更大。理论上说，一个较成熟的市场经济社会在对某一产业产生需求之时，会有企业家的出现，带来创业行为，而且市场有办法承担因创新而导致的高风险。但 19 世纪末的中国和日本刚开始其近代化的探索，还没有培育起类似于先进资本主义国家的市场经济环境，在这种条件下，钢铁工业的创业者不可能是像贝塞麦这样的掌握技术的以追求利润为唯一目标的创业者，而往往是掌握资源的政府部门或是有远见有权力的政府官员。由前述史实来看，这也是为什么国家与钢铁工业化的关系是讨论中日近代两国的钢铁工业化发展的一个关键因素。

一、钢铁工业发端于不同国家目标和体制下

　　中日两国的近代钢铁工业的初创时期，正是中国洋务运动和日本明治维新之后，不同的国家目标和体制下，导致了两国政府与新兴钢铁工业之间的截然不同的关系。

　　中国在 1860 年之后兴起的洋务运动，其本质上是晚清政府中的洋务派和主张西学的知识分子为维护清政府的统治而推动的"洋务"新政。从洋务运动的兴起和实施的进程来看，这并不是一场完全自上而下的运动，也就是说，洋务运动并不是在清王朝中央政权的全力推动下开展的。虽然 1861 年 1 月设立了总理各国事务衙门，总揽外交以及同外国发生干系的财政、军事、教育、制造、矿物、交通、海防、边务等大权，它连同同文馆、总税务司以及南北洋大臣一道，被视为洋务新政的中枢之地，但洋务事业的真正领导和推进者是在镇压太平天国运动中崛起的地方督抚势力，以曾国藩、李鸿章、左宗棠为代表。这些地方实力派在镇压太平天国的战争中直接感受到西方武器的先进，因此有着学习西方技术兴办新式工业的迫切愿望。加之清政府的厘金制度①的产生，以及捐纳权限的下放，使地

---

① 厘金制度：1853 年清政府为清军江北大营筹措镇压太平军的军饷，在扬州里下河设局劝捐，按地亩肥瘠和业田多寡，照地丁银数分别抽捐，同时对米行商贾推行捐厘之法。至 1862 年，厘金制度已推行于除云南和黑龙江外的全国各地。抽厘推行之初，因议定由兵各省由地方督抚自行掌握，酌量抽厘，因此各省厘金制度各自为政，成为地方督抚的经济基础.

方督抚有自行掌握的财政系统，加强了地方洋务派的实力[219]。在这种情况下，晚清洋务运动中的工业化基本上是一场以地方各自为政的工业化。就清朝中央政府对这场工业化的支持而言，有以下三方面突出的特点：

第一，清政府权力中枢对洋务企业的支持并非有组织的系统性行为，由中央财政直接拨款建立的企业仅集中在早期，为四个规模较大的军用企业：江南制造局、金陵机器局、福州船政局和天津机器局。由于财政拮据，19世纪70年代之后创办的洋务企业虽然也是官办，但都是由地方督抚自行筹款创建。

第二，由于洋务运动的目的是通过学习西方的制造之术来抵御内外的危机，维护政权，而非以实现现代文明为目的，因此清朝中央政府对于兴办新式工业持一种追求短期效果和实用的态度，这导致军工企业成为当时中央政府关注和投资的唯一对象。这种追求短期见效和实用的态度，也导致了洋务派对于钢铁冶炼这样的基础性行业不甚关注。即使到1889年清政府决定由张之洞和李鸿章会同海军衙门修建卢汉铁路的时候，海军衙门仍然以开办铁厂耗费时日为由，对张之洞的先开办铁厂后修铁路的意见持不同观点："臣等再四筹商，拟暂购用外洋钢轨以归省捷。"[220]

第三，由于财政拮据，洋务企业在体制上经历了由官办转为官督商办的过程。而清政府投入的资金则以借款的形式存在，需要企业定期偿还本金和利息。这对于企业来说与其说是支持，不如说是增大了创业和经营成本。如汉阳铁厂在1896年改为官督商办之后，约定铁厂每出生铁一吨，抽银一两偿还政府，还清之后，更是永远抽收，作为铁厂对政府的报效。

在这样的情形下，无论是19世纪80年代开办的贵州青溪铁厂还是张之洞创办的汉阳铁厂，都不是在清朝中央政府的直接倡导和推动下创办的，而是地方督抚自发的创业行为。可以说，晚清中央政权并没有给予钢铁工业以更多的关注。而以借款的形式为企业垫付的财政资金，虽然在短时期内缓解了钢铁企业的财政困难，但没有起到分担钢铁工业创业的高成本和高风险的作用，钢铁工业的创业风险也就因此完全落到了商办企业身上。

日本在1868年实施的明治维新，是由天皇为首的明治政府主动在全国推行的政治和经济体制改革。这一改革进程始于1868年1月，睦仁天皇发布"王政复古大号令"，宣布废除幕府，建立明治新政权。随后明治政府进行了一系列政治体制改革和经济体制改革，其目的是要推动日本社会现代化，发展资本主义经济。在经济改革方面，实施"殖产兴业"政策是一项重要的内容。殖产兴业的具体方针是运用国家政权的力量，导入市场经济；以各种政策为杠杆，加速资本原始积累的过程；动用国库资金，创办官营工矿企业；扶持和保护民间企业；自上而下强行推进工业化[221]。从19世纪70年代到80年代中期，在殖产兴业的政策下，明治政府对这次工业化的积极推动直接体现在以下方面：

第一，明治政府实施的是一场自上而下的工业化，这是与中国洋务运动中的工业化进程最显著的不同点之一。明治政府为推进工业发展，成立了专门负责引进、移植和发展资本主义企业的中央机构。1869年成立工部省，成为第一个主持殖产兴业的领导机构。1873年成立内务部，1881年成立农商务省，这些中央机构是殖产兴业方针的直接领导者和实施者。

第二，从1870至1885年，在工部省和内务部领导下，日本全力推行殖产兴业政策。1880年以前，主要是运用国家资本的力量，大力创办和发展官营企业。这一时期，明治政府共投入资金2.1亿日元，相当于日本政府正常财政支出的1/5—1/4[221]。这些官营企业主要集中在铁路、矿山和机器制造业。依托釜石矿山而开办的釜石铁厂，就是工部省在这一时期投资建设的。

第三，1880年以后，明治政府对工业化的推动，由直接投资创办企业转为全面大力扶植和保护私人资本主义的发展。1880年11月明治政府颁布了《官业下放令》，以极低的价格将官办企业进行拍卖出售，而且准许无息长期分期支付的方式。用这种优惠的方式出售企业，实际上是由中央政府的财政分担了大部分的投入资金，使民间资本创业的风险大大降低，保护了民间资本和私人企业的发展。釜石铁厂就是在这一时期转为私有并顺利改造成功的。

可以说日本的钢铁工业，是在明治政府积极推动的"殖产兴业"政策下，以及中央政府的财政资金直接投入和保护下开始创建的。日本政府从一开始就扮演着创业者的角色，成为钢铁工业非常高的风险和创业成本的直接消化和承担者，这与中国清政府投入资金的情形有着根本的区别。

二、政府在日本近代钢铁工业化过程中发挥的作用

如果说日本政府从一开始就扮演了钢铁工业的创业者的角色，那么，

从更长时间段来看，日本政府的大力支持可以说是近代日本实现钢铁工业化的一个关键动因。而政府的作用在不同时期，分别体现在直接组织创办和经营维持大型企业以及一系列政策的支持上。

首先，在工业化初期，日本政府直接创办、经营和支持大型钢铁企业。

正如前所述，明治政府直接投资创办了釜石铁厂和八幡制铁所，直接组织了西方钢铁技术向釜石和八幡的大规模转移。对于新兴国家来说，国家直接组建钢铁企业的好处就在于国家承担了大型钢铁企业早期因技术的不适应性等因素所导致的高风险。釜石铁厂最终以低廉的价格卖给了私人，表面上看是国营工业化的失败，但其意义就在于，釜石铁厂前期因燃料等原因所造成的经营上的风险几乎完全由政府买单了，这使得私有化后的制铁所可以轻装上阵，只需要为以后的技术改造来承担费用。

这样的好处在八幡制铁所的发展进程中更为突出。从前述史实来看，八幡制铁所之所以能顺利渡过初创时期的难关，与明治政府的大力支持密不可分。八幡制铁所从投产到1910年，在技术引进上，已经因技术的不适应性和技术改造耗费了巨额的资金，而明治政府在资金上给予的全力支持是一个最为有力的保障。此外，在日本政府的大力协助下，八幡制铁所得以长期稳定地获得来自大冶的铁矿石等原料，从根本上保证了八幡制铁所改善生产条件，顺利实现改扩建以及生产的稳定增长。

其次，在一战之后，日本政府对钢铁工业化的推动转向了利用政策来支持和引导日本钢铁企业的有序发展和竞争。

这一时期，日本政府一方面对关税进行适时的调整，提高进口钢铁制品的关税，减轻一战以后来自进口钢铁的竞争压力。另一方面，推行生铁奖励政策，利用补贴的形式来推动钢铁工业的发展。而日本政府最有特色的举措就是在片冈直温的直接推动下，日本各钢铁企业结成的钢铁卡特尔组织母体——日本铁钢协议会，也就是说日本政府直接推动钢铁企业之间联盟，以此来实现钢铁企业之间的有序竞争和正常发展，这是一种不多见的行为。因此，近代日本钢铁工业化发展是在日本政府的直接组织和政策支持下实现的，而以钢铁企业为载体的技术转移和技术进步也因工业化成功而有了实现的基础。

第三，日本政府通过外交和贷款等手段向中国钢铁工业进行渗透，以及其殖民地钢铁工业的发展策略，也是保障日本本土钢铁工业得以发展的重要因素。

从史实可知，1904 至 1927 年，日本先后向汉冶萍公司提供了长期或不定期款项 32 批，共计日金约 5 000 万日元，规元银 390 万两，洋例银 82 万两，汉冶萍公司则向日本出售矿石和生铁，以偿还本银和利息。而这些贷款，大都是由日本外务省直接支持和推动下完成的。正是在日本政府的直接推动下，才使八幡制铁所有了长期稳定的铁矿石原料来源。此外，由日本政府投资 1 亿日元在中国东北建立的南满洲铁道株式会社（满铁），在政府的支持下通过在中国东北创办鞍山制铁所等钢铁企业，成为利用中国矿石原料为日本生产钢材的又一基地，也成为解决其本土矿石原料不足问题、促进本土钢铁工业发展的有效手段。

三、政府在中国近代钢铁工业化进程中的作用

从 19 世纪后期到 20 世纪 30 年代，中国历经了清政府、北洋政府和南京政府时期，各时期政府对钢铁工业发展所发挥的作用都非常有限。政府均没有真正成为钢铁工业发展的直接动力。

一方面，晚清洋务运动时期，如前所述，清政府重点发展军工企业，对兴办基础性的钢铁工业并不感兴趣。虽然洋务派督抚潘霨和张之洞相继创办了青溪铁厂和汉阳铁厂，但与日本釜石铁厂和八幡制铁所相比，这两家铁厂所获得的政府财政支持是缺乏的，而获得其他方面的支持也极为有限。

资金上，青溪铁厂的筹办是依靠作为创办人的地方督抚在社会上多方筹集资金，汉阳铁厂的建设虽然仅得到户部拨银二百万两，但这不足以支持汉阳铁厂的建设和运营费用，而且在汉阳铁厂从官办改为官督商办之后，政府投入的资金便转为了借款，汉阳铁厂需要永久性地抽银来偿还和报答政府。可以说，新兴的中国近代钢铁工业及其技术引进，在一开始就没有一个强有力的创业者在资金上为其承担高额的创业风险。正是由于此，汉阳铁厂因资金的缺乏而一步步地陷入了日本高额贷款的陷阱之中。

另一方面，作为晚清中国唯一一家成功投产运营的铁厂，汉阳铁厂虽然没有得到清政府在资金上足够的投入，但因其与中国铁路总公司之间的特殊关系而处于政府的关照之下，这是其钢轨在清末尚能与进口钢轨竞争

打开销路的直接推动因素。1896 年，汉阳铁厂因财政困难改官办为官督商办，张之洞委任盛宣怀为铁厂总理，同年 5 月，盛宣怀于接任之前在其覆禀中言明："从前开厂炼铁，原为自造钢轨，以免巨款外溢，醇贤亲王曾有'先轨后械'之论……自应查照原意，所有铁路需用钢轨各件，均责成湖北铁厂按照极新西法自行制造。"并称"总之，非支持不能推广，非推广不能持久"，可见盛氏是以获得官方支持为条件来接办汉阳铁厂的。同年 9 月，盛氏被举荐组织中国铁路公司，督办卢汉铁路，1897 年 1 月中国铁路总公司成立，盛宣怀为督办。这一任命使汉阳铁厂与中国铁路总公司之间形成了联姻关系。之后，凡是中国铁路总公司督办的铁路，在其借款合同中均有优先购用汉阳铁厂钢轨部件的条款，如卢汉铁路与比利时借款详细合同的第二十五款规定：营造汉保全路，及行车后所需制造材料，除汉阳各厂所能先尽购办外，皆归比公司承办[222]。因此，在这种特殊关照之下，一旦汉阳铁厂钢轨的质量和生产能力适应了铁路建设的需求，其钢轨销量自然见长。

但这一有利的情形并没有持续多久，1911 年辛亥革命爆发，使得中国唯一的钢铁企业汉阳铁厂失去了其与政府之间的有利关系，与此同时，中国继续探索的钢铁工业化道路却在新兴的政权下走得更为艰难。无论是北洋政府还是南京政府，虽然都有实现钢铁工业化的意愿，但事实是都没有在钢铁工业化进程中发挥更有效的作用，这同样可以从直接兴办钢铁企业，以及政策支持的缺失两方面体现出来。

第一，辛亥革命之后到抗战之前，被一些学者认为是中国历史上最适宜私人资本发展的时期[223]。这一时期商业资本大量转向工业，军政大员以经营工业为进退之基点，平民视工业为发迹之所在，政府的干涉降到极低甚至为零的程度。理论上这样的市场环境有利于钢铁工业的发展，但由于中国民间资本的规模偏小，私人资本大都投向以棉纺、食品、化学工业为主的轻工业，而重工业仍然在等待有实力的创业者。这时，政府对于发展钢铁工业则负有不可推卸的责任。因此，这一时期相继产生了北洋政府的国营浦口钢铁厂计划，以及南京政府的马鞍山中央钢铁厂和湘潭中央钢铁厂计划。但三个计划都以流产告终，究其原因，一是政府财政困难，与日本建设八幡制铁所不同，这三次计划都建立在举借外债的基础上，不仅受制于人，而且直接导致了浦口钢铁厂计划的失败；二是没有一个稳定的政治环境，创办大型的钢铁企业不仅需要资金，还需要较长的时间和一个权力稳固的决策机构，北洋政府时期军阀混战，当政者无暇专心致志地进行国家建设，南京政府时期虽然有近十年的相对稳定时期，但实业部与资源委员会之间的矛盾，导致了马鞍山钢铁厂的计划流产，而耗巨资筹划的湘潭中央钢铁厂，最终也因日本侵华战争而毁于一旦。

第二，如果说政府直接创办钢铁厂的计划失败是由于财政困难和政治环境的不稳定造成的，那么这一时期政府在政策保障上的缺位是导致商办钢铁工业没能壮大的重要原因。

1913 年汉阳铁厂总办李维格在东方杂志上发表文章《中国钢铁实业之将来》，提出了中国钢铁实业不能发达的两大原因：

"一政府不能保护鼓励；……中国税则则反是，进口税只值百抽五，而汉厂并此亦不能得其益处，盖各铁路材料，进口税一概豁免，得与汉厂竞争，此中国之铁业，不能发达一也。二无划一之定式，各处铁路，人自为政，所用洋工程师，亦各有意见，路轨车辆样式，杂乱分歧，从无划一之规定。因此各国工师，各出其式，使承造者穷于应付。"[224]

李维格认为，没有关税保护和轨式的技术标准，已经成为影响当时中国钢铁工业发展的两大原因。从史实来看，这是一篇非常客观的文章。

就关税而言，保护性关税是近代各国普遍采取的对本国幼稚工业的支持和保护措施，由于钢铁业的重要性，欧美各国在钢铁业发展初期大都对进口钢制品征收高额关税。但中国近代关税自主权的丧失以及铁路让与权的外移，使政府在保护新兴钢铁行业上没有作为。实际上，中国一直到1926 年，其进口关税才超过出口关税。到 1929 年，上海和兴钢铁厂创办人陆伯鸿分别呈函中华实业团体国定税则研究委员会和国民政府工商部、财政部，仍然在呼吁对进口钢铁至少征收 50％的税额，但终无成效。

除关税外，民国时期的中央政府无论是作为直接创始人还是间接的政策层面上，都没有像日本政府那样给予钢铁业足够的支持。在这样的情况下，国家在 30 年代之前之于钢铁技术发展的支持只体现在冶金技术人才的培养上。但在钢铁工业不景气的情况下，冶金技术人才所能发挥的作用也就有限了。

第二节　技术系统的不同发展动力

在本书中，钢铁技术系统由两方面组成，一是钢铁工业所采用的技术，二是由技术教育、研发组织和学术团体构成的技术支撑体系。从理论上说，技术系统的构建和发展可以是内生的也可以是在外力推动下实现的。对于一个国家而言，技术系统的发展往往与工业化发展之间有着互为动力的关系，任何国家工业发展都会对技术系统的建立产生需求，但在工业化起步阶段，与之相关的技术系统需要借助工业之外的力量来构建和发展，当工业发展到一定水平，其具备了自主创新的资源和动力，技术则会因其内在动力而持续发展。近代中国和日本的钢铁技术系统的建立和发展的特征，也是在其钢铁工业化进程的不同命运之中体现出来的。

一、中国近代钢铁技术系统的发展动力

若从技术系统的建立和发展的动力来看，可以将中国近代钢铁技术系统的发展划分为以下两个阶段。

1. 第一阶段从 19 世纪 60 年代的洋务运动开始到 1926 年汉冶萍公司的钢铁冶炼设备停工，这一时期是中国近现代钢铁工业化的第一个发展历程

在这一时期，近代钢铁工业由初创到有所发展，再由发展走向衰落。这一阶段钢铁技术系统的建设和发展，其最主要推动力来自钢铁工业创办的需要，而且这一时期，政府没有成为钢铁工业发展的系统性的组织者，在这种情况下，政府也就没有成为钢铁技术系统创建和发展的直接推动者。具体来说，这一时期中国钢铁技术系统的发展呈现以下特征：

第一，从钢铁工业自身的技术来看，这一时期的技术发展几乎完全依靠技术转移，即企业自身从国外引进技术。而这一阶段的技术转移基本上是单个企业自身的行为，缺乏国家层面的规划和组织。虽然青溪铁厂和早期的汉阳铁厂属于官办的性质，但正如前面所述，两家铁厂的创办都是地方督抚的创业行为，这一创业过程非常缺乏系统的规划和组织。在此情况

下，虽然一些官员成为技术转移的参与者，但国家或政府并没有在技术转移过程中发挥作用，这一过程更像是企业自身的行为。而民国时期钢铁工业的发展除了汉冶萍公司之外，其他为数不多的钢铁企业也是依靠引进国外的技术创办起来的。

第二，从本土技术人员的供给来看，这一时期呈现一个逐步转变的过程。首先，中国近代是先建立钢铁工业，后建立人才培养系统的。也可以说中国是因为要创办一个铁厂，才想起培养现代冶金人才的。因此，洋务派在建设青溪和汉阳铁厂之时，最缺乏的就是本土的冶金技术人员。在此情况下，当国家还没有建立系统性的技术教育体系时，技术人员的培养只能依靠企业自身来进行。因此，汉冶萍公司通过派送学生留学海外培养了中国的第一批本土钢铁工程师，从而获得了人员层面上的技术能力。也就是说，中国早期的钢铁技术人才培养的推动力也完全来自钢铁企业。之后从 1903 年到 1922 年，随着中国冶金工科教育体系的逐步建立和发展，钢铁技术人才系统在国家的推动下建立起来，这时，钢铁技术教育系统发展的推动者由企业转变为政府。随着本土技术教育系统的发展，本土钢铁技术人员数量也逐渐增加，中国本土钢铁技术能力也随之有所提升。

第三，从技术研发系统来看，这一阶段中国还没有形成独立的研发组织机构和学术团体，而中国钢铁企业的技术研发能力非常有限，汉冶萍公司虽然拥有了一批本土技术人员，但由于日本势力的渗透，丧失了本土技术人员进行大冶铁厂新设备开发的机会，其他钢铁企业也未在技术研发上有更多作为。

总的来说，中国近代钢铁工业由兴起到发展再到衰落的过程，也是中国近代钢铁技术系统从无到有的构建过程。这一过程中，早期创办的钢铁企业成为技术系统的直接构建者，企业不仅通过技术转移建立起生产能力，而且通过自行送培技术人员进一步培育本土技术能力。也正是由于这一阶段政府未成为技术转移和技术人员培养的直接组织和推动者，而新兴的企业在没有国家支持下，并没有足够的能力去完成技术系统的构建，因此中国早期钢铁技术系统发展的推动力是不足的。而后期随着国家层面的冶金技术教育系统的逐步建立，政府才成为本土技术人员培养的主要推动者。

2. 1926 年汉冶萍公司主要钢铁生产设施停工之后到抗战爆发之前是第二阶段

这一时期，随着钢铁工业的衰落，除了扬子机器厂等个别小型企业外，中国基本上没有自己的钢铁工业。在此情况下，中央政府成为维持和发展钢铁技术系统的主要力量。这一时期钢铁技术系统呈现如下特征：

第一，本土钢铁工业技术随着钢铁工业的衰败而停滞。另一方面，日本在东北殖民地建立的本溪湖煤铁公司和鞍山制铁所，成为中国土地上技术最先进规模最大的钢铁企业，但这两家企业只是存在于中国的一块"技术飞地"，其技术的发展完全是在日本政府支持下的日本企业推动的，在这一时期并没有为中国本土技术能力的提升发挥作用。有关这一论题的讨论将在下一节详细进行。

第二，这一阶段中国的钢铁技术系统最重要的特点就是学术团体和研发组织的创办。随着本土钢铁工业的衰败，钢铁工业自身已经失去了推动技术系统发展的能力。但1927年由矿冶工程师自发成立的矿冶工程学会，标志着与钢铁冶金有关的学术团体在中国产生，这从另一个层面体现了本土冶金技术人员储备到了一定水平，已经需要有一个组织来进行更好地交流和推动技术的发展。而这一团体的形成还有着另一个意义：其体现了中国冶金工程师们希望以更积极的学术研究和交流来振兴冶金工业。

此外，1929年成立的中央研究院钢铁试验场，可以说是第一个企业之外的钢铁研发组织。这标志着在政府的推动下，中国有了独立的钢铁研发机构。值得注意的是，钢铁试验场成立的前一年——1928年，国民党二届五中全会上工商部提交了关于提高国内钢铁产量，规划全国钢铁事业的议案，1930年实业部开始筹建中央钢铁厂。所有这些都意味着，这一时期，政府在努力成为钢铁事业发展的主导者和推动者。虽然中央钢铁厂计划最终流产，但不可否认的是，在钢铁企业衰落的同时，政府已经成为维持和进一步构建钢铁技术系统的主要力量。

总的来说，近代中国钢铁技术系统是随着钢铁工业的艰难创办而建立起来的，也随着钢铁工业的衰败而失去了原有的发展动力，到抗战之前，依靠政府的力量而使冶金技术教育和研发系统有所发展，本土技术能力因此得以维持。然而，如果从更长的时间来看，早期钢铁企业推动建立起来的工业技术和所培养的技术人员，以及这一时期冶金教育系统培养和储备的技术力量，在抗战时期特殊的环境下为中国自主发展钢铁工业和技术提供了最根本的技术基础，并发挥了不可忽视的作用。因此，虽然动力不足，中国近代钢铁技术系统在艰难的环境下还是建立了起来，虽然没有实现工业化，但近代钢铁技术史的进程还在继续。

二、日本近代钢铁技术系统的发展动力

史学家们将 1915 年日本钢铁协会的成立作为划分日本近代钢铁技术发展的不同阶段的一个时间点，以此作为日本钢铁技术由依赖国外技术走向技术自立的标志。而从史实来看，近代日本钢铁技术系统的构建和发展动力在这两个阶段也呈现出明显的转变。

1. 第一阶段由 1868 年明治维新开始到 1915 年

这一阶段是日本近代钢铁技术系统得以建立的阶段，也是日本钢铁工业化发展的第一阶段。但与中国有所不同，日本早期的钢铁技术系统是在国家的强有力的推动下建立起来的，而且是先于钢铁工业化而开始构建的。这一阶段，日本钢铁技术系统的发展呈现以下特征：

第一，在国家的组织下，日本的现代技术人才培养机构先于工业化而建立起来，这是日本引进的钢铁技术得以迅速实现自主发展的重要因素。在近代，对于 19 世纪西方各国侵略东方一事反应最为敏感的是日本，在1853 年"黑船事件"发生之后，日本开始认识到西方军事优势的背后存在着产业革命所带来的技术优势，明治新政府则非常敏感地认识到，技术优势的深处存在着近代科学思想，因此有必要培养本国的科技人才。因此几乎与新政府同时建立的，是工部省所属的工部寮和工部大学校，现代技术人才培养因此得到开展。值得一提的是，工部省所属的工学寮、工部大学校的毕业生，毕业后有在工部省供职 7 年的义务，这一规定在明治 15 年之后才撤销[22] 338。也就是说，20 世纪 70—90 年代明治政府里的技术官员是在政府关心保护下成长起来的，他们成为活跃于如八幡制铁所这样的国营企业中最早的本土技术人员。正是由于在钢铁工业化开始之时，就有了这样一批国家培养起来的技术官员，才使得日本的钢铁技术引进从一开始就不是完全依赖外国人，技术的消化和吸收也就从一开始就得以开展和实现。

第二，就工业技术而言，这一阶段的钢铁技术主要依靠技术转移。与中国早期的技术转移所不同的是，日本近代早期的钢铁技术转移从一开始就是在政府直接组织下进行的，而且是在本土技术人员与外籍技术人员共同参与下进行。如前所述，日本政府在早期通过直接组织创办釜石铁厂和八幡制铁所，直接规划和领导了日本近代大规模的钢铁技术转移。与中国相比，日本近代早期的钢铁技术转移在政府的组织下更具系统性和规划性。由于从一开始就有本土技术人员的积极参与，因此日本早期的技术转

移过程对引进技术的消化和吸收更为有效。

总的来说，从明治新政府建立一开始，日本政府就成为近代技术体系的直接建设者。技术现代化是明治维新以后的一个重要的国家目标，而八幡制铁所的建设可以视为政府为实现这一目标而实施的一项措施。也就是说，近代的日本并不是因为要建设一个钢铁厂，才想起去建设现代钢铁技术系统的。而且，八幡制铁所在一开始就受益于明治政府先行建设的技术支持系统，这充分体现在八幡制铁所筹建时期的事先的调研、选址等一系列活动上，以及在建设时期技术经验的迅速积累和成功的技术改造上。因此，日本钢铁技术发展的动力可以说首先来自国家层面的钢铁技术自立的迫切愿望。

2. 第二阶段是 1915 年至 1933 年

1915 年以后，受一战有利市场的刺激，日本钢铁工业由官营八幡制铁所一枝独秀发展到民间钢铁企业与官营制铁所并存的时期。这一时期，日本政府对钢铁工业的支持也由直接组织八幡制铁所转向了以政策来扶持钢铁工业的宏观发展。随着钢铁工业化的顺利展开，钢铁技术发展的推动力就不仅仅来自国家层面了，而是越来越多地来自钢铁工业和技术系统的内部。这一阶段日本钢铁技术系统的发展具有如下特点：

第一，技术研发系统和学术团体发展起来。如前所述，这一时期日本钢铁协会成立，这一模仿德国钢铁协会建立起来的无形组织，以"理论与实践相结合"为特征，为钢铁技术人员和研发人员提供了一个学术交流和研究发展的平台，被认为是钢铁技术进入科学化阶段的标志。另一方面，东北帝国大学钢铁研究所、八幡制铁所技术研究所、理化学研究所等研究机构的成立和发展，标志着一定规模的钢铁技术研发的有形组织得以形成。这是日本钢铁技术系统得以进一步发展的重要表现。

第二，这一时期，涌现了一批实现新技术的开拓者，如今泉嘉一郎创办的日本钢管，黑田泰造发明黑田式炼焦炉，东北帝国大学研发成功 KS 磁石钢，都是钢铁工业或技术系统内部自主发展动力的体现。加上上述技术研发体系的发展，反映出日本近代钢铁技术发展由被国家单方面推动转向由国家推动、钢铁工业化需求的推动、以及钢铁技术系统内部自主发展三者共同来实现。

因此，从技术发展动力的角度来看，如果说中国近代钢铁技术发展因国家支持的缺位和工业化的衰败而显得力不从心，那么，日本钢铁技术发展的最初动力来自国家层面的钢铁技术自立的迫切愿望，在国家支持和工业化发展的情况下，日本钢铁工业和技术系统内部的动力越来越强，逐渐发展成由国家推动、钢铁工业需求拉动、以及钢铁技术系统内部自主发展三者共同实现钢铁技术的发展。

第三节 关于日本对中国殖民地的技术影响

近代日本在中国东北开办的两家钢铁企业：本溪湖煤铁公司和鞍山制铁所，在东亚近代钢铁工业的发展史上有着极为特殊的位置。从理论上说，近代发达国家在殖民地投资开办企业或兴办交通设施等，或通过培养了殖民地本土的技术人员，或是通过技术的溢出，会在一定程度上带动殖民地所在国在该领域的技术发展。但日资控制下的本溪湖煤铁公司和鞍山制铁所对于近代中国的钢铁技术进展来说，却不容易形成这样的带动作用，其原因何在，两家企业究竟对中国近代钢铁事业产生了怎样的技术影响，可以从以下几方面体现出来：

一、日资兴建的钢铁企业为防止中国钢铁事业发展始终表现出强烈的资源独占性和排他性

本溪湖煤铁公司和鞍山制铁所开办的目的，都是为了开发和利用中国的煤铁资源，以满足日本国内日益增长的钢铁需求。日本从一开始就很清楚地认识到，如果中国本土钢铁业得以发展起来，以中国拥有的资源和市场来看，一方面日本钢铁企业将不可能再如此便利地获得中国的煤铁资源，另一方面中国将会对日本钢铁工业造成竞争压力。因此，日本在中国东北投资兴建的钢铁企业始终表现出为防止中国钢铁事业发展而实施的强烈的排斥中国的倾向。

日本大仓组于 1911 年决定在本溪湖开办炼铁事业时，就向担任公司督办的奉天交涉使许鼎霖提出要求：在距本溪湖铁厂一百华里以内的地区，除了旧式小规模炼铁业外，不批准同类炼铁企业。而这一要求在当年的 12 月得到了批准[182] 79，体现了日本人在华设厂的强烈的资源独占性和排他性。这种排他性还体现在本溪湖煤铁公司中日合办时期，日方人员在企业管理和技术方面始终占据主导地位。本书第四章对此已有详细论述。

而鞍山制铁所的排他性则更加突出。鞍山制铁所在开办初期，技术和

管理人员都由日本人担任。制铁所对中国职工的业务和作业范围有严格的限制："根据业务的性质，有不少地方无论需要多少经费，也要由适合的日本人担任，避免中国人担任。这类地方大致是：负责的岗位，担任领导监督之责的岗位；需要保密的岗位；需要特殊技术的业务。""应该使中国人主要从事下级业务[185]177。"根据1940年的统计，制铁所常佣以上的技术人员仅0.3％为中国人，事务人员中国人比例仅3.4％[225]。而且如前所述，鞍山制铁所成立的鞍山铁钢会的会员全部由日本人组成，说明鞍山制铁所建立起来的技术系统，只是一个存在于殖民地的"技术飞地"。

日资企业为限制中国钢铁事业的发展而表现出的这种强烈的排他性，正是日本在中国殖民地建立的钢铁企业很难对近代中国本土形成技术推动作用的主要原因。

二、本溪湖煤铁公司在合办时期对中国技术人员的任用，在非常有限的程度上利用了中国本土技术能力，但其对近代中国本土技术能力的培养极其有限

从史实看，本溪湖煤铁公司在炼铁事业初创时期，在一定程度上同时发挥了中日两方面的技术能力，如1911年中日两国技术人员共同对庙儿沟铁矿进行勘探，顾琅和其他中方技术人员也曾在本溪湖煤铁公司担任技术职务。但更多的时期，是日本工程技术人员发挥主导作用，所有重大工程由日本包办，聘请技师、采购机器和原料由日方总办主持。因此，由于本溪湖煤铁公司非常强烈的以日本技术人员为主导的方针，中方本土技术人员在本溪湖煤铁公司的运作中发挥的作用极其有限，这在很大程度上限制了中方本土技术能力的培养。

另一方面，尽管是中日合办，但公司从未有培养中方本土人员的打算，而是逐步地削减中方技术人员的比例，从这一层面上说，本溪湖煤铁公司的中日合办，对于培养中方技术人员方面所起的作用也极其有限。

三、对于近代中国而言，日资在中国殖民地兴办的钢铁企业的最大影响在于煤铁资源的流失。对于近代日本而言，则是将本土技术力量成功地与殖民地煤铁资源相结合，实现了钢铁事业的持续发展

日本在中国殖民地开办的钢铁企业，并没有对中国近代钢铁技术的发展形成带动作用。相反地，正是由于殖民地企业的建设，中国煤铁资源完

全被日本利用，中国在东北的本土钢铁事业因此没有建立起来，本土技术的发展也就失去了空间。从这一层面上说，无论是本溪湖煤铁公司还是鞍山制铁所，对于近代中国而言只意味着煤铁资源的流失。

日本则是近代殖民地钢铁企业的最大受益者。明治维新之后，随着日本国内工业革命的兴起和战争的接踵而至，实现钢铁自给成为日本的一项迫切任务。但日本本土极其有限的煤铁资源是影响这一目的实现的一大障碍，因此想尽一切办法获得和利用东亚其他国家的煤铁资源是日本实现钢铁自给的重要策略，因此，利用日本本土技术力量对东北铁矿资源进行开发，在此基础上建立起为满足日本国内钢铁材料需求的殖民地钢铁企业，实际上是将中国煤铁资源和日本本土技术力量进行了成功的结合，最终的结果是极大地维护和促进了日本本土钢铁工业和技术发展，从而为日本实现钢铁自给提供了强有力的保障。

日本在中国殖民地建设的钢铁企业及其设备真正对中国本土钢铁工业和技术发展发挥作用，是在二战结束之后。

第四节　关于人与技术发展的微观解读

如果说，此前所讨论的中日近代钢铁技术发展进程在抽象的国家、工业化、技术系统等种种要素的相互影响下，似乎是走向一个必然的结局。那么，在这一进程中是否会有一些"偶然因素"？如一些参与其中的人的行为，而这样的"偶然因素"在某一时点上是否会成为影响历史方向的"小石子"。在研究中，笔者试图通过挖掘和研究可能成为"小石子"的人的经历，来更真实地还原历史。大岛道太郎是其中之一。

大岛道太郎（1860—1921），大岛高任的长子，1870—1877 年就读于大学南校（1874 年改称东京开成学校），1877 年 4 月入东京大学采矿冶金科学习，1878—1881 年，他来到德国弗莱堡矿业大学学习，获冶金工程学位。1890 年被任命为帝国财产局工程师，1891 年任官营大阪精炼厂厂长和工程师。1896—1904 年大岛道太郎任官营八幡制铁所技监（总工程师），组织了八幡制铁所筹划、建设和投产等工作。1907 年大岛道太郎被聘为东

京帝国大学工程系教授，1909 年被任命为矿产污染调查委员会委员，1914
年被派往汉冶萍公司任高等工程顾问，主持大冶铁厂的设计、建设工程，
1921 年在汉口去世。

　　大岛道太郎的经历对于中日两国早期的钢铁事业来说，都具有特殊的
意义。对于日本方面，他是八幡制铁所第一任总工程师，他上任后经历了
赴欧美考察订购设备、聘请洋匠以及八幡制铁所的第一期建设、投产等一
系列技术领导工作，之后又被聘为东京帝国大学工程系教授，可以说在日
本是一位具有很高声誉的冶金专家。1914 年，因汉冶萍公司与八幡制铁
所、横滨正金银行签订了 1 200 万日元的借款合同，合同约定日方派一名
工程师任汉冶萍公司最高工程顾问，大岛道太郎被派往汉冶萍就任该职。
在汉冶萍公司期间，他主持了两座 450 吨大冶铁厂高炉的设计和建设。但
由于大冶高炉在投产前后事故频发，1 号高炉开炉不到 1 个月就因故障停
炉。大岛道太郎作为高炉设计和建造的主持人，被认为具有不可推卸的责
任[135]86，而且中国的一些历史学者认为这是日本设计师骄傲自大、目中无
人的态度所致[226]。

图 6-1　大岛道太郎（中）与八幡制铁所钢铁考察团（1897）
左上为八幡制铁所第二任长官和田维四郎，右上为八幡制铁所第一任长官山内堤云。

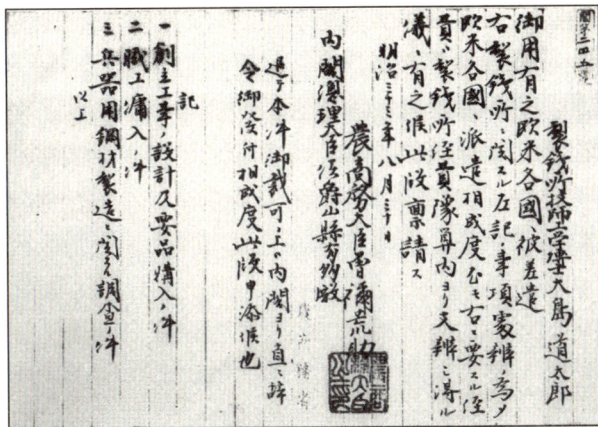

图 6-2　1900 年日本农商务省派大岛道太郎赴欧美办理制铁所事宜的文件

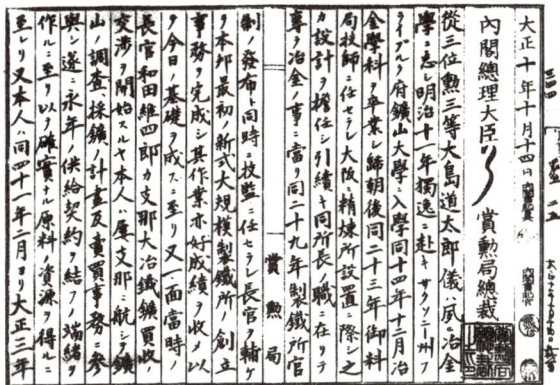

图 6-3　大岛道太郎死后，日本赏勋局对其授勋的函①

　　但大岛道太郎是一名接受过良好的冶金学教育和有着八幡制铁所丰富的工作经验的冶金专家，为何会在大冶高炉的设计上出现这么多的失误？笔者始终认为，这不是简单地用"日本工程师"的身份就可以解释清楚的。而且，大冶铁厂的高炉修建是用日本贷款进行的，大岛道太郎死后，日本农商务省对其进行嘉奖的文章中也提及，大冶高炉是专为八幡制铁所第三期扩张计划提供生铁而建，因此，大岛道太郎不可能会对这样两座高炉的设计和建造掉以轻心。不应把大冶铁厂的失败简单地归咎于日本人轻视中国的"态度"。

　　那么，大岛道太郎设计的大冶高炉的问题究竟在哪里？在大岛道太郎

———————————

① 图 6-2、图 6-3 来源：日本国立公文书馆馆藏档案.

本人撰写的文字资料非常缺乏的情况下，不可能复原其在中国工作和生活的这段历史。但从技术的角度来讨论，可以肯定的是，其在一战期间为中国设计的 450 吨高炉是非常超前的行为，因为无论日本还是中国，在当时都没有设计和建造 450 吨高炉的经验。日本 1917 年开始实施的八幡制铁所第三期扩建中建造的 5、6 号高炉规模也仅为 270 吨。而就大岛道太郎本人而言，他在八幡制铁所只有 160 吨高炉的工作经验。把高炉的设计交给一个没有任何大型高炉实践经验的日本设计师，这本身就是极为冒险的行为，这也不符合日本国内制铁所在设备设计和建设上的规则。从这一层面上说，大冶铁厂正如美国人霍德所言，是一个"试验场"，是为了满足日本生铁原料的需求而进行的一次不合常理的技术冒险行为。而汉冶萍公司为这样一次冒险行为付出了极大的代价。在 100 年后的今天，我们不可能确切地知道大岛道太郎为什么会有这样的冒险试验行为，只能推测这一举动或出于日本对扩张本国在中国的钢铁事业的压力，或是出于大岛道太郎本人在技术创新方面的探索精神。

可以肯定的是，从中国近代钢铁技术史的宏观层面上说，大冶铁厂高炉建设的技术失败，是日本通过依赖中国资源而扩张本国钢铁事业的急切心情所致，有其历史的必然性。但从微观上来说，这一技术失败和大岛道太郎本人以一种极为超前和冒险的心态来对待大型高炉的设计和建设有直接关系。可见，除了从国家、工业化、技术系统及其动力等大尺度上去解释中日两国近代钢铁技术史的不同发展轨迹外，通过对大岛道太郎这样的人物及其经历的考察，可以从微观的尺度上还原和反思这一段历史。

参考文献

［1］方一兵.汉冶萍公司与中国近代钢铁技术移植［M］.北京：科学出版社，2011.

［2］三枝博音，飯田賢一.日本近代製鉄技術発達史［M］.東京：東洋経済新報社，1957.

［3］飯田賢一.日本鉄鋼技術の形成と展開.国連大学人間と社会の開発プログラム研究報告［R］，1979.

［4］下川義雄.日本鉄鋼技術史［M］.東京：アグネ技術センター（阿具根技術中心），1989.

［5］芹沢正雄.洋式製鉄の萌芽：蘭書と反射炉［M］.東京：アグネ技術センター，1991.

［6］大橋周治.幕末明治製鉄論［M］.東京：アグネ，1975.

［7］大橋周治.幕末明治製鉄論［M］.東京：アグネ，1990.

［8］明沿工業編纂委員会編.明治工業史：火兵 鉄鋼篇［M］.東京：工学会明治工業史発行所，1929.

［9］日本鉄鋼史編纂会編.日本鉄鋼史：明治篇［M］.東京：五月書房，1981.

［10］小島精一.日本鉄鋼史：昭和第一期篇［M］.東京：文生書院，1984.

［11］小島精一.日本鉄鋼史：大正前半期篇［M］.東京：文生書院，1984.

［12］小島精一.日本鉄鋼史：大正后半期篇［M］.東京：文生書院，1984.

［13］Seiichiro Yonekura（米倉誠一郎）. The Japanese iron and steel industry，1850—1990 ［M］. New York：St. Martin's Press，1994.

［14］Bernard ELBAUM. How Godzilla ate Pittsburgh：The long rise of the Japanese iron and steel industry，1900—1973 ［J］. Social Science Japan Journal，2007，10（2）.

［15］奈倉文二. 日本鉄鋼業史の研究 ［M］. 東京：近藤出版，1984.

［16］長島修. 戦前日本鉄鋼業の構造分析 ［M］. 京都：ミネルヴァ書房，1987.

［17］堀切善雄. 日本鉄鋼業史研究：鉄鋼生産構造の分析を中心として ［M］. 東京：早稲田大学出版部，1987.

［18］Takeshi Hayashi（林 武）. The Japanese experience in technology. From transfer to self—reliance ［M］. Tokyo：United Nations University Press，1990.

［19］Yukiko Fukasaku. Technology and industrial development in pre—war Japan—Mitsubishi Nagasaki shipyard 1884—1934 ［M］. London：Routledge，1992.

［20］David Gillman Wittner. Iron technology transfer in Meiji Japan：the case of kamaishi iron works，1872—1890 ［D］. Master thesis，The Ohio State University，1995.

［21］W. Donald Burton. The origins of the modern Japanese iron and steel industry，with special reference to Mito and Kamaishi，1853—1901 ［D］. PhD thesis，London University，1972，474.

［22］［日］杉本勋. 日本科学史 ［M］. 北京：商务印书馆. 1999：32.

［23］［日］苔莎·莫里斯—铃木. 日本的技术变革 ［M］. 马春文等，译. 北京：中国经济出版社，2002：71.

［24］Ken'ichi Iida. Origin and development of iron and steel technology in Japan ［R］. Japanese experience of the UNU human and social development programme series，Tokoy：United Nations University，1980.

［25］林富民. 贵州矿产开发史略 ［M］. 成都：西南财经大学出版社，1988：115.

［26］［美］丁格兰. 中国铁矿志（下）［M］. 北京：农商部地质调查所，1923：236.

［27］日本鉱業史料集刊行委員会編. 日本鉱業史料集：第 16 期 明治篇（前）［C］. 東京：白亜書房，1993：92—120.

［28］Wittner D G. Technology and the culture of progress in Meiji Japan［M］. Oxon：Routledge，2008：78—79.

［29］田中彰. 岩倉使節団『米欧回覧実記』［M］. 東京：岩波書店，2002：40—41.

［30］楠井健. 日本の産業革命の発端——岩倉使節団の見たイギリス技術 1872 年と感触［J］. 日本機械学会誌，1982，85（758）.45.

［31］Cobbing A，et al. The Iwakura mission in Britain，1872［M］. London Suntory Centre，Suntory and Toyota international centres for economics and related disciplines，1988：26—27.

［32］（英）傅兰雅. 历览英国铁厂记略［M］. 上海：江南制造局，1881.

［33］Wittner D G. Iron technology transfer in Meiji Japan：the case of Kamaishi iron works，1872—1890［D］. Columbus：The Ohio State University，1995：28—29.

［34］手塚谦藏. 西洋鉄煩鋳造篇［A］. 三枝博音編. 日本科学古典全書：第 9 巻 第 3 部（産业技术篇採鉱冶金 1）［M］. 東京：早日新聞社，1942.

［35］David F. Report on the progress of the iron and steel industries in foreign countries［J］. Journal of the iron and steel institute. London：the iron and steel institute，1875，part 1：299.

［36］Burton W D. The origins of the modern Japanese iron and steel industry，with special reference to Mito and Kamaishi，1853—1901［D］. London：London University，1972：442—443.

［37］David F. Report on the progress of the iron and Steel industries in foreign countries［J］. Journal of the iron and steel institute. London：the iron and steel institute，1875，part 2：619.

［38］桑原政. 釜石鉱山景況報告［A］. 日本鉱業史料集刊行委員会編. 日本鉱業史料集：第 16 期 明治篇前（中）. 東京：白亜書房，1993：93.

［39］杉山輯吉. 釜石木炭製造概況［A］. 日本鉱業史料集刊行委員会編. 日本鉱業史料集：第 16 期 明治篇前（中）. 東京：白亜書房，1993：51—67.

［40］曹允源.吴县志：列传四（卷六十六下）［Z］.苏州：苏州文新公司，1933：四〇页.

［41］光绪十一年十一月初一日署贵州巡抚潘霨片［A］.中国史学会.洋务运动（七）［M］.上海：上海人民出版社，2000：169.

［42］光绪十二年正月二十二日署贵州巡抚潘霨奏［A］.中国史学会.洋务运动（七）［M］.上海：上海人民出版社，2000：169—170.

［43］光绪十二年三月十九日贵州巡抚潘霨奏［A］.中国史学会.洋务运动（七）［M］.上海：上海人民出版社，2000：173—174.

［44］复潘伟帅［A］.中国史学会.洋务运动（七）［M］.上海：上海人民出版社，2000：191—192.

［45］光绪十二年六月初十署贵州巡抚潘霨奏［A］.中国史学会.洋务运动（七）［M］.上海：上海人民出版社，2000：176.

［46］中国近代兵器工业编审委员会.中国近代兵器工业：清末至民国的兵器工业［M］.北京：国防工业出版社，1998.

［47］左宗棠奏任潘露陈鸣志片［A］.中国近代兵器工业档案史料编委会.中国近代兵器工业档案史料（第1册）［Z］.北京：兵器工业出版社，1993：1227.

［48］光绪十二年十二月初二日云贵总督岑毓英等奏［A］.中国史学会.洋务运动（七）［M］.上海：上海人民出版社，2000：177.

［49］光绪十二年十二月初二日贵州巡抚潘霨片［A］.中国史学会.洋务运动（七）［M］.上海：上海人民出版社，2000：178.

［50］［附件］张赞宸密保名单［A］.陈旭麓，等.汉冶萍公司（一）盛宣怀档案资料选辑之四［Z］.上海：上海人民出版社，1984：339.

［51］贵州矿务扎文［A］.中国史学会.洋务运动（七）［M］.上海：上海人民出版社，2000：195.

［52］董守义.清代留学运动史［M］.沈阳：辽宁人民出版社，1985：90.

［53］（卢森堡）吕柏.中国的采矿业与钢铁工业［A］.回忆录德文打印稿［Z］.张之洞与汉阳铁厂博物馆藏复印本.

［54］薛福成.出使英法义比四国日记［M］.长沙：岳麓书社出版社，1985：202.

［55］顾霞.潘志俊友朋函札七通考释［J］.文献，2009，（1）：95.

［56］刘瑞芬.刘中丞（芝田）奏稿［A］.近代中国史料丛刊（第61

辑）［C］.台北：文海出版社，1971：151，157，257.

［57］光绪十五年十一月初八日.直隶李鸿章致盛宣怀电［A］.孙毓棠.中国近代工业史资料（第 1 辑）［C］.北京：中华书局，1962：684.

［58］Diplomatic and consular reports on trade and finance，China，report for the year 1890，On the trade of Hankow［A］.British Parliamentary Papers：China. Shannon，irish University Press，1971.

［59］十二月初一日潘霨致张之洞电［A］.孙毓棠.中国近代工业史资料（第 1 辑）［C］.北京：中华书局，1962：683.

［60］光绪十四年九月二十八日贵州巡抚潘霨奏［A］.中国史学会.洋务运动（七）［M］.上海：上海人民出版社，2000：179—180.

［61］杨开宇，廖惟一.洋务运动中的第一个钢铁企业——贵州青溪铁厂始末［J］.贵州师院学报，1982，4：51—57.

［62］光绪十六年六月四日贵州巡抚潘霨奏［A］. 中国史学会. 洋务运动（七）［M］.上海：上海人民出版社，2000：182—183.

［63］光绪十六年十二月十八日贵州巡抚潘霨片［A］.中国史学会. 洋务运动（七）［M］.上海：上海人民出版社，2000：184—185.

［64］贵州省文史馆校勘.贵州通志：前事志 第四册［M］.贵阳：贵州人民出版社，1991：825.

［65］盛宣怀致徐庆沅函［A］.陈旭麓等.盛宣怀档案资料选辑之四：汉冶萍公司（一）［C］.上海：上海人民出版社，1984：217.

［66］本溪县志编纂委员会.本溪县志［Z］.本溪：本溪县志编纂委员会，1983：352.

［67］D. B. Wagner. The traditional Chinese iron industry and its modern fate［M］.Richmond Surrey：Curzon Press. 1997：5.

［68］汪宗準修，冼宝轩纂.佛山忠义乡志［Z］.卷六：实业工业. 1926.

［69］F. V. Richthofen. Baron Richthofen's letters 1870—1872［M］.Shanghai：the North China Herald Office，1900：38.

［70］Shockkey W H. Notes on the coal and iron fields of southeastern Shansi，China［J］.Transactions of the American institute of mining engineer，1904：843.

［71］实业部国际贸易局编.中国实业志：山西省［Z］.南京：实业部国际贸易局，1937：四七八（巳）.

[72] 费孝通.中国绅士 [M].北京：中国社会科学出版社，2006：79.

[73] 中国铁路史编辑研究中心.中国铁路大事记 [M].北京：中国铁道出版社，1996：6—7.

[74] 光绪十五年三月初二日两广总督兼署广东巡抚张之洞奏 [A].中国史学会.洋务运动（六）[M].上海：上海人民出版社，1961：250—256.

[75] 光绪十五年八月一日总理海军事务奕譞等奏 [A].中国史学会.洋务运动（六）[M].上海：上海人民出版社，1961：259.

[76] 光绪十五年九月初十日两广总督张之洞奏 [A].中国史学会.洋务运动（六）[M].上海：上海人民出版社，1961：267.

[77] 光绪十五年八月二十六日张之洞奏筹设炼铁厂折 [A].湖北省档案馆.汉冶萍公司档案史料选编（上）[Z]. 北京：中国社会科学出版社，1992：65—66.

[78] 光绪十五年三月初十日.两广总督张之洞致使英大臣刘瑞芬与使德大臣洪钧电 [A].孙毓棠.中国近代工业史资料：第一辑（1840—1895）[Z].北京：科学出版社，1957：743.

[79] 光绪十五年五月初八日刘瑞芬致张之洞电 [A].湖北省档案馆.汉冶萍公司档案史料选编（上）[Z].北京：中国社会科学出版社，1992：61.

[80] 光绪十五年九月初八日刘瑞芬致张之洞电 [A].湖北省档案馆.汉冶萍公司档案史料选编（上）[Z].北京：中国社会科学出版社，1992：63.

[81] 方显颐，谷源田.我国钢铁工业之鸟瞰 [J].中国经济研究.1938，(12)：633—651.

[82] 全汉升.汉冶萍公司史略 [M].台北：文海出版社，1971.

[83] 吴景超.汉冶萍公司的覆辙 [J].新经济半月刊，1938，(4)：103—108.

[84] 张之洞致海军衙门电 [A].孙毓棠编.中国近代工业史资料.第一辑（1840—1895）[Z].北京：科学出版社，1957：774.

[85] 光绪十六年五月二十二日致伦敦薛钦差 [A].苑书义等编.张之洞全集 [Z].石家庄：河北人民出版社，1997：5647.

[86] 光绪十七年十一月初九日致俄京许钦差 [A].苑书义等编.张之洞全集 [Z].石家庄：河北人民出版社，1997：5508.

[87] （德）施丢克尔.十九世纪的德国与中国 [M].乔松，译.北京：三联出版社，1963：286.

[88] 光绪十八年六月初七日张之洞致薛福成电［A］.湖北省档案馆.汉冶萍公司档案史料选编（上册）［Z］.北京：中国社会出版社，1992：105.

[89] 光绪二十五年二月吕柏致比公司函［A］.陈旭麓等编.盛宣怀档案资料选辑之四：汉冶萍公司（二）［Z］.上海：上海人民出版社，1986：101—102.

[90] 光绪二十三年九月十四日顾培验轨报单［A］.陈旭麓等编.盛宣怀档案资料选辑之四：汉冶萍公司（一）［Z］.上海：上海人民出版社，1982：687.

[91] 光绪二十九年二月初九宗得福致盛宣怀函［A］.陈旭麓等编.盛宣怀档案资料选辑之四：汉冶萍公司（二）［Z］.上海：上海人民出版社，1986：311.

[92] 张之洞札蔡锡勇筹办煤铁事宜文［A］.湖北省档案馆.汉冶萍公司档案史料选编（上）［Z］.北京：中国社会出版社，1992：74.

[93] 光绪十六年四月初十日张之洞致李鸿章电［A］.湖北省档案馆编.汉冶萍公司档案史料选编（上）［Z］.北京：中国社会科学出版社，1992：107.

[94] 光绪十六年十一月初九日张之洞呈约估筹办煤铁用款折［A］.湖北省档案馆.汉冶萍公司档案史料选编（上）［Z］.北京：中国社会出版社，1992：85—87.

[95] 光绪二十四年闰三月十三日张之洞奏查明炼铁建厂各项用款折［A］.湖北省档案馆.汉冶萍公司档案史料选编（上册）［Z］.北京：中国社会出版社，1992：137—138.

[96] 朱寿朋编.光绪朝东华录（卷128）［Z］.北京：中华书局，1958：3637.

[97] 通商産業省編.商工政策史：第17卷 鉄鋼業［M］.東京：商工政策史刊行会，1970：67.

[98] 清水泰等.八幡製鐵所の設備：技術の変遷（第一分冊）［Z］.北九州：北九州産業技術保存継承センター，2008：14—15.

[99] 清水泰等.八幡製鐵所の設備：技術の変遷（第三分冊）［Z］.北九州：北九州産業技術保存継承センター，2008：46.

[100] 今泉嘉一郎.製鉄所当初十二年間の苦辛に就て［J］.鉄と鋼，1916，（1）：12.

[101] 光绪三十年二月十二日卜聂致宗得福函［A］.陈旭麓等编.盛宣怀档案资料选辑之四：汉冶萍公司（二）［Z］.上海：上海人民出版社，1986：415.

[102] 大冶购运矿石预借矿价草合同［A］.湖北省档案馆编.汉冶萍公司档案史料选编（上）［Z］.北京：中国社会科学出版社，1992：220.

[103] 盛宣怀.盛宣怀日记［M］.扬州：江苏广陵古籍刻印社，1998.

[104] 光绪三十年十二月十二日李维格呈出洋采办机器禀［A］.湖北省档案馆.汉冶萍公司档案史料选编（上）［Z］.北京：中国社会出版社，1992：167.

[105] 光绪三十年正月三十日解茂承致盛宣怀函［A］.陈旭麓等编.盛宣怀档案资料选辑之四：汉冶萍公司（二）［Z］.上海：上海人民出版社，1986：409.

[106] 光绪三十年二月二十二日盛宣怀札李维格文［A］.陈旭麓等编.盛宣怀档案资料选辑之四：汉冶萍公司（二）［Z］.上海：上海人民出版社，1986：416—419.

[107] 光绪三十一年八月初八日李维格致盛宣怀函［A］.陈旭麓等编.盛宣怀档案资料选辑之四：汉冶萍公司（二）［Z］.上海：上海人民出版社，1986：520—521.

[108] 顾琅.中国十大矿厂记［M］.上海：商务印书馆，1916：29.

[109] 政府公报［A］.民国元年8月2日，号94.苏云峰.中国现代化的区域研究：湖北省1860—1916［M］.台北：中央研究院近代史研究所，1981.

[110] 光绪二十六年十二月二十四日盛宣怀致李维格函［A］.陈旭麓等编.盛宣怀档案资料选辑之四：汉冶萍公司（二）［Z］.上海：上海人民出版社，1986：219.

[111] 民国三年十一月七日王勋致公司董事会函［A］.湖北省档案馆.汉冶萍公司档案史料选编（上）［Z］，北京：中国社会科学出版社，1992：498.

[112] 盛宣怀致王存善函［A］.陈旭麓等编.盛宣怀档案资料选辑之四：汉冶萍公司（三）［Z］.上海：上海人民出版社，2004：811—812.

[113] 中国矿床发现史编委会.中国地质矿床发现史：综合卷［M］.北京：地质出版社，2001：27.

［114］野呂景義.本邦製鉄事業の過去及將來［J］.鉄と鋼.1915，（10）：1130.

［115］服部漸.八幡製鉄所の镕鑛爐作業に就て［J］.鉄と鋼.1916，（5）：444—446.

［116］盛宣怀致张之洞电［A］.湖北省档案馆.汉冶萍公司档案史料选编（上）［Z］.北京：中国社会科学出版社，1992：216.

［117］［日］西川俊作，阿部武司.日本经济史四：产业化时代（上）［M］.杨宁一，曹杰，译.北京：三联出版社，1998：297.

［118］矢島忠正.官営製鉄所から東京帝國大學金属工学科へ［M］.仙台：東北大学出版会，2010：58.

［119］東京大学百年史編集委員会編.東京大学百年史　資料3［M］.東京：東京大学出版会，1986：483.

［120］今泉嘉一郎.製鉄所當初十二年間の苦辛に就て［J］.鉄と鋼.1916，2（1）.

［121］王勋致陈萌明电［A］.湖北省档案馆.汉冶萍公司档案史料选编（上）［Z］.北京：中国社会出版社，1992：322.

［122］陈萌明致王勋电［A］.湖北省档案馆.汉冶萍公司档案史料选编（上）［Z］.北京：中国社会出版社，1992：322.

［123］西泽致中村函［A］.湖北省档案馆.汉冶萍公司档案史料选编（上）［Z］.北京：中国社会出版社，1992：321.

［124］汉冶萍公司中日“合办”草约（南京）［A］.湖北省档案馆.汉冶萍公司档案史料选编（上）［Z］.北京：中国社会出版社，1992：324.

［125］汉冶萍公司中日“合办”草约（神户）［A］.湖北省档案馆.汉冶萍公司档案史料选编（上）［Z］.北京：中国社会出版社，1992：326.

［126］高木交盛宣怀关于废除汉冶萍中日合办草约后办法［A］.湖北省档案馆.汉冶萍公司档案史料选编（上）［Z］.北京：中国社会出版社，1992：326.

［127］日外务大臣牧野伸显致中国公使山座第五七七号极密电［A］.旧中国汉冶萍公司与日本关系史料选辑［Z］.上海：上海人民出版社，1985：408.

［128］甲合同［A］.湖北省档案馆.汉冶萍公司档案史料选编（上）［Z］.北京：中国社会出版社，1992：349—350.

［129］别合同［A］.湖北省档案馆.汉冶萍公司档案史料选编（上）［Z］.北京：中国社会出版社，1992：341—352.

［130］聘请最高顾问工程师合同［A］.湖北省档案馆.汉冶萍公司档案史料选编（上）［Z］.北京：中国社会出版社，1992：354—355

［131］聘请会计顾问合同［A］.湖北省档案馆.汉冶萍公司档案史料选编（上）［Z］.北京：中国社会出版社，1992：356.

［132］最高顾问工程师职务规程［A］.湖北省档案馆.汉冶萍公司档案史料选编（上）［Z］.北京：中国社会出版社，1992：354.

［133］汉冶萍公司与西方炼钢公司、大来洋行订立售卖生铁合同［A］.湖北省档案馆.汉冶萍公司档案史料选编（上）［Z］.北京：中国社会出版社，1992：539.

［134］日本正金银行总理高桥是清复驻北京董事小田切函［A］.武汉大学经济系编.旧中国汉冶萍公司与日本关西史料选辑［Z］.上海：上海人民出版社，1985：191.

［135］日正金银行驻北京董事小田切致总行电［A］.武汉大学经济系编.旧中国汉冶萍公司与日本关西史料选辑［Z］.上海：上海人民出版社，1985：193.

［136］刘明汉等编.汉冶萍公司志［M］.武汉：华中理工大学出版社，1990：83.

［137］筹划汉冶萍厂矿扩充事宜清折［A］.湖北省档案馆.汉冶萍公司档案史料选编（上）［Z］.北京：中国社会出版社，1992：480—481.

［138］公司董事会委任吴健赴美订购机炉嘱托书［A］.湖北省档案馆.汉冶萍公司档案史料选编（上）［Z］.北京：中国社会出版社，1992：467—468.

［139］公司董事会议案［A］.湖北省档案馆.汉冶萍公司档案史料选编（上）［Z］.北京：中国社会出版社，1992：469.

［140］王勋致公司董事会函（1915年9月11日）［A］.湖北省档案馆.汉冶萍公司档案史料选编（上）［Z］.北京：中国社会出版社，1992：473.

［141］王勋致公司董事会函（1915年10月28日）［A］.湖北省档案馆.汉冶萍公司档案史料选编（上）［Z］.北京：中国社会出版社，1992：473.

［142］Hoyt L W. Blast furances and steel mills in China［J］. The Far Eastern Review. 1923，（5）.

［143］製鉄所起業二五年記念誌［A］.飯田賢一.日本鉄鋼技術史

［M］.東京：東洋経济新報社，1979：252.

　　［144］清水泰等.八幡製鐵所の設備：技術の変遷：（第二分册）［Z］.北九州：北九州産業技術保存継承センター，2008：16.

　　［145］八幡製鉄所.八幡製鉄所八十年史：综合篇［M］.北九州：新日鉄株式会社，1980：70.

　　［146］八幡製鉄所.八幡製鉄所八十年史：资料篇［M］.北九州：新日鉄株式会社，1980：162.

　　［147］八幡製鉄所.八幡製鉄所八十年史：部门篇（下）［M］.北九州：新日鉄株式会社，1980：500—501.

　　［148］伊藤博文与张之洞洽谈煤炭互售［A］.武汉大学经济学系编.旧汉冶萍公司与日本关系史料选辑［Z］.上海：上海人民出版社，1985：1.

　　［149］煤铁互售合同［A］.武汉大学经济学系编.旧汉冶萍公司与日本关系史料选辑［Z］.上海：上海人民出版社，1985：9—11.

　　［150］日外务大臣小村致驻上海总领事小田切第十二号机密函［A］.武汉大学经济学系编.旧汉冶萍公司与日本关系史料选辑［Z］.上海：上海人民出版社，1985：44—45.

　　［151］大冶购运矿石预借矿价正合同［A］.武汉大学经济学系编.旧汉冶萍公司与日本关系史料选辑［Z］.上海：上海人民出版社，1985：113—114.

　　［152］Tsutomu Kawasaki. Japan's steel industry［M］. Tekko Shimbun Sha，1985：355.

　　［153］肯德.附录乙第一号：卢汉铁路比国借款续订详细合同［A］.中国铁路发展史［M］.伦敦：爱德华·安德诺书店，1907.

　　［154］张国辉.论汉冶萍公司的创建、发展和历史结局［J］.中国经济史研究，1991，（2）.1—28.

　　［155］［美］查默斯·约翰逊.通产省与日本奇迹——产业政策的成长（1925—1975）［M］.长春：吉林出版集团有限责任公司，2010：95—96.

　　［156］光绪三十四年三月十八日李维格：扬子公司第一次股东会说辞［A］.陈旭麓等.盛宣怀档案资料选辑之四：汉冶萍公司（三）.上海：上海人民出版社，2004：6.

　　［157］胡博渊.三十年来中国之钢铁事业［A］.中国工程师学会编.三十年来之中国工程［M］.南京：中国工程师学会，1948.

　　［158］实业部，教育部全国矿冶地质联合展览会编.全国矿业要览

[M].天津：北洋工学院，1936：48.

[159] 地质专报丙种第二号：中国矿业纪要（第二次）[M].北京：农商部地质调查所，1926：130.

[160] 关续文.陆宗舆与龙烟铁矿公司 [J].北京政协文史资料委员会编.北京文史资料.1993，(48)：151—152.

[161] Hoyt L W. Blast furnaces and steel mills in China，2 [J]. The Far Eastern Review，1923，(6)：379.

[162] 胡博渊.晓晴斋散记 [M].台北：文海出版社，1977：26.

[163] 郑连明.龙烟铁矿公司创办始末——北洋官僚资本个案剖析 [J]. 近代史研究，1986，(1)：255—271.

[164] 徐仁秋等编.三钢人的足迹——上海第三钢铁厂发展史（1913—1989）[M].北京：中国经济出版社，1991.

[165] 朱镜清.陆伯鸿创办和兴钢铁厂 [J].上海文史资料选辑.1985，(48)：36—37.

[166] 胡忠贵.山西煤炭工业简史 [M].太原：山西科学教育出版社，1988，44—46.

[167] 虞和寅.矿业报告第一册：平定阳泉附近保晋煤矿铁厂报告 [M].北京：农商部矿政司，1926：98—101.

[168] 谢家荣.第二次中国矿业纪要 [M].北京：农商部地质调查所，1926：130.

[169] 杜春和编.张国淦文集 [M].北京：北京燕山出版社，2000：185.

[170] 林建英.马鞍山中央钢铁厂述论 [J].民国档案.2009，(2).

[171] [美] 柯伟林.德国与中华民国.陈谦平等，译.南京：江苏人民出版社，2006：69.

[172] 黄金涛.筹备国营中央钢铁厂全部计划及奉派赴欧美审定价格并商拟最后设计报告书 [J].中国实业杂志，1935，(1) — (6).

[173] 实业部召开钢铁厂筹备委员会 [J].矿业周报，1933，12 (267).

[174] 程玉凤等编. 资源委员会档案史料初编（上）[Z].台北：国史馆，1984：12.

[175] 郑友揆.旧中国的资源委员会——史实与评价1932—1949 [M].上海：上海社会科学出版社，1991：29—30.

[176] 中德合办湘潭中央钢铁厂契约 [A].中国第二历史档案馆编.中

德外交密档，1927—1947 年［Z］.桂林：广西师范大学出版社，1994：428—434.

［177］程义法.中央钢铁厂筹备概况［J］.资源委员会月刊1（3）：166.

［178］吴兆洪.我所知道的资源委员［A］.徐绪堃.回忆国民党政府资源委员会［Z］.1988：84.

［179］恽震.资源委员会的技术引进工作［A］.徐绪堃.回忆国民党政府资源委员会［Z］.1988：149.

［180］戚如高，周媛.资源委员会的《三年计划》及其实施［J］.民国档案，1996，（2）.

［181］本钢史志办公室编.本钢志 第一卷（上）［M］.沈阳：辽宁人民出版社，1989：22.

［182］顾琅.中国十大矿厂记［M］.上海：商务印书馆，1916，第九篇：四.

［183］本溪钢铁公司史志编辑部编.本溪煤铁公司与大仓财阀［Z］.本溪史志参考资料，1988：43.

［184］本钢史编写组.本钢史：1905—1980［M］.沈阳：辽宁人民出版社，1985：55.

［185］昭和制钢所编.昭和制钢所廿年志［M］.鞍山档案馆，译.1939：1.

［186］解学诗等.鞍钢史［M］.北京：冶金工业出版社，1984：144.

［187］製鉄業調査會答申書［J］.鉄と鋼.1917，3（3）：368—382.

［188］通商産業省編.商工政策史：第17卷 鉄鋼業［M］.東京：商工政策史刊行会，1970：192.

［189］日本鉄鋼協会編.戦前軍用特殊鋼技術の導入と開発：旧陸海軍鉄鋼技術調査委員会報告書［Z］.1991：35.

［190］鉄鋼関税率改定に関する建議［J］.鉄と鋼.1924，（10）.

［191］銑鉄、鋼材、鉄鋼製品並ン機械ノ関税改正ン関スル陳情書［J］.鉄と鋼.1925，11（8）.

［192］山岡武，江口貞吉.八幡製鉄所洞岡第一鎔鉱炉炉内形の決定に就いて［J］.鉄と鋼.1932，18（12）.

［193］山岡武.八幡製鉄所洞岡第二鎔鉱炉に就て［J］.鉄と鋼.1935，（12）.

［194］岡村琢三.製鉄所洞岡骸炭工場の作業状態に就て［J］.燃料協

会誌 V.113（2）.

[195] 飯田賢一. 日本鉄鋼技術史［M］. 東京：東洋経濟新報社. 1979：306—310.

[196] 徐盈. 当代中国实业人物志［M］. 台北：文海出版社，1978：63.

[197] 工艺学堂招考学生章程［A］. 苑书义等编. 张之洞全集　第六册［M］. 石家庄：河北人民出版社，1997：4905.

[198] 条陈自强大计揩［A］. 盛宣怀. 愚斋存稿：卷一［M］. 台北：文海出版社，1975：3.

[199] 奏定高等学堂章程（1903）［A］. 舒新城. 中国近代教育史资料［Z］. 北京：人民教育出版社，1961：561.

[200] 奏定高等农工商实业学堂章程（1903）［A］. 舒新城. 中国近代教育史资料［Z］. 北京：人民教育出版社，1961：761—762.

[201] 陈立夫. 三十年来中国之工程教育［A］. 中国工程师学会编. 三十年来之中国工程［M］. 南京：中国工程师学会，1946.

[202] 教育部. 第一次中国教育年鉴［Z］. 上海：开明书店，1934.

[203] 军事委员会资源委员会调查处编. 全国专门人才调查报告第一号：矿冶［M］. 1937：附录页.

[204] 军事委员会资源委员会. 全国矿冶专门人才供需概况［R］. 中国第二历史档案馆，档号：28—257.

[205] 矿冶工程学会［J］. 矿冶. 1928，2（5）.

[206] 中国矿冶工程学会编. 中国矿冶工程学会手册［M］. 1934：4.

[207] 增修：中国矿冶工程学会会史［A］. 中国矿冶建会八十周年特刊（台北）［M］. 1996.

[208] 国立中央研究院工程研究所章程［R］. 中国第二历史档案馆，档号：393—1473.

[209] 钢铁试验场事项［R］. 中国第二历史档案馆，档号 393—284.

[210] 国立中央研究院. 国立中央研究院第一届评议会第一次报告［R］. 1937：67—68.

[211] 日本科学史学会编. 日本科学技术史大系：第 20 卷（採鉱冶金技術）［M］. 東京：第一法规出版株式会社，1965：174.

[212] 学位令の沿革と我工業智識の發達［A］. Iseki K R 编. 大日本博士録第 5 卷（工学博士之部）［Z］. 東京：発展社出版部. 1930.

［213］日本鉄鋼協会.日本鉄鋼協会五十年史［M］.東京：日本鉄鋼協会，1965：37.

［214］本多光太郎.本邦鉄鋼科学の進步［J］.鉄と鋼.1935，21（6）.

［215］飯田賢一.人物・鉄鋼技術史［M］.東京：日刊工業新聞社，1986：165—166.

［216］本多光太郎.研究生活五十年：本邦に於ける磁気學の発展［J］.日本物理學会誌.1950，（12）：329—333.

［217］服部漸.製鉄所研究所の概要［J］.鉄と鋼.1923，9（12）.

［218］東京大学百年史編集委員会編.東京大学百年史　部局史3［M］.東京：東京大学出版会，1987：11.

［219］天津大学校史编辑室编.北洋大学：天津大学校史　第一卷［M］.天津：天津大学出版社，1990：34—35.

［220］江秀平.走向近代化的东方对话：洋务运动与明治维新的比较［M］.北京：中国社会科学出版社，1993：137.

［221］光绪十五年八月一日总理海军事务奕诓等奏［A］.中国史学会.洋务运动（六）［M］.上海：上海人民出版社，1961：259.

［222］杨爱芹.日本明治政府的"殖产兴业"政策［J］.经济论坛，2004，（10）.

［223］附录乙第一号：卢汉铁路比国借款续订详细合同［A］.肯德.中国铁路发展史［M］.伦敦：爱德华・安德诺书店，1907.

［224］刘国良.中国工业史近代卷［M］.南京：江苏科技出版社，1991：170.

［225］李维格.中国钢铁实业之将来［J］.东方杂志，1913，10（6）.

［226］昭和制钢所总务部劳工课.康德八年上半期昭和制钢所劳务概况［R］.鞍钢档案馆藏伪满时期档案.

［227］牛石.水塔事件与大岛道太郎［J］.黄石文史资料 第九辑，1989：89—94.

后　记

　　从 2004 年下半年至今，我一直围绕近代钢铁技术史展开研究工作。2008 年 7 月，当我在北京科技大学初步完成了"汉冶萍公司与中国近代钢铁技术的移植"的研究时，便与中科院自然科学史研究所的张柏春研究员联系，希望能够在科学史所继续做相关的工作。张柏春老师欣然同意资助我进行两年的博士后研究，并把主题确定为中日近代钢铁技术史的比较。

　　于我而言，非常庆幸能够有机会进行这一主题的探索。因为在做中国近代钢铁技术史研究的同时，我强烈地感受到这段历史与日本近代钢铁业的发展有着极为密切的关系，在为拥有铁矿石资源却走向衰败的中国近代钢铁业而感到深深叹息的同时，也对严重缺乏资源的日本能够在近代实现钢铁工业化和技术自立的历史产生了浓厚的好奇心，故想去深挖这段历史，探究其真实的缘由。这一选题恰好给予了我这样的机会。

　　因此，在本书成稿之时，最为感激的是张柏春老师对本选题的大力支持。从确定选题到书稿完成，整个过程是在张柏春老师的热情鼓励、悉心指点与帮助下完成的。而且在他的慷慨资助下，我能够有一段宝贵的时间专心进行本书的研究工作，并得以赴日本查找资料和学术交流，使研究能够顺利进行。

　　本书的写作还得到了许多人的支持和无私的帮助。

　　重庆钢铁集团档案处黄二为处长、重钢图书馆唐克洪馆长、张之洞与汉阳铁厂博物馆顾必阶馆长、鞍山钢铁厂档案处孙坚毅处长、鞍山市档案馆罗振刚、以及湖北省档案馆、重庆市档案馆、中国第二历史档案馆等单位为本研究的资料查找提供了协助。尤其感谢中国国家图书馆文献提供中心的吴京生老师，他非常专业和热心地帮我找到了散落在一些国外的相关论文全文，对我的研究帮助极大。

日本东京工业大学的中岛秀人教授作为我在东京工业大学的邀请教授，不仅热心地协助我办理赴日签证，而且安排我进行学术报告并加入他的研究团队进行学术讨论活动，让我在东京工业大学度过了很有收获的一段时光。同时感谢东工大梶　雅範副教授给予我的热心指导，以及他赠送给我的那套日本现代制铁业 150 周年的纪念邮票。日本国立国会图书馆、日本国立公文书馆（档案馆）、东京工业大学图书馆许多素不相识的工作人员给予我在日本查找资料工作以很大的协助，这里一并表示感谢。

英国谢菲尔德大学的 Tim Wright 教授给予了本研究发自内心的关心，他为我的研究找到了非常珍贵的史料，从那以后他就成了我的良师益友，在不久前还收到他热心帮我收集到的文献资料。

北京科技大学冶金与材料史研究所的柯俊先生、潜伟教授、梅建军教授、韩汝玢教授、孙淑云教授对我博士阶段"汉冶萍"研究的指导，为本书打下了良好的基础。中科院自然科学史研究所的田淼研究员，方在庆研究员，邹大海研究员，清华大学的冯立昇教授，北京大学的周程教授为本书的写作提供了中肯的意见，孙承晟、张卜天两位同事为书中的德文翻译提供了帮助，在此深表谢意。

实际上，中日近代钢铁技术史是一段极为复杂的历史，正是因为其内容的繁多和复杂，迫使我不得不对研究对象进行取舍。我的目的是，在相对短的时间内获得相对可靠而接近史实的结论。如此形成了本书的风格，即不追求大而全，而是选取典型的案例，兼顾微观和宏观两个层面的比较。好在，这是一个值得去花更多时间探讨的主题，本书未尽之处，将是我今后研究中继续给予关注的地方。

方一兵

2013 年 8 月于北京

图目录

表目录

图书在版编目(CIP)数据

中日近代钢铁技术史比较研究:1868—1933/方一
兵著. —济南:山东教育出版社,2013
(技术转移与技术创新历史丛书/张柏春主编)
ISBN 978—7—5328—8160—4

Ⅰ.①中… Ⅱ.①方… Ⅲ.①钢铁工业—技术史
—对比研究—中国、日本—1868—1933 Ⅳ.①F426.31
②F431.363

中国版本图书馆 CIP 数据核字(2013)第 226596 号

技术转移与技术创新历史丛书

中日近代钢铁技术史比较研究:1868—1933

方一兵 著

主　　管:山东出版传媒股份有限公司
出 版 者:山东教育出版社
　　　　　(济南市纬一路 321 号　邮编:250001)
电　　话:(0531)82092664　传真:(0531)82092625
网　　址:http://www.sjs.com.cn
发 行 者:山东教育出版社
印　　刷:山东新华印务有限责任公司
版　　次:2013 年 10 月第 1 版第 1 次印刷
规　　格:787mm×1092mm　16 开本
印　　张:18.5 印张
字　　数:300 千字
书　　号:ISBN 978—7—5328—8160—4
定　　价:50.00 元

(如印装质量有问题,请与印刷厂联系调换)
印厂电话:0531—82079112